研学旅行执业实务

Yanxue Lüxing Zhiye Shiwu

王煜琴 赵恩兰◇主编

YANXUE LÜXING ZHIYE SHIWU

北京·旅游教育出版社

策　　划：李荣强
责任编辑：陈　志

图书在版编目（CIP）数据

研学旅行执业实务 / 王煜琴，赵恩兰主编. -- 北京 ：旅游教育出版社，2020.6
ISBN 978-7-5637-4104-5

Ⅰ. ①研… Ⅱ. ①王… ②赵… Ⅲ. ①素质教育－教学研究 Ⅳ. ①G40-012

中国版本图书馆CIP数据核字(2020)第087695号

研学旅行执业实务
王煜琴　赵恩兰　主编

出版单位	旅游教育出版社
地　　址	北京市朝阳区定福庄南里 1 号
邮　　编	100024
发行电话	（010）65778403　65728372　65767462（传真）
本社网址	www.tepcb.com
E - mail	tepfx@163.com
排版单位	北京旅教文化传播有限公司
印刷单位	北京市泰锐印刷有限责任公司
经销单位	新华书店
开　　本	710 毫米 × 1000 毫米　1/16
印　　张	19.25
字　　数	235 千字
版　　次	2020 年 6 月第 1 版
印　　次	2020 年 6 月第 1 次印刷
定　　价	49.00 元

（图书如有装订差错请与发行部联系）

《研学旅行执业实务》
编 委 会

主　编： 王煜琴　赵恩兰

副主编： 翟向坤　王吉磊　韩　东

参编者： 高　凤　陈　静　王颖钧　赵秀真

李　鑫　朱海云　董景斌

前　言

在我国，“中小学生研学旅行”（以下简称研学旅行）是近十年来出现的新词，由古代游学、近代修学旅行逐步演变发展而来，它延续和发展了古代“读万卷书，行万里路”的教育理念和人文精神，成为素质教育的新内容和新方式。当下，在国家政策支持下，研学旅行已被列入中小学教育教学计划，成为中小学校和学生的“刚需”；“70后”和“80后”的家长们对研学旅行的认可和追捧将确保研学旅行保持强劲的发展势头，他们迫切希望孩子参与社会实践，到广阔天地间经风雨、见世面，丰富孩子的成长经历。同时，我国研学资源丰富，适宜研发多样化的研学旅行活动课程方案。

可以说，我国研学旅行发展的前景不可估量。但研学旅行能否顺利进行，关键在于其从业人员综合素质的高低。调查表明，社会上对高素质、复合型的研学旅行人才极为渴望。2019年教育部新增“研学旅行管理与服务”专业，在政策层面上确立了人才培养的指导方针。《研学旅行执业实务》是山东省职业教育·王煜琴名师工作室团队多年来深耕研学旅行一线、进行教学与科研的智慧结晶，是切实落实“立德树人”教育方针的有益尝试。撰写的初心是为致力于研学旅行事业的执业人提供一个可以系统学习的读本，进行“正思想，转观念，理思路，净身心，知业务，懂操作”的理论和实践引导，以防范和杜绝各种研学旅行乱象，提升研学旅行从业人员的整体素质，为广大中小学生提供优质的研学旅行服务，助力我国教育事业的高质量发展。

当下，我国关于培养研学旅行执业人才的书籍十分稀缺。社会急需专业化、权威性的教材问世，《研学旅行执业实务》就是在这样的时代需求背景下编写的。应该说，此书的出版，填补了我国研学旅行执业人才培养规范化、系统化和实用型教材缺乏的空白。

本书包括基础篇、技能篇和案例篇三个板块共七章内容。第一、二章主要概述我国研学旅行产生和发展的历程、研学旅行的基本含义和重要意义，界定“研学旅行执业人”和“研学旅行服务单位”等概念，明晰研学旅行执业人的职业素养。第三章到第六章主要以研学旅行执业人的实际操作技能和能力培养为出发点，紧紧围绕国内外研学旅行发展的最新动态，通过大量翔实的示范材料、活动课程研发案例，对“不同服务主角”的研学旅行业务操作流程和操作技巧进行了详细的论述和说明。第七章对研学旅行服务单位和中小学校在研学旅行活动中遇到的典型案例进行展示，让学习者全面了解并掌握在研学旅行活动课程实施中促成学生进步和完美处理问题的技巧与方法，在鲜活真实的案例中自然步入研学旅行活动课程的落地执行情境里。

本书秉承“服务行业，服务社会”的理念，坚持“理实一体化”“产学研结合”，基于最新的行业发展态势，提炼出了“研学旅行执业人”核心概念，视角新颖，体系完整，内容丰富；书中案例皆来源于当前研学旅行活动发生的真实事件，形象、生动，极具说服力；业务操作流程与研学旅行活动相应的岗位工作实现无缝对接，实践性、应用性极强。本书可以作为高职高专院校的专业教材，更是研学旅行从业人员必不可少的案头参考书。

本书由山东旅游职业学院王煜琴教授会同行业企业专家和中小学校研学旅行负责人一起设计大纲，由王煜琴教授主编并统稿；王教授有30年的职业教育经验，有多年的旅行社经营管理、酒店服务和景区管理实战经验，主持了多项省部级相关课题研究，发表了多篇相关论文，主编了多部相关教材；王教授富有崇高的研学情怀，近几年在研学旅行事业倾注精力，做了诸多研学旅行方面的调查研究，亲自参与研学旅行团的接待服务，受邀为国内多家单位或培训机构进行研学旅行培训，积累了丰富的一线实践经验。主编赵恩兰从事职业教育17年，近几年高度关注研学旅行发展问题，已主持多项该方面的省部级课题和厅局级课题，并参与编著了与该方面相关的原国家旅游局委托的专项研究书籍两部。副主编翟向坤为中国劳动关系学院副教授、中国旅游研究院旅游安全研究基地研究员、《中国旅游景区、酒店反恐怖防范规范》主要起草人、《北京市旅游条例》（旅游安全部分）修改工作组专家；翟教授长期从事旅游安全及研学旅行安全研究，受邀为全国多家单位或培训机构进行研学旅行安全的相关培训。副主编王吉磊和韩东为山东研途教育科技有限公司创始人，从事研学旅行服务多年，一直坚持做“有深度、有温度、有情怀”的研学旅行事业，先后为国内近百所中小学校设计研学旅行活动课程方案并参与落地执行工作，积累了丰富的实战经验。参编者高凤和陈静皆为山东旅游职业学院的骨干青年教师，热爱研学，积极参与相关的课题研究和教材编写；参编者董景斌为山东山大基础教育集团研学项目组核心成员，一直从事集团研学课程研发及各项研学标准的制定工作，多次作为研学旅行实践活动的总领队，对研学旅行活动有独到的认知和见解；参编者王颖钧、赵秀真、李鑫、朱海云为国家级研学旅行基地或者研学旅行服务公司的总负责人，对研学旅行极富情怀，具有丰富的一线实战经验。

本书的编写，得到了“山东省职业教育·王煜琴名师工作室”的资助。在编著过程中，参考、借鉴了许多国内外相关的学术著作和研究成果；得到了山东旅游职业学院领导的大力支持，得到了山东省精品旅游促进会研学旅行分会、济南市导游协会、孔子博物馆、山东永辉乡间生态旅游发展有限公司、山东研途教育科技有限公司、台儿庄古城景区、水浒好汉城景区、山东新行知教育科技有限公司、山东星河教育科技有限公司、广州学途教育咨询有限公司、安徽禾一研学旅行教育科技有限公司等单位的鼎力相助，在此一并表示衷心感谢！

由于研学旅行执业人领域的研究起步时间较短，实践中涉及的问题较为复杂，本书难免存在不足和疏漏之处，敬请各位专家、学者、广大读者和在职专业人士批评指正。

王煜琴

2020 年春天于泉城

目 录

基础篇

技能篇

案例篇

基础篇

第一章 研学旅行发展概述

【引言】

研学旅行在欧美、日本、韩国等发达国家已是运作非常成熟的教育形式，是青年学子受教育过程中的重要环节。在我国，2016 年 11 月教育部等十一部门联合印发了《关于推进中小学生研学旅行的意见》的文件，将研学旅行正式纳入中小学教育教学计划，成为中小学校和学生的“刚需”；“70 后”和“80 后”的家长们对研学旅行的认可和追捧也将确保研学旅行保持强劲的发展势头，他们希望孩子参与社会实践，到广阔天地间经风雨、见世面，丰富孩子的成长经历。同时，我国研学资源丰富多彩，适宜研发多样化的研学旅行活动课程方案。可以说，我国研学旅行发展前景不可估量。

本章梳理了研学旅行的产生与发展，阐述了我国研学旅行的发展现状、存在问题和未来发展趋势；分析了研学旅行与游学、冬夏令营的关系，明晰了研学旅行的基本内涵和重要意义。

【学习目标】

1. 了解我国研学旅行的发展历程
2. 熟悉我国研学旅行的发展现状、存在问题和未来发展趋势
3. 能够辨析研学旅行与游学、冬夏令营的关系
4. 掌握研学旅行的基本内涵和重要意义

第一节　研学旅行的产生与发展

在我国，“中小学生研学旅行”（以下简称研学旅行）是近十年来出现的新词，由古代游学、近代修学旅行逐步演变发展而来，它延续和发展了古代“读万卷书，行万里路”的教育理念和人文精神，成为素质教育的新内容和新方式。可以说，当下备受世人关注的研学旅行不是空穴来风，是国家教育部经过扎实的试点和实验后，总结出来的能够真正全面提升中小学生整体素质的校外教育教学实践活动。

一、研学旅行的发展历程

（一）溯源：从“游学”到“读万卷书，行万里路”

溯源我国的研学旅行，可追及春秋战国的“游学”，多指远游异地，从师学习，以所学游说诸侯，求取官职。据《史记·孔子世家》记载，鲁定公十四年（前496），55岁的孔子“因膰去鲁”[①]，率弟子们周游列国，开启了古人游学之风。孔子与弟子们周游列国长达14年，历尽艰辛，其足迹遍及卫、陈、鲁、宋、郑、蔡、楚诸国。他们一路读书问道、遍访都邑，在困顿碰壁中踏遍千山万水，广求知识，丰富阅历，开阔眼界，体悟人生，了解民风政情，宣传礼乐教化。可以说，孔夫子是我国游学的“鼻祖”。游学途中，孔子时时刻刻都在践行着“三人行，必有我师焉”的理念，既有“孔子适周，访礼于老聃，学乐于苌弘”的故事，又有“君子怀德，小人怀土”“士而怀居，不足以为士”的精深思考。他一直倡导君子不要留恋故土，应通过游学四方，增长见识，成就大业，造福天下。

及至战国，诸侯并起，广纳贤能。文士们通过游学增进学识，进而充当

① 膰（fán）：古代祭祀用的熟肉。这个典故如下：鲁国国君中了齐国的美人计怠惰于国家政事，郊祭后鲁国国君没有按照惯例向大夫们分送祭祀的胙肉。孔子于是离开鲁国，开始周游列国。

纵横家游说诸侯国，以建言献策建功立业，实现自己的理想抱负，此时期成就了一大批人才。先秦时期的诸子如墨子、庄子、孙子、孟子、荀子、韩非子等都曾通过游学路径推行自己的学说及治国之道。

两汉承继战国游学之风，学子们为学经，远行访师问道，既求闻达也求仕途。游学既丰富了学子、士人的知识与阅历，也成就了许多人的“人生梦想”，其中最负盛名的是司马迁。他在《史记·太史公自序》中说：“十岁则诵古文。二十而南游江、淮，上会稽，探禹穴，窥九疑，浮于沅、湘，北涉汶、泗，讲业齐、鲁之都，观孔子之遗风，乡射邹、峄，厄困鄱、薛、彭城，过梁、楚以归。”这般走来，司马迁跑遍了大半个中国，实地考察各地的山川风貌、风土人情、遗迹遗风、历史故事等。在汨罗江凭吊屈原投江处；在淮阴访谈韩信早年经历；在山东参观孔子故里曲阜；在秦楚、楚汉战场彭城，访问遗老，察看地形，探访汉初功臣的逸闻轶事。这些经历不仅使他对我国的大山大河、地域风情、历史故事更为熟悉，更使他领略了无限的时空、不羁的自由和一种高贵精神的存在感，并以“究天人之际，通古今之变，成一家之言”的史识创作了我国第一部纪传体通史《史记》。这部巨著被公认为是中国史书的典范，记载了从上古传说中的黄帝时期，到汉武帝时期，长达三千多年的历史，是“二十四史”之首，与《资治通鉴》并称为“史学双璧”，被鲁迅誉为“史家之绝唱，无韵之离骚”。北宋史学家、文学家马存认为“司马迁平生喜游，足迹不肯一日休”。司马迁的壮游不是一般的旅游，而是尽天下大观以助吾气，然后吐而为书。所以，他的文章或为狂澜惊涛，奔放浩荡；或为洞庭之波，深沉含蓄；或春妆如浓，靡蔓绰约；或龙腾虎跃，千军万马。毛泽东主席对司马迁很是佩服，认为“司马迁览潇湘，泛西湖，历昆仑，周览名山大川，而其襟怀乃益广”。

唐代兴“壮游”之风，众多士子走出书斋，多作郊游、远行、交友、边塞之旅。他们访古问俗、优游林下、寻幽探胜、结交豪杰、相互学习，在旅行中学习知识、体悟人生、修为人格、传承文化，成就很多传世诗篇，而开放、包容的文化，更成就了“盛唐气象”。李白自称“五岳寻仙不辞远，一生好入名山游”（见李白《庐山谣寄卢侍御虚舟》）；杜甫作诗说“往昔十四五，出游翰墨场”（见杜甫《壮游》）；而俩人同游的美好经历更是成就了“醉眠秋共被，携手日同行”（见杜甫《与李十二白同寻范十隐居》）的佳句。更值得关注的是盛唐诗坛上李白、杜甫、高适同游梁宋，写了《梁园吟》《遣怀》《古大梁行》的诗篇，成为诗坛佳话，也让梁园（今河南省商丘市睢阳区）成为流传千古的文学胜迹和当下热门的研学旅行资源。

及至宋代和明清，游学、书院文化盛行，士人旅行制度化，社会逐步形成了“读万卷书，行万里路”的主流思想。宋代理学家、思想家朱熹主张学子不应拘于一隅，而应“出四方游学一遭”（见《朱子语类》）。当时名师硕儒所在的书院，常常成为一地教育、学术中心，吸引远近的学子趋而往之；士子们则利用科举和出仕机会频繁旅行，深入了解各地历史文化、名胜遗产、典制赋役、科技发明，观察社会，推动变革。如宋代的沈括少随父宦游州县，出仕后重游历研究，他“博学善文，于天文、方志、律历、音乐、医药、卜算无所不通，皆有所论著”（见《宋史·沈括传》），最后写就集科技之大成的《梦溪笔谈》。明代的徐霞客34年的旅行写就了中国地质地貌的开山之作《徐霞客游记》，而明代大家董其昌在《画禅室随笔》中谈画诀：“读万卷书，行万里路，胸中脱去尘浊，自然丘壑内营，立成鄄鄂。”“读万卷书，行万里路”，强调行中去悟，实践中学，学以致用，这一人文精神贯穿古今，影响了后世许许多多的人。

（二）发展：研学旅行的兴起、正名与成长

20世纪30年代，著名教育家陶行知先生在《中国普及教育方案商讨》[①]一文中提出“修学旅行应该特别提倡”。他抱着教育救国理想，积极倡导“知行合一”，认为“行是知之始，知是行之成”。他组织新安小学的“新安旅行团”作长途修学旅行。旅途中通过唱歌、劳动、卖书卖报、爱国演讲等办法自筹经费，看江南风光，观察、学习沿途地理、风俗、民情，了解近代工业文明，旅途中学生们友爱相助、增进情感，学到很多关在学校死读书学不

① 毛泽东赞誉陶行知为“伟大的人民教育家”。《中国普及教育方案商讨》发表于1935年3月1日《生活教育》第2卷第1期。

到的知识。学生们还参观英、法、日等占领的上海租界、淞沪抗日战场，了解爱国军民奋起抗战的英勇事迹，增强了学生们对国家、对民族的责任感。“新安旅行团”的事迹更是闻名国内外。可以说，陶先生提出的“生活即教育”“社会即学校”“教学做合一”的生活教育理论，既是中国教育的典范，也开创了中国研学旅行的先河。

1949年新中国成立以来，不同社会发展时期对教育有不同的要求，很多学校组织了各种带有研学性质的勤工俭学、爱国主义教育、红色旅游、历史文化探源、地质生物考察、走访参观、春游秋游、校外综合实践、冬令营、夏令营、课外研究性学习、社会大课堂等综合实践活动。这些活动与“走出课堂，走出学校，走到生活、社会、自然当中进行研学”以及古代“读万卷书，行万里路”的游学主张、近现代陶先生倡导的“生活即教育，社会即学校”的理念是一脉相承的。

而校外企业或机构组织的修学旅行，是伴随我国改革开放的深入才开始出现的。改革开放后，大量来自日韩、东南亚和欧美国家的“修学旅行团”来华进行修学旅行。当时，中国国际旅行社、中国旅行社、中国青年旅行社三大总社及地方旅行社，纷纷成立“修学旅行”接待部门，组合、推出许多具有文化资源特色的修学旅行线路产品，接待了数以十万计的外国修学旅行者，播下了对汉文化的亲近感和国际友好的种子，各地积累了大量修学产品组合、组织接待和安全保障的宝贵经验。

伴随入境修学旅行的不断发展，外来的修学旅行理念对国内一部分思想较为开放、经济上先富起来的家长产生了不小的影响。从20世纪90年代开始，随着我国经济的迅速发展，家长、学生们对国内修学旅行、出国游学的需求日益增长，一些教育理念较先进的学校开始组织学生进行修学旅行、出境游学，不少旅行社顺应市场需求推出一些修学或海外游学旅行团，在改革开放的大潮中摸索着不断地推动这一市场向前发展。遗憾的是，更多的学校只专注于应试教育，尤其担心出现意外事故，所以一直没有制度化、规模化地开展修学旅行或出境游学。但当时的现实状态是虽然没有出台政策规范引导和监管，但出国游学总体却呈现“野蛮生长”的状态。直到2014年7月1

日，教育部发布了《中小学学生赴境外研学旅行活动指南（试行）》，对“境外研学旅行”概念进行了权威表述，对举办者安排活动的教学主题、内容安排、合作机构选择、合同订立、行程安排、行前培训、安全保障等内容提出指导意见，特别是在操作方面，规范了带队老师人数、教学内容占比、协议规定事项、行前培训等具体内容，为整个行业活动明确了基本标准和规则。

其实，早在 2012 年，教育部就专门召开研学旅行会议，部署在合肥、上海、西安和杭州四个城市进行研学旅行试点工作。2013 年，在旅游界的推动下，国务院办公厅印发《国民旅游休闲纲要（2013—2020 年）》，倡导“逐步推行中小学生研学旅行”，这是首次从国务院层面上正式为“研学旅行”正名。此后又有系列政策出台，研学旅行开始受到教育界、旅游界和学生家长们的普遍关注。2014 年 3 月，为了进一步推动研学旅行试点工作的深入开展，教育部基础一司发布《关于进一步做好中小学生研学旅行试点工作的通知》，决定在前期试点基础上进一步扩大试点范围，公布在全国的河北省、上海市、江苏省、安徽省、江西省、广东省、重庆市、陕西省、新疆维吾尔自治区共九个省、自治区、直辖市继续进行研学旅行试点。2014 年 8 月 9 日，国务院发布《关于促进旅游业改革发展的若干意见》（国发〔2014〕31 号），该意见把“积极开展研学旅行”列为独立条目，进一步明确“按照全面实施素质教育的要求，将研学旅行、夏令营、冬令营等作为青少年爱国主义和革命传统教育、国情教育的重要载体，纳入中小学日常德育、美育、体育教育范畴，增进学生对自然和社会的认识，培养其社会责任感和实践能力。按照‘教育为本，安全第一’的原则，建立小学阶段以乡土乡情研学为主、中学阶段以县情市情研学为主、高中阶段以省情国情研学为主的研学旅行体系。支持各地依托自然和文化遗产资源、大型公共设施、知名院校、工矿企业、科研机构，建设一批研学旅行基地，逐步完善接待体系。鼓励对研学旅行给予价格优惠”。

2015 年 8 月 4 日，国务院办公厅发布《关于进一步促进旅游投资和消费的若干意见》（国办发〔2015〕62 号），部署改革创新促进旅游投资和消费工作。该意见提出 6 方面 26 条具体措施，并指出旅游业是中国经济社会发展的综合性产业，是国民经济和现代服务业的重要组成部分。在实施旅游消费促进计划、培育新的消费热点中提出“支持研学旅行发展”，促进消费升级。该意见明确提出：“把研学旅行纳入学生综合素质教育范畴。支持建设一批研学旅行基地，鼓励各地依托自然和文化遗产资源、红色旅游景区景点、大型公共设施、知名院校、科研机构、工矿企业、大型农场开展研学旅行活动。建立健全研学旅行安全保障机制……”

为贯彻落实《国家中长期教育改革和发展规划纲要（2010—2020年）》《国务院办公厅关于进一步促进旅游投资和消费的若干意见》，培养中小学生的创新精神和实践能力，推动研学旅行工作健康发展，国家教育部基础教育一司于2016年3月18日发布《关于做好全国中小学研学旅行实验区工作的通知》（教基一司函〔2015〕84号），在全国范围内再次增加了天津市滨海新区、河北省邯郸市、江苏省苏州市、安徽省合肥市、江西省兴国县、河南省济源市、湖北省麻城市、重庆市（教委）、贵州省遵义市、新疆维吾尔自治区乌鲁木齐市10个研学旅行实验区市，并要求各实验单位要坚持问题导向，把握工作规律，大胆探索研学旅行的政策措施和有效做法，创造一批特色突出、借鉴性强的先进经验。

在经过了前期扎实的试点实验之后，2016年11月教育部等十一部门联合印发了《关于推进中小学生研学旅行的意见》（教基一〔2016〕8号）的文件。该意见主要从重要意义、工作目标、基本原则、主要任务、组织保障等几个方面，对全国中小学生研学旅行工作的推进提出明确要求，把研学旅行正式纳入中小学教育教学计划，要求各地采取有力措施，推动研学旅行健康快速发展。可以说，这是研学旅行发展过程中的里程碑文件。20天后，12月19日国家旅游局批准发布《研学旅行服务规范》（LB/T 054—2016，2017年5月1日起实施），该标准对研学旅行服务的术语和定义、总则、服务提供方基本要求、人员配置、研学旅行课程、研学旅行服务项目、安全管理、服务改进和投诉处理等基本内容进行了规范。

《关于推进中小学生研学旅行的意见》出台后，在全国范围内，研学旅行从2016年底之前的“尚朦胧，静悄悄”阶段进入了大约一年半的“犹抱琵琶半遮面”阶段，多数的省、自治区、直辖市一方面认真领会十一部门文件精神，一方面处在等待观望中。随着2017年国家和部颁研学旅行文件的密集式发布，部分市县层面教育部门开始行动；从2018年下半年开始至今，可以说，研学旅行进入了爆发式增长阶段。

2017年1月19日，国务院发布《国务院关于印发发展“十三五”规划的通知》（国发〔2017〕4号）。该通知指出要“强化学生实践动手能力”，“制定中小学生综合实践活动指导纲要，注重增强学生实践体验，鼓励有条件的地区开展中小学生研学旅行和各种形式的夏令营、冬令营活动。建设一批具有良好示范带动作用的研学旅行基地和目的地”。同年的7月17日，教育部办公厅发布《关于开展2017年度中央专项彩票公益金支持中小学生研学实践教育项目推荐工作的通知》（教基厅函〔2017〕25号）。文件指出为贯彻《教育部等11部门关于推进中小学生研学旅行的意见》精神，落实立德树人根本任务，帮助中小学生了解国情、热爱祖国、开阔眼界、增长知识，着力提高中小学生的社会责任感、创新精神和实践能力，“十三五”期间，教育部利用中央专项彩票公益金支持开展中小学生研学实践教育项目，将在各地遴选、命名一批“全国中小学生研学实践教育基地”和“全国中小学生研学实践教育营地”，广泛开展中小学生研学实践教育活动。2017年12月6日教育部办公厅发布《关于公布第一批全国中小学生研学实践教育基地、营地名单的通知》（教基厅函〔2017〕50号），命名中国人民革命军事博物馆等204个单位为“全国中小学生研学实践教育基地”，河北省石家庄市青少年社会综合实践学校等14个单位为“全国中小学生研学实践教育营地”。2018年10月31日，教育部办公厅发布了《关于公布2018年全国中小学生研学实践教育基地、营地名单的通知》（教基厅函〔2018〕84号），命名中国人民解放军海军南海舰队军史馆等377个单位为“全国中小学生研学实践教育基地”，北京市自动化工程学校等26个单位为“全国中小学生研学实践教育营地”。

2017年是研学旅行发展过程中的各级文件频发的年份，顶层规划文件密集出台，可谓“文件年”。这一年的8月17日，教育部发布《中小学生德育工作指南》（教基〔2017〕8号）。该指南在阐述“实践育人”时指出“组织研学旅行。把研学旅行纳入学校教育教学计划，促进研学旅行与学校课程、德育体验、实践锻炼有机融合，利用好研学实践基地，有针对性地开展自然类、历史类、地理类、科技类、人文类、体验类等多种类型的研学旅行活动。要考虑小学、初中、高中不同学段学生的身心发展特点和能力，安排适合学生年龄特征的研学旅行。要规范研学旅行组织管理，制定研学旅行工作规程，做到‘活动有方案，行前有备案，应急有预案’，明确学校、家长、学生的责任和权利”。一个多月后，9月25日教育部发布《中小学综合实践活动课程指导纲要》（教材〔2017〕4号）。教育部在总结过去十几年理论和实践探索的基础上，结合“立德树人”根本任务的要求，对该课程的性质、目标、内容、实施、管理以及保障都做了明确规定。该指导纲要的出台，进一步明确了研学旅行的具体实施方向和细则，对加强和巩固研学旅行活动课程的重要地位，引领研学旅行活动课程的发展方向，澄清实践中的模糊认识，规范研学旅行活动课程的有效实施有着重要指导性意义。

2018年9月全国教育大会在北京召开。中共中央总书记、国家主席、中央军委主席习近平出席会议并发表重要讲话。他强调，在党的坚强领导下，全面贯彻党的教育方针，坚持马克思主义指导地位，坚持中国特色社会主义教育发展道路，坚持社会主义办学方向，立足基本国情，遵循教育规律，坚持改革创新，以凝聚人心、完善人格、开发人力、培育人才、造福人民为工作目标，培养德智体美劳全面发展的社会主义建设者和接班人，加快推进教育现代化、建设教育强国、办好人民满意的教育。习近平总书记提出“五育并举”，把“劳”列入全面发展的素质要求，丰富了新时代党的教育方针。总书记作了深刻论述，强调劳动可以树德、可以增智、可以强体、可以育美，要求加强劳动教育。

2019年10月国务院印发了《新时代爱国主义教育实施纲要》和《新时代公民道德建设实施纲要》。在《新时代爱国主义教育实施纲要》中提出新时代爱国主义教育要“聚焦青少年”，“要把青少年作为爱国主义教育的重中之重，将爱国主义精神贯穿于学校教育全过程，推动爱国主义教育进课堂、进教材、进头脑”。要“广泛组织开展实践活动。组织大中小学生参观纪念馆、展览馆、博物馆、烈士纪念设施，参加军事训练、冬令营夏令营”等，要“依托自然人文景观和重大工程开展教育。寓爱国主义教育于游览观光之中，通过宣传展示、体验感受等多种方式，引导人们领略壮美河山，投身美丽中国建设”。在《新时代公民道德建设实施纲要》中强调“青少年是国家的希望、民族的未来，要坚持从娃娃抓起，引导青少年把正确的道德认知、自觉的道德养成、积极的道德实践紧密结合起来，善于从中华民族传统美德中汲取道德滋养，从英雄人物和时代楷模身上感受道德风范，从自身内省中提升道德修为，不断修身立德，打牢道德根基”。要“引导青少年树立远大志向，热爱党、热爱祖国、热爱人民，形成好思想、好品行、好习惯，扣好人生第一粒扣子”。要“开展社会实践活动，强化劳动精神、劳动观念教育，引导学生热爱劳动、尊重劳动，懂得劳动最光荣、劳动最崇高、劳动最伟大、劳动最美丽的道理，更好认识社会、了解国情，增强社会责任感”。

表 1-1　2013—2019 年国家下发的研学旅行主要文件（14 个）

时间	文件名称	总数
2013 年	1. 2 月 2 日，国务院办公厅印发《国民旅游休闲纲要（2013—2020 年）》	1
2014 年	2. 7 月 1 日，教育部发布了《中小学学生赴境外研学旅行活动指南（试行）》 3. 8 月 9 日，国务院发布《关于促进旅游业改革发展的若干意见》	2
2015 年	4. 8 月 4 日，国务院办公厅发布《关于进一步促进旅游投资和消费的若干意见》	1
2016 年	5. 11 月 30 日，教育部等十一部门联合印发了《关于推进中小学生研学旅行的意见》 6. 12 月 19 日，国家旅游局批准发布《研学旅行服务规范》	2
2017 年	7. 1 月 19 日，国务院发布《国务院关于印发发展“十三五”规划的通知》 8. 7 月 17 日，教育部办公厅发布《关于开展 2017 年度中央专项彩票公益金支持中小学生研学实践教育项目推荐工作的通知》 9. 8 月 17 日，教育部发布《中小学生德育工作指南》 10. 9 月 25 日，教育部发布《中小学综合实践活动课程指导纲要》 11. 12 月 6 日，教育部办公厅发布《关于公布第一批全国中小学生研学实践教育基地、营地名单的通知》	5
2018 年	12. 10 月 31 日，教育部办公厅发布了《关于公布 2018 年全国中小学生研学实践教育基地、营地名单的通知》	1
2019 年	13. 10 月，国务院发布《新时代爱国主义教育实施纲要》 14. 10 月，国务院发布《新时代公民道德建设实施纲要》	2

概括来说，近几年，我国各省、自治区、直辖市依据国家和部颁文件精神，纷纷结合各自实际制定了落实研学旅行的相应文件，积极探索如何开展研学旅行工作。先行试点的地区已取得显著成效，积累了有益经验，使研学旅行在促进学生健康成长和全面发展等方面发挥了重要作用。当前，我国已进入全面建成小康社会的决胜阶段，国家的政策是明确的，“集结号”已经吹响，研学旅行正处在大有可为的历史发展机遇期。

二、研学旅行的发展现状

（一）我国研学旅行的发展现状

纵观我国研学旅行的历史渊源，它是由古代游学、近现代修学旅行逐步与时俱进地发展而来的。目前因政策催生的诉求，大家都在跃跃欲试，呈现出群雄逐鹿的局面，凸显出“刚起步，体量大，人才缺”的特点，其发展现状具体如下：

1. 思想层面：得到社会各界的充分认可

自 2012 年试点、2014 年继续试点、2016 年再次实验，到 2016 年教育部等十一部门联合印发的《关于推进中小学生研学旅行的意见》出台，再到 2019 年全国多省市区研学旅行学生数爆发式增长，从研学旅行一路走来的历程看，社会各界从思想上已达成共识，顶层设计政策方向逐步明确，落实措施逐步推进，规范、标准陆续出台，赢得了国民的高度关注和热情参与。据“新时代研学旅行执业人培训包开发与建设研究”课题组于 2019 年 12 月开展的“研学旅行”社会调查数据和访谈显示，约 85% 的受访者（主要对象是研学旅行从业人员和广大中小学生）表示了解研学旅行，80% 左右的受访者表示对研学旅行很感兴趣，65% 左右的受访者参加过研学旅行。从参加研学旅行的意愿调查来看，70% 的人期望研学旅行时长是 6~8 天，人均花费能接受在 3000~10000 元的所占比例达 88%，64% 的人认为目前市场上的研学旅行教育线路能满足需求。据前瞻经济学人数据显示，2018 年国内研学旅行人数已达到 400 万人次，市场规模达到了 125 亿元，人均消费达到了 3117 元 / 次。

2. 宏观层面：初步完成了覆盖全国的国家级基地（营地）布局

从2017年到2019年，教育部在中央专项彩票公益金的支持下，分两批在全国遴选、命名了621个研学实践教育基地和营地，构建起了以营地为枢纽、基地为站点的研学实践教育网络，并且建立了全国中小学生研学实践教育平台，涵盖农业基地、科研院所、知名企业、博物馆、美术馆、图书馆等，为“在路上的课堂”创造了良好的发展条件。据“新时代研学旅行执业人培训包开发与建设研究”课题组调查发现，当前研学旅行和营地教育机构的分布与当地的经济发展水平息息相关，66%的研学旅行和营地教育机构分布在经济发达、收入和消费水平高、人口稠密的一线和新一线城市。与之相应地，研学旅行服务企业也如雨后春笋般产生。据“新时代研学旅行执业人培训包开发与建设研究”课题组于2019年12月开展的“研学旅行”社会抽样调查数据显示，目前国内研学旅行服务提供商近一万家，以小微企业为主，从接待人次规模来看，2019年接待量1000人次以上的企业占比55%，其中接待量1万人次以上的企业占比14%。

3. 中观层面：研学旅行已经得到规模化推进

教育部教育发展研究中心2018年专门成立了研学旅行研究所，研学旅行研究所2018年对全国31个省（自治区、直辖市）的3946所学校、3.3万名家长进行的中小学生研学旅行实施情况调研结果显示，2017年全国学校参与率平均为38%，2018年已经达到50%。上海、江苏、山东、湖北、天津、辽宁2017年开展研学旅行的学校比例均超过了50%。2018年重庆、内蒙古、北京、浙江、黑龙江、新疆、福建等省、自治区、直辖市学校参与率也都超过了50%。据“新时代研学旅行执业人培训包开发与建设研究”课题组于2019年12月开展的“研学旅行”社会调查数据和访谈显示，个别实验早的地区，2019年的学校参与率高达70%了。

4. 微观层面：研学旅行的课程化体系正在初步成型

教育部在《中小学综合实践活动课程指导纲要》中明确了研学旅行的课程性质和课程目标，在此基础上，以优秀传统文化、革命传统教育、国情教育、国防科工、自然生态五大板块为主题，在全国各地开发了一批精品课程，打造了一些精品线路，可以说已初步在全国范围内搭建了立体化课程体系。我国社会发展步入新时代，就像传统的消费方式已经不能满足人们不断升级的消费需求一样，传统的教育方式也已经不能满足学生综合素质全面发展的需求，人民对教育高质量发展的需求催生了“研学旅行”这一创新方式和路径，在国家文件频频下发和多种政策的推动下，研学旅行的学校参与率必然会迅速提升，开启爆发增长模式，并向着井喷之势迈进，研学旅行的课程体系构建必将更加突出地域特色，更加科学化、多样化和精细化。

（二）我国研学旅行迅猛发展中存在的问题

研学旅行是一种教育、是一种事业、是一种奉献。但纵观全国，在研学旅行热潮日益高涨的形势下，在各行各业都纷纷进军研学旅行领域的情况下，迅猛发展的研学旅行一下子处在“风口浪尖”之上，在市场力量的推动下，研学旅行实施过程中出现了“旅游化、形式化、碎片化、肤浅化、生意化、功利化”等各种各样的问题。

1. 课程开发薄弱，缺乏针对性

当前覆盖全国的研学旅行活动课程虽然已初步形成体系，但相对广大中小学生的具体需求，研学旅行的课程建设还是比较薄弱的，突出表现为：一是课程的教育教学目标不明确。研学旅行究竟应该培养学生的哪些能力、品格和素养，还缺乏正确的思想认知和科学的分析指导。许多研学旅行活动没有根据学生的身心特点和认知规律，设计开发小学、初中、高中不同学段的适切内容和目标，活动随意性很大，形式大于内容的现象较为普遍，育人效果不尽如人意。二是课程开发的内容浅层化。一些研学活动内容简单，只是组织学生集体参观、浏览，简单停留在“眼睛”课程、“耳朵”课程，走马观花，浮光掠影，没有让学生进行深度体验，更没有让学生在能力上有提升，在情感、态度、价值观上有体悟，教育质量不高。三是课程的组织形式单一。缺乏校内外课程的整体设计和统筹协调，尚未打破学科界限，形成跨学科综合实践学习的育人体系；也没有把学校知识学习与校外实践有效衔接。

2. 教师水平参差不齐，培训支持落后

教师是保证研学旅行育人质量的关键因素，只有真正形成具有专业素养的研学教师团队，才能保证研学旅行活动课程科学设计和顺利落地，才能确保研学旅行的育人效果。《关于推进中小学生研学旅行的意见》提出“要加强教师研学旅行事前培训和事后考核”，但在实际调研中发现，中小学校往往不具备专业培训能力，很难对教师开展有效的研学旅行事前培训。而学校之外的社会机构人员对教育内涵、教育规律、教育方法等又缺乏专业和系统的认知。但是，目前许多社会机构和行业协会都瞄准了研学旅行教师培训，在全国各地举办培训班，收取高额费用，各种未经教育部门认证的“研学导师”“研学辅导员”“研学指导师”“研学实践教育师”等证书满天飞，造成了比较混乱的局面。如何提升研学教师队伍的专业水平，对研学教师开展专业培训，这个问题亟待解决。

3. 标准制定滞后于现实发展需要，缺乏规范化

研学旅行在我国中小学尚属新生事物，目前统一的行业标准还存在缺失。一是缺乏基地（营地）管理规范（包括准入标准、运行管理制度、人事制度、经费使用制度等方面）的指引，有些基地（营地）对如何开展研学旅行的认识还模糊不清；二是缺乏课程与服务的质量标准、评价标准，难以有效衡量是否达到了研学旅行的育人目标；三是发改、物价等部门没有明确的研学旅行收费标准，可否收费、收多少费，缺乏可供参考的标准和依据；四是研学旅行师资标准缺失，中小学校内的研学教师、基地（营地）内的教师、校外社会机构人员，包括旅行社的导游等，是否都符合研学旅行教师所必备的素质要求，是否能够胜任研学旅行教师的岗位均没有明确标准；五是当前研学旅行的组织时常要委托给旅行社，但由于对旅行社缺乏遴选标准和规范指导，一些低质甚至没有资质的旅行社掺杂到研学旅行的活动中，出现了“重旅游，轻教育”“只旅不学”的现象，使得研学旅行的效果大打折扣。

4. 相关部门监管不到位，缺乏有效的协调机制

推进中小学生研学旅行，涉及面广，环节多，责任大。开展研学旅行几年来出现的乱象表明，目前研学旅行缺乏有效的协调机制。国家相关部委虽然联合出台了研学旅行的宏观政策，却还没来得及完善从事研学旅行活动的相关落地执行制度；加之，我国长期以来的封闭式应试教育体制，使得部分教育部门和中小学校在短时间内对于研学旅行政策的了解不够深入。就目前状况来看，比较多的中小学校组织研学旅行，仅仅是为了完成硬性任务，没有跟校内的教育教学体系进行有效的融合。而研学旅行的从业人员，由于既不明晰政策，又无明确监管主体，在研学旅行活动组织和实施中“婆说婆有理，公说公有理”的现象普遍存在，让部分本来就不熟悉业务的学校研学旅行负责人眼花缭乱，不知所措。这也是研学旅行偏离正向的主要原因之一。

5. 执行中存在“走过场”的形式主义倾向，内涵较浅

组织和开展中小学生研学旅行必须准确把握“培养什么人、怎样培养人、为谁培养人”的根本问题，紧紧围绕落实“立德树人”根本任务，把乡土乡情、县情市情、省情国情，把促进形成正确的世界观、人生观、价值观的教育，把思想道德教育、文化知识教育融入研学实践教育中。但就目前进行的研学活动来看，许多学校抱着完成“任务”的“懈怠”心理，为了“推卸”安全责任，过度依赖“企业和机构”服务，盲目扩大“家委会”和家长的职能。

理想的研学旅行活动应由中小学校主导，但现实中，多数是“企业和机构”在主导着研学旅行课程的全过程。双方为了“安全”，一次研学旅行从组织到实施，让家委会和家长以各种形式全程参与，这种操作虽然符合法律法规，但一定程度上造成了“家长过度干预”的不良影响。更有甚者，一部分家长由于不放心孩子在外的生活学习情况，不停地联系孩子，表面上是关心孩子，实质上却是扰乱了孩子研学旅行的正常心，学习效果受到影响；一部分家长由于过分溺爱孩子，孩子在研学旅行过程中的一点点小事，都会成为让家长“发怒”的大事，原本是对孩子的一次锻炼和考验，却让不明事理的家长断送了孩子在“挫折”中成长的机会。这种现象比较普遍。比如孩子不小心碰破了身上的一点皮，随队医生根据情况已很专业地为孩子治疗了，家长却不停地电话质询，喋喋不休地批评、埋怨带队教师，不分青红皂白地投诉学校。产生这样的乱局，本质上还是表现出了研学旅行粗放式发展、缺乏内涵。

三、研学旅行未来发展展望

（一）整体走向协同化：跨界融合

未来，研学旅行的学生规模将进一步扩大。据人口数据统计，预计 2020 年之后，我国 3 岁至 16 岁人群规模将持续增长，整体规模将保持在 2.3 亿人以上。学校、培训机构、旅行社、基地营地、研学旅行服务机构将会逐步实现跨界融合，研学旅行活动的分散度会再次降低，行业集中性会不断加强。现如今涉足研学旅行的机构众多，研学活动的分散导致研学旅行质量不高。各个机构纷纷推出研学项目，期望从中分一杯羹。其实研学旅行对人才的需求是全面的、综合的，所以只有将各行各业彻底整合起来，各自结合自身特点进行研学旅行的规划、设计与落地执行，才能真正地解决问题。

（二）研学课程科学化：内容为王

据“新时代研学旅行执业人培训包开发与建设研究”课题组最新访谈显示，一、二线城市家长更看重研学旅行活动课程的教育意义，喜欢沉浸式的文化生活和体验，这也意味着在不久的将来研学课程的设计要更加精细化、科学化，满足孩子和家长们的各种需求。对各研学旅行组织方和承办方来说，要开发更多具有针对性、强调体验的研学项目，丰富研学旅行活动课程的内容，避免“只旅不学”或“只学不旅”，避免活动课程内容同质化，注重活动课程内容的自主性、实践性、开放性、整合性、连续性，强调活动课程内容的系统性、知识性、科学性和趣味性。

同时，讲解作为研学旅行课程内容呈现形式之一，要体现科学性。讲解可分为研学旅行服务企业（或机构）讲解和研学基地营地（或者其他研学旅行资源点）解说两部分。一方面，要提高研学旅行服务企业（或机构）讲解老师门槛，完善培训、监督制度；另一方面，研学基地营地（或者其他研学旅行资源点）要形成科学的解说体系，方式多元化，提升趣味性和互动性。

（三）执行团队专业化：研学旅行执业人将成新兴职业

研学旅行执业人的素质一定程度上决定了活动课程实施的质量。随着国家层面研学政策的出台，各个省市也纷纷加入其中，形成一股不可忽视的研学旅行热潮。从目前全国中小学生人口统计来看，全国能够参加研学旅行的中小学生人数接近 2 亿，对于研学旅行执业人的需求大大增长。现如今合格的研学旅行执业人的数量稀少，且大多都是半路出家，许多从业者也意识到培养专业研学旅行执业人的重要性，在未来几年，研学旅行业发展会日益蓬勃，研学旅行执业人将成为紧缺的新兴职业。要确保研学旅行走向正轨，需要学历教育和社会培训两条腿走路，从而大批量培养研学旅行专业化人才，满足研学旅行发展需求。2019 年 10 月 18 日教育部明确了在《普通高等学校高等职业教育（专科）专业目录》中新增“研学旅行管理与服务”专业，2020 年开始执行。未来 3 年，将会有大批的高职院校和本科院校开设此专业或增设相关课程，来弥补研学旅行专业指导老师的人才缺口。

同时，人才紧缺的现实需求可能会引导着很多学科专业人士、发烧友利用自己的自由时间从事研学旅行服务。特别是我国已跑步进入老龄化社会，国家拥有大量的老专家、老学者、老教授，创造条件让他们搞搞“老教授研学”是可行的双赢路径。比如在美国，很多博士在假期都会前往国家公园担任义务讲解者，利用自身的知识优势为游客进行科普讲解，类似制度如果在我国能得到普及，将有利于快速解决学科化、专业化研学旅行人才匮乏的瓶颈问题。

第二节　研学旅行的内涵

一、相关概念的产生与发展

2016 年教育部等十一部门发布的《关于推进中小学生研学旅行的意见》直接催生了我国研学旅行的蓬勃发展。虽然国家文件已经明确了其基本概念，奋战在一线的人们也在实践中不断丰富着它的内涵，但许多人仍然把研学旅行说成是“研学旅游”，与冬令营、夏令营、游学、春游、秋游等各种说法纠缠不清，真真是陷入“剪不断，理还乱”的乱象中。针对各种误解，必须厘清概念，防止混淆，这就需要明晰相关概念的产生与发展，把握不同说法之间的关系，比如研学旅行与游学、夏令营、冬令营的关系。

（一）研学旅行与游学的关系

游学是世界各国、各民族文明发展过程中，最为传统的一种学习教育方式。在我国，春秋时期的孔夫子是游学的鼻祖。大唐时游学是潮流，杜甫“出游翰墨场”，李白“好入名山游”，玄奘西天取经流芳千古；而来华游学更是盛极一时。日本留学生阿倍仲麻吕[①]19 岁在长安太学学习，唐玄宗喜其才，赐名晁衡。他在华游学 53 年，著有《古今集》传世。元朝时马可·波罗在华任职，游学 17 年，写下了著名的《马可·波罗游记》。清雍正六年（1728）还在国子监中设立了俄罗斯馆，接收俄罗斯人来华游学。在欧洲，亚里士多德是西方游学的鼻祖，毕达哥拉斯、阿基米德等圣贤都是在周游列国的交流、考察、讲学中形成了影响世界的学术思想的。欧洲游学的高潮兴起于 17 世纪的“大游学”（Grand Tour）运动，在这场运动中，英国、德国的贵族子弟争先恐后地到法国和意大利进行“漫游式游学”。被誉为“经济学之父”的亚当·斯密曾说:“在英国，年轻人一到中学毕业，不等投考大学便被送到国外旅行，这已成为日渐浓厚的社会风气。人们普遍认为年轻人完成旅行归来之后会有很大的长进。”

如今，学生有组织、有计划地游学，已成为发达国家素质教育的有机组成部分。据总部设在丹麦哥本哈根的国际学生旅游联合会统计，20 世纪 90 年代初，该组织每年就售出专门针对青少年学生的旅游优惠卡 150 多万张；德

① 阿倍仲麻吕（698—770），朝臣姓，安倍氏，汉名朝衡（又作晁衡），字巨卿。日本奈良时代的遣唐留学生之一，开元五年（717）入唐，因“慕中国之风”而不肯离去，于是改名朝衡，长留大唐。后参加科举考试，高中进士。任唐左散骑常侍安南都护。他和唐代著名诗人，如李白、王维、储光羲等人都有密切交往。

国巴伐利亚州州政府明确将游学及其载体——青年旅舍写入了当地的教育法，对游学的课程、方式、时间等都做出了明确规定；而日本的高中生每年要在世界范围内做一次为期数天的社会学习，据统计早在1998年，从日本赴海外游学的学生就达15万人了。

概括来讲，现代教育意义上的游学，是20世纪随着世界和平潮流和全球化发展进程而产生，并逐渐成熟的国际性的跨文化体验式教育模式。广义的“游学”指离开自己熟悉的环境，到另一个全新的环境里进行学习和游玩。游学的本质是文化的融合，协助孩子开阔视野，培养人生观和树立广阔的世界观。狭义的“游学”多指学生出国参观游览国外的主要城市、著名景点，学习语言课程，参观当地名校，体验多元文化。

研学旅行和游学从本质上而言，都是一个“移动课堂”，强调学习空间的移动。但近年来我国提出的“研学旅行”在时间上明显晚于游学，是在游学基础上演化而来的新教育路径，在组织形式、活动体验等方面比广义的游学更科学、更系统，教育的目的性也更强、更明确。

（二）研学旅行与夏令营、冬令营的关系

据《大不列颠百科全书》解释，夏令营是将娱乐与教育结合起来的设施，目的在于使城市儿童熟悉户外生活。最早的夏令营约于1885年发源于美国，当时人们由于都市化的日益发展引起各种返回自然的运动，于是产生了夏令营。夏令营的时间不等，从1~2周到8周左右；参加的儿童年龄在6~18岁之间。早期的夏令营强调兄弟式的友爱和简朴的生活，其后又产生了许多不同形式而各有其重点的夏令营，有的夏令营是学生住帐篷、自己做饭的野营，也有的夏令营备有加热房、热水淋浴、游泳池和设备齐全的厨房。有些夏令营仅提供当地特有的水陆运动和一些工艺活动，另一些夏令营则以发展青少年的天赋或特殊兴趣为宗旨。例如有艺术夏令营、音乐夏令营和其他专门从事棒球、骑马、网球、帆船运动的夏令营。还有补课夏令营、减轻体重夏令营等。

在我国，夏令营的概念是在新中国成立后出现的。中国少先队建队之初，

第一批少先队员到苏联参加黑海夏令营，这是最早出现的中国夏令营。当时的夏令营是由国家出资的公益性活动，是免费参加的，具有奖励性质。受经济条件的制约，一般只有少数的优秀学生才能参加。1992 年，由日本提出倡议，在内蒙古草原上举办了一场中日草原探险夏令营。此后，国内夏令营的组织者不再只是学校、教委等教育部门，能参加夏令营的学生数量也在逐年增加，真正意义上的大众化夏令营开始发展，出现了大批收费低廉的夏令营活动。目前，夏令营的组织大体有两类：一类仍旧是教育部门赞助的，开放给来自特定学校或地区的学生，比如近几年针对学生肥胖现象开设的减轻体重夏令营，各大高校开设的学科研究类主题夏令营；另一类是旅行社、文化公司、教育科技公司等社会企业和机构开设的夏令营活动，这类营价位比较高，主题丰富，内容涉及区域在国内或者出境（国），也是当下市场的主角。

冬令营的概念是近几年的热点，通俗地说就是夏令营的“寒假版”。简言之，冬、夏令营，是利用学生寒暑假开办的学习和训练营地，在知识传授、能力培养、素质养成等方面与研学旅行差别不大，都是教育活动。但是冬、夏令营营地教育不属于真正意义上的研学旅行，原因在于：一从时间来看，它发生在假期中，不是学生的正常上学期间；二是组织形式上，是学生个体自主参与，不是学校统一组织；三是性质上，它不列入教学计划，学生花费普遍比较高；四是参与对象上，它既有中小学生，也有大学生，比研学旅行宽泛些。

二、研学旅行的内涵

（一）研学旅行的定义和特点

2016 年 11 月 30 日，教育部等十一部门发布了《关于推进中小学生研学旅行的意见》，该意见明确了研学旅行的定义：“中小学生研学旅行是由教育部门和学校有计划地组织安排，通过集体旅行、集中食宿方式开展的研究性学习和旅行体验相结合的校外教育活动，是学校教育和校外教育衔接的创新形式，是教育教学的重要内容，是综合实践育人的有效途径。”这个官方定义明晰了研学旅行的基本特点。

1. 组织者是学校

研学旅行的主体部门是教育主管部门和学校，是由学校在学生正常上学期间有目的、有计划地安排实施的校外教育活动。研学旅行的组织实施主体是学校，第三方（旅行社、研学旅行服务机构等社会服务单位）可以依法通过学校购买服务的方式参与其中。

2. 组织形式是集体活动

学校组织研学旅行是以整班、整年级为单位，要集中统一住宿，共同活动，相互研讨，强化对集体生活和社会公共道德的体验。

3. 学习形式是“研究性学习和旅行体验相结合”

研究性学习要有主题（课题）、有目的（目标）、有方案（课程）、有流程（过程）、有收获（作业）、有评价（成果）；旅行体验主要是指研学旅行的参与性和实践性。学生要在实践中行动、在自然中行走、在社会中体验（要亲身经历、现场感受、动手参与、同伴互助、自我感悟、兴趣激发、能力培养、品德塑造）。学生要有动手、动脑、动口的机会，在一定情况下，还要有对抗、逃生等拓展体能训练。

4. 研学旅行的性质是校外综合实践教育活动

可以说，研学旅行是落实基础教育改革的创新路径和形式，是学校教育和校外教育的衔接和结合，是落实《中小学生德育工作指南》（2017 年 8 月）、《中小学生综合实践活动课程指导纲要》（2017 年 9 月）和《新时代爱国主义教育实施纲要》《新时代公民道德教育实施纲要》（2019 年 10 月）的重要途径和有力保障。在这一点上，需要格外注意“两不算”：一是校外的一些课后兴趣小组、俱乐部的活动，比如棋类比赛、球类比赛等不属于研学旅行的范畴；二是周末或节假日结伴出游，也不是研学旅行。

5. 研学旅行的本质是教育

作为一种新型的教育形式，要切实为“立德树人”的根本任务服务，要把研学旅行作为课程列入教学计划并予以落实。也就是说研学旅行是中小学生的“必修课”，而非“选修课”；是教育的“规定动作”，而非“自选动作”。

因此，研学旅行具有明显的公益属性，任何利益相关者（地方政府及相关职能部门，中小学校，研学基地、研学营地、景区等研学旅行资源单位，旅行社、文化科技教育公司等研学旅行服务单位）都不能从经营中获得高额利润，提供研学旅行相关服务的服务商要秉承社会企业的原则微利经营。

（二）研学旅行的目的和重要意义

2016 年 11 月 30 日，教育部等十一部门发布的《关于推进中小学生研学旅行的意见》中将研学旅行的目的表述为“开展研学旅行，让广大中小学生感受祖国大好河山，感受中华传统美德，感受革命光荣历史，感受改革开放伟大成就；激发学生对党、对国家、对人民的热爱之情；增强对坚定‘四个自信’的理解与认同；同时学会动手动脑，学会生存生活，学会做人做事，促进身心健康、体魄强健、意志坚强，促进形成正确的世界观、人生观、价值观，培养他们成为德智体美全面发展的社会主义建设者和接班人”。这段表述的核心是“立德树人”，路径是“四个感受”“四个自信”“三个学会”“两个促进”“一个培养”。简言之，研学旅行的目的是育人，培育德智体美劳全面发展的社会主义建设者和接班人。

2016 年 11 月 30 日，教育部等十一部门发布的《关于推进中小学生研学旅行的意见》中将研学旅行的意义表述为“三个有利于”：有利于促进学生培育和践行社会主义核心价值观，激发学生对党、对国家、对人民的热爱之情；有利于推动全面实施素质教育，创新人才培养模式，引导学生主动适应社会，促进书本知识和生活经验的深度融合；有利于加快提高人民生活质量，满足学生日益增长的旅游需求，从小培养学生文明旅游意识，养成文明旅游行为习惯。

结合新中国成立后我国教育方针发展情况和 2016 年 11 月 30 日教育部等十一部门发布的《关于推进中小学生研学旅行的意见》的“三个有利于”，开展研学旅行的重要意义主要表现在以下四个层面：

1. 是贯彻国家重大方针政策的重要举措

1957 年，毛主席在《关于正确处理人民内部矛盾的问题》中指出：“我们的教育方针，应该使受教育者在德育、智育、体育几个方面都得到发展，成为有社会主义觉悟的有文化的劳动者。”1977 年，党的十一大报告中将教育方针表述为“教育必须为无产阶级政治服务，必须同生产劳动相结合，使受教育者在德育、智育、体育几个方面都得到发展，成为有社会主义觉悟的有文化的劳动者”。报告着重强调“两个必须”，其一就是“同生产劳动相结合”。2010 年印发的《国家中长期教育改革和发展规划纲要（2010—2020）》中，将教育方针表述为“坚持教育为社会主义现代化建设服务，为人民服务，与生产劳动和社会实践相结合，培养德智体美全面发展的社会主义建设者和接班人”。这个纲要依然强调“与生产劳动和社会实践相结合”。

2013 年，国务院办公厅印发《国民旅游休闲纲要（2013—2020）》，明确提出要“逐步推行中小学研学旅行”；2014 年，国务院印发《关于促进旅游业改革发展的若干意见》，提出要“积极开展研学旅行”，并明确教育部门要“加强对研学旅行的管理”；2015 年，国务院办公厅印发《关于进一步促进旅游投资和消费的若干意见》，再次提出要“支持研学旅行发展”。国家层面上是借助政策推动研学旅行发展、拉动内需，促进社会经济高质量发展。在此宏观背景下，根据 2015 年第十二届全国人民代表大会常务委员会第十八次会议的决定，《中华人民共和国教育法》第二次修正，将教育方针表述为：“教育必须为社会主义现代化建设服务，为人民服务，必须与生产劳动和社会实践相结合，培养德智体美等方面全面发展的社会主义建设者和接班人。”这一规定把教育方针通过法律形式转化为国家意志，具有强制性。它规定了教育的性质、目标、任务和实现路径，核心是“为谁培养人”“培养什么人”“怎么培养人”三个战略性关键问题。该规定强调教育的基本路径“必须与生产劳动和社会实践相结合”并上升到国家法律意志。2016 年出台的《关于推进中小学生研学旅行的意见》将研学旅行纳入中小学教育教学计划，正是切实贯彻国家重大方针政策的重要举措。

2. 是推动基础教育改革发展的重要途径

围绕“培养德智体美劳全面发展的社会主义建设者和接班人”的目标，我国的基础教育一直在改革的路上前进，先后出台了《基础教育课程改革纲要（试行）》（2001年）、《国家中长期教育改革和发展规划纲要（2010—2020）》（2010年）、《关于全面深化课程改革 落实立德树人根本任务的意见》（2014年）、《中小学生德育工作指南》（2017年）、《中小学生综合实践活动课程指导纲要》（2017年）和《新时代爱国主义教育实施纲要》《新时代公民道德教育实施纲要》（2019年）等一系列文件，从不同层面推动教育活动“与生产劳动和社会实践相结合”。早在2012年，教育部就召开了研学旅行专门会议，布置试点工作。2016年4月，国务院副总理刘延东在驻日使馆“日本中小学修学旅行及其对我的启示和相关建议”的报告上做出批示：“将研学旅行纳入中小学教育是方向”，“对于孩子了解国情、热爱祖国、开阔眼界、增长见识、实现全面发展十分有益。”该批示也直接催生了2016年11月30日教育部等十一部门《关于推进中小学生研学旅行的意见》的出台。可以说，开展中小学生研学旅行正当其时，这是推动基础教育改革发展的重要途径。

3.是加强社会主义核心价值观教育的重要载体

自党的十八大以来，党中央高度重视培育和践行社会主义核心价值观。2013年12月中共中央办公厅下发了《关于培育和践行社会主义核心价值观的意见》。习总书记多次做出重要论述，提出明确要求。2017年10月18日，习近平同志在党的十九大报告中指出，要培育和践行社会主义核心价值观，要以培养担当民族复兴大任的时代新人为着眼点，强化教育引导、实践养成、制度保障，发挥社会主义核心价值观对国民教育、精神文明创建、精神文化产品创作传播的引领作用，把社会主义核心价值观融入到社会发展各方面，转化为人民的情感认同和行为习惯。研学旅行依托自然和文化遗产资源、红色教育资源和综合实践基地等，让广大中小学生在研学旅行中感受祖国大好河山，感受中华传统美德，感受革命光荣历史，感受改革开放伟大成就，激发学生对党、对国家、对人民的热爱之情，增强学生对坚定“四个自信”的理解与认同，从而成为加强中小学生德育、培育和践行社会主义核心价值观的重要载体。研学旅行突出集体活动，强调在集体中通过真实的社会生活锻炼各种品质。在研学旅行中，学生获得与同伴相处的机会，学会团结互助、诚实守信、遵纪守法、艰苦奋斗等优秀品质，在潜移默化中培育和践行社会主义核心价值观。在研学旅行中，学生树立了民主法治、自由平等、公平正义等理念，在鲜活的现实生活中自觉地践行社会主义核心价值观。

4. 是落实立德树人、全面育人教育目标的重要形式

研学旅行继承和发展了我国传统“读万卷书，行万里路”的教育理念和人文精神，成为素质教育的新内容和新方式。研学旅行遵循了教育规律，把学习与旅行实践相结合，把学校教育和校外教育有效衔接，强调学思结合，突出知行统一，让学生在研学旅行中学会动手动脑，学会生存生活，学会做人做事，促进身心健康，这就使学生在“润物细无声”中对自然和社会有一个全方面、立体式的直观了解，有助于培养学生的社会责任感、创新精神和实践能力，是落实立德树人根本任务、提高教育质量的重要形式。

（三）准确把握研学旅行内涵的三个建议

1. 正确理解“研学旅行”与“学生发展核心素养”的关系

学生发展核心素养，主要指学生应具备的、能够适应终身发展和社会发展需要的必备品格和关键能力。研究学生发展核心素养是落实立德树人根本任务的一项重要举措，也是适应世界教育改革发展趋势、提升我国教育国际竞争力的迫切需要。学生发展核心素养是党的教育方针的具体化，是连接宏观教育理念、培养目标与具体教育教学实践的中间环节。党的教育方针通过学生发展核心素养这一桥梁，可以转化为教育教学实践可用的、教育工作者易于理解的具体要求，明确学生应具备的必备品格和关键能力，从中观层面深入回答“立什么德，树什么人”的根本问题，引领课程改革和育人模式变革。2016 年 9 月，受教育部基础教育二司委托，由北京师范大学牵头的学生发展核心素养课题组研制的《中国学生发展核心素养》研究成果在北京师范大学发布，《中国学生发展核心素养》以培养“全面发展的人”为核心，分为文化基础、自主发展、社会参与三个方面，综合表现为人文底蕴、科学精神、学会学习、健康生活、责任担当、实践创新六大素养，具体细化为社会责任、国家认同、国际理解等 18 个基本要点。（具体要点如图 1–1 所示）

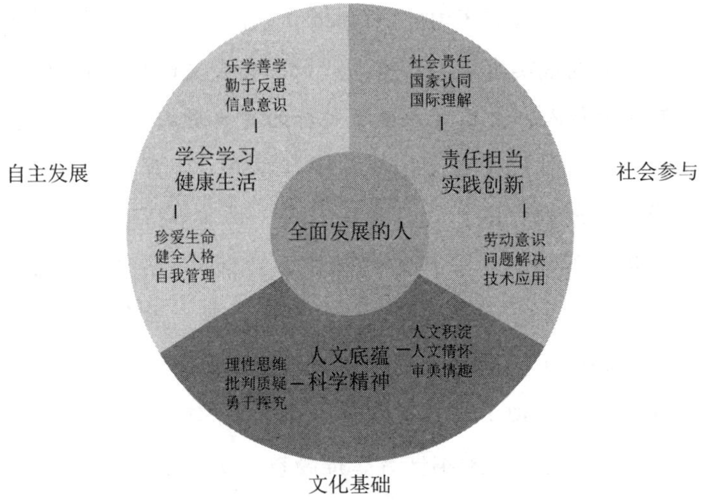

图 1-1　学生发展核心素养

站在研学旅行的角度看学生发展核心素养，研学旅行是落实立德树人任务和学生核心素养提升的方法和渠道。研学旅行全过程实际包含学生发展核心素养的方方面面，是学生核心素养养成的不可替代的方式。在组织研学旅行时要注意让学生在过程中去参与、去体验、去总结、去反思，让学生在文化基础、自主发展、社会参与三个层面能够自我提升，让学生在研学旅行的路上走得更远、更深、更高。

2. 平衡好研学旅行中的“研学”与“旅行”的关系

2016 年 12 月，国家旅游局正式发布《研学旅行服务规范》[①]，提出研学旅行必须要有“研学”的实质内容，并规定，研学教育应针对不同阶段的学生特点，提供有知识性、参与性、互动性、趣味性、创新性的体验教育服务。服务提供方应按照研学项目要求，在行前指导学生阅读书目（课程），带着好奇心去研学；行中及时组织学生整理研学日记，行后应组织学生撰写报告，将征文、图画、摄影等作品进行交流和分享；应提供网络交流平台，方便家长、老师及时了解学生状态，并及时作出评价。为避免研学旅行中“只旅不

① 资料来源：文化和旅游部官网。《国家旅游局公告（2016年37号）》表示《研学旅行服务规范》（LB/T 054-2016）行业标准已经国家旅游局批准，2017 年 5 月 1 日起实施。

学”或“重旅轻学”等乱象，有必要从以下三个方面厘清二者之间的关系：

（1）研学旅行的主体是中小学生，课程设计必须结合学生的认知水平、课程教学实际、学生情感价值目标培养等确立相应的目标和主题，以提高活动的目的性、教育性和有效性。

首先学生的年龄不同，要注意区分学段，从实际出发，区别对待，不搞一刀切。小学生应侧重旅行，让其在全新的情境中去体验、观察，在活动中培养良好的行为习惯和团队意识；初中生应做到研学与旅行并重，通过活动，开阔视野，丰富知识，培养他们的自觉自律观念和协作互助意识；高中生则应侧重于研学，引导学生用所学知识解决一些实际问题，或通过旅行，比较全面地认识旅行地的人文、自然资源与特点，达到丰富学识或学以致用的目的。

其次，学生的民族不同，城乡背景、生活文化背景差异会比较大。我国是一个多民族国家，56个民族有各自的生产习惯、生活习惯、民族风俗、传统文化等；同时我国现阶段城乡发展还不平衡，存在明显差异。这些不同和差异既是宝贵的研学资源，同时也需要研学旅行组织方和承办方在课程设计和落地执行时充分考虑来自不同民族、不同地域的学生的特点，实现“一个都不能少”的教育效果。

（2）研学旅行必须研学与旅行并重，既不可重学轻行，让学生背负沉重的学习负担，也不能轻学重行，把研学旅行变成一般性的观光游览，要平衡好二者关系。

（3）必须认识到研学旅行的本质是教育。研学旅行活动是通过旅行搭建平台，促进学生研究性学习能力提高的重要举措。旅行是手段、是途径，研学是根本、是目的。它是把抽象的一般性理论知识与具体的现实问题相统一的一种创新学习方式。其特点在于开放性、研究性、实践性、合作性、应用性、教育性等，具有校内课堂教学无法比拟的优点。如果把旅行作为中心，把学习当成辅助或旅行活动中的自然生成，则本末倒置了。如此，研学旅行和一般的旅游观光便无区别了。因此，研学旅行要实时寻找学与行的最佳契合点，让学生在身心愉悦中学习、体会，在观察、体验中加深对旅行地的认识，发现、探索行程中的人文、自然资源，培养、提升学生的主动性、自觉性和核心素养，协助学生认识自我，发展为“全面发展的人”。

3. 认真研读我国的教育方针政策

研学旅行是我国基础教育改革的重要成果，它的发展其实是一系列国家教育方针政策的落地和执行，准确把握研学旅行的内涵，必须熟读并研究系列政策，并将政策精神不折不扣地落实到研学旅行活动的全过程。

【拓展知识】

校内课堂与研学旅行“课堂”

怎样理解研学旅行独特的“课堂”形式呢？看一看下面的对比：

1. 关于空间

校内课堂	研学旅行“课堂”
一般是固定的、封闭的。 	一般是流动的、开放的，在行走中。 

2. 关于时间

校内课堂	研学旅行“课堂”
一般按学期的课程表来。	按研学旅行活动课程方案进行。 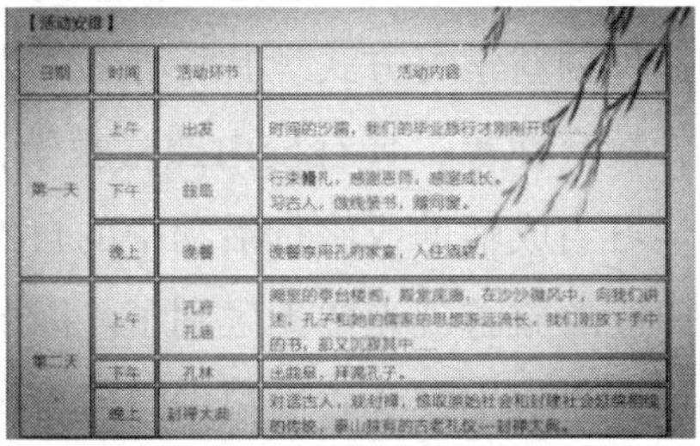

时间		星期一	星期二	星期三	星期四	星期五
到校		7:50	8:10	8:10	8:10	8:10
1	8:20-8:55	数学	语文	数学	数学	语文
2	9:05-9:40	语文	数学	语文	音乐	英语
3	10:10-10:45	体育	美术	体育	英语	数学
4	10:55-11:30	综合	体育	音乐	科学	综合
中午放学：11:30						
下午到校：13:50						
读书时间：13:50-14:15						
5	14:20-14:55	美术	英语	科学	习作	道德与法制
6	15:10-15:45	[illegible]	道德与法制	信息	习作	选修课
下午放学：15:45						

3. 关于主体性

<table>
<tr><th>校内课堂</th><th>研学旅行“课堂”</th></tr>
<tr><td>一般是老师的天下。
</td><td>一般是学生的世界。

</td></tr>
</table>

4. 关于教学方法

<table>
<tr><th>校内课堂</th><th>研学旅行“课堂”</th></tr>
<tr><td>讲授为主，图片等虚拟的情景。
</td><td>自然真实的“实景”。
</td></tr>
</table>

5. 关于学生评价

<table>
<tr><th>校内课堂</th><th>研学旅行“课堂”</th></tr>
<tr><td>一般是纠错的，重分数和结果。
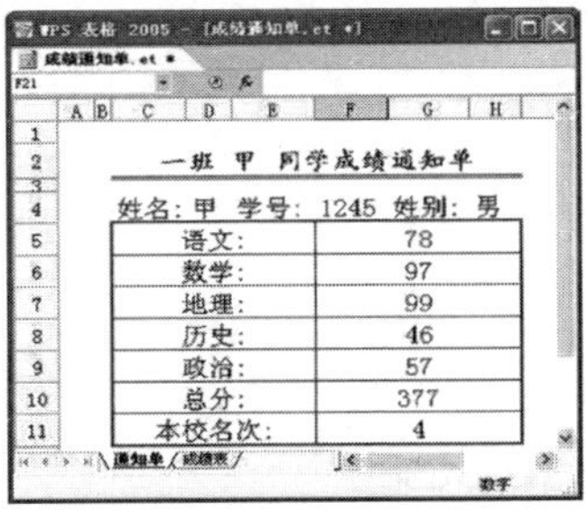
</td><td>一般是赞赏、激励，重过程和表现。

</td></tr>
</table>

【思考与练习】

某研学旅行服务单位招聘了大批新员工，拟进行岗位培训，请你给他们讲解一下什么是研学旅行，请拟定培训大纲，并做出简要的授课PPT。

第二章
研学旅行执业人的职业素养

【引言】

研学旅行已经被列入义务教育和普通高中的必修课，其学校渗透率会飞快提升，未来前景不可限量。中小学校对优质研学旅行日益增长的需求倒逼着研学旅行从业人员必须不断提升自我，做到专业、敬业和乐业。

本章界定了“研学旅行执业人”“研学旅行服务单位”的概念，阐述了研学旅行执业人应具备的职业道德素养、职业知识素养以及职业技能与能力素养。

【学习目标】

1. 了解研学旅行执业人的概念

2. 掌握研学旅行执业人的职业素养，为未来成为一名合格的研学旅行执业人做准备

第一节　相关概念界定

一、研学旅行执业人的含义

社会进入新时代，人民群众的教育需求正在由“有学上”向“上好学”

加速转变，传统的教育方式已经不能满足学生综合素质全面发展的需求。近几年迅猛发展的研学旅行顺应了这种大趋势，成为社会热点，也逐渐成为学生教育活动中一种必要的途径和方式。

学校的管理者、一线教师、学生家长还有提供研学旅行服务的社会企业和机构，对研学旅行的真正内涵和定位要有相当清晰、明确的认识和了解。研学旅行的主体是未成年人，知识体系和价值观尚未完善，对中小学生的引导和安全保障不能用纯教育或纯旅游中的常规方法，“研学旅行执业人”便成了连接研学旅行目的地、活动课程、家长、学校和学生的最重要的纽带，也是解决突发事件的关键人，影响着中小学生最终的研学旅行体验和收获。面对不断增加的研学旅行教育需求，合格的“研学旅行执业人”成了研学旅行教育的“新宠”。

从广义来说，“研学旅行执业人”是指监督、审核、策划、制订和实施研学旅行活动课程方案，在研学旅行过程中组织和指导中小学生开展各类研究性学习和体验活动的从业人员。这是一个庞大而又复杂的服务团队，主要包含三个层面的人员：一是教育行政管理部门的管理人员、学校的管理者和一线教师；二是文化旅游、交通、公安、食品药品监管、保险监督管理等相关职能部门的管理人员；三是承接研学旅行服务的企业或机构工作人员。

从狭义上讲，“研学旅行执业人”主要包括两部分：一部分是中小学校管理者和教师，另一部分是承接中小学校研学旅行服务的社会企业或机构工作人员。

本书后面表述的“研学旅行执业人”均指狭义含义。

二、研学旅行服务单位的含义

在研学旅行执业人狭义含义中，“承接中小学校研学旅行服务的社会企业或机构”主要包括旅行社、传统教育培训机构、新成立的研学旅行服务公司、基地、营地和其他研学旅行资源点。

为了表述的方便和精准，本书将“为研学旅行提供服务的旅行社、传统教育培训机构和新成立的研学旅行服务公司”统称为研学旅行服务单位。研学旅行服务单位对食宿、交通、基地（营地）和其他研学旅行资源点等研学旅行供应要素具有把控能力，属于研学旅行中间服务商。

基地、营地和其他研学旅行资源点作为研学旅行活动重要的资源依托，在研学旅行体系中属于供应商范畴，主要为广大中小学生研学旅行的开展提供平台与目的地。

三、研学旅行服务单位的业务和岗位类别

按照研学旅行团队的来源情况，目前，我国研学旅行服务单位的研学旅行业务主要包括组团类业务和地接类业务。就某个具体的研学旅行服务单位而言，存在两类业务量相对平均或者以其中一类业务为主的情况。以组团类业务为主的单位，本书称其为研学旅行组团服务单位；以地接类业务为主的单位，本书称其为研学旅行地接服务单位。

在研学旅行服务单位中，从事研学旅行活动课程研发设计（在中小型的服务单位，也承担宣传、发布工作）、协调安排研学旅行活动课程落地执行的各种保障、协助处理突发事件的人员称为研学旅行计调师；专门承担对外发布和宣传研学旅行活动课程的人员，称为研学旅行外联人员。

研学旅行组团服务单位的研学旅行团队，一般是通过本单位的努力，在中小学校举办的研学旅行承办方竞标活动中胜出而争取的团队；同时，学校研学旅行活动课程的实施地域不在研学旅行组团服务单位可以操作的区域范围内，需要通过研学旅行地接服务单位协同完成接待任务。在研学旅行组团服务单位中，负责按照合同约定执行研学旅行组团服务单位的研学旅行接待计划，监督研学旅行地接服务单位的履约情况和接待质量，负责研学旅行活动过程中与研学旅行组团服务单位的联络，做好各站衔接、交接工作，协调、处理研学旅行活动中的各种问题，保障研学旅行团队安全的工作人员称为研学旅行生活辅导员。

研学旅行地接服务单位的研学旅行团队通常有两个来源：一是通过本单位的努力，在中小学校举办的研学旅行承办方竞标活动中胜出而争取的团队，当然，学校研学旅行活动课程的实施地域在研学旅行服务单位可以操作的区

域范围内；研学旅行地接服务单位的这类业务可以称为自组团地接业务。二是由外地区的同业送交的研学旅行团队，研学旅行地接服务单位的这类业务可以称为他组团地接业务。在研学旅行地接服务单位中，直接带领研学旅行团队执行研学旅行活动课程的服务人员称为研学旅行指导师。

本书中，基地、营地研学旅行服务人员的岗位构成跟研学旅行服务单位基本类同，不再赘述。

无论是研学旅行计调师、研学旅行外联人员、研学旅行生活辅导员还是研学旅行指导师，都是研学旅行执业人队伍的重要组成部分。

现在，我国研学旅行尚处于起步、探索阶段，但已经呈现出爆发式向井喷式增长的趋势，要保证研学旅行的高质量发展，满足人民对教育的美好需要，合格的“研学旅行执业人”队伍建设是刚需。

第二节　研学旅行执业人的职业道德素养

职业道德是指从事社会职业的人们，在履行其职责的过程中理应遵循的道德规范和行为准则。作为研学旅行执业人，在自己的职业生涯中，应该遵循的道德准则和行为规范主要体现在如下方面：

一、要具有鲜明的“政治站位”

政治站位首先表现为政治意识，就是维护党的领导、坚定“四个自信”及提升政治的坚定性、敏锐性，鉴别力、执行力要强。其次表现为站位意识，能否站在政治和全局的高度把握形势、指导实践、推动工作，能否跳出个人和部门利益的角度思考问题、看待问题、解决问题。作为研学旅行执业人，从事的是贯彻党的教育方针的教育事业活动，必须具备鲜明的“政治站位”立场，确保“培养德智体美劳全面发展的时代新人”教育目标的达成。

“立德树人，培养人才”是研学旅行的根本目的。参与研学旅行的执业人必须以“立德树人”“办好让人民满意的教育”为宗旨，形成良好的教育生态氛围。学校、基地、营地、景区、旅行社、研学旅行机构等单位的研学旅行执业人要“像石榴籽一样抱成团”，让社会主义核心价值观的种子在广大青少年学生心中生根发芽。一方面要把社会主义核心价值观的基本内容和要求渗透到研学旅行活动全过程的每一个细节。研学旅行执业人要做到重言传、重身教，教知识、育品德，身体力行，耳濡目染，帮助广大中小学生扣好人生的第一粒扣子、迈好人生的第一个台阶，使其做最好的自我、展现最好的自己。另一方面要让广大中小学生不断践行社会主义核心价值观，在研学活动中逐渐形成习惯。“少成若天性，习惯之为常。”（《大戴礼记·保传》）在组织研学活动中，研学旅行执业人要从小事、从细节做起，把“立德树人”的理念落实到一言一行中，内化于心，外化于行，做好学生的榜样，起到“桃李不言，下自成蹊”（《史记·李将军列传》）的最佳效果。

二、要具有崇高的职业理想

职业理想是人们在职业上依据社会要求和个人条件，借想象而确立的奋斗目标，即个人渴望达到的职业境界。职业理想是人们对职业活动和职业成就的超前反映，与个人的价值观、职业期待、职业目标密切相关，与世界观、人生观密切相关。职业理想具有导向作用，是职业人心中的目标和前进的方向。俄国的托尔斯泰曾说过：“理想是指路的明灯，没有理想就没有坚定的方向，就没有生活。”在工作中，职业理想指导并调整着人们的从业活动。当一个人在工作中偏离了理想目标时，职业理想就会发挥纠偏作用，尤其是在实践中遇到困难和阻力时，如果没有职业理想的支撑，人就会心灰意懒、丧失斗志。因此，作为服务于中小学生教育活动的研学旅行执业人，必须“身正、德高”，具备崇高的职业理想，才能在工作岗位上满怀激情地陪伴广大中小学生一路前行，风雨无阻。

研学旅行的本质是育人。研学旅行执业人在研学活动中都承担着“教师”的角色。苏联教育家苏霍姆林斯基告诫教师：“请你记住，你不仅是自己学科的教员，而且是学生的教育者、生活的导师和道德的引路人。”研学旅行是广大中小学生的校外教育实践课程，参与服务的研学旅行执业人在孩子们的眼中都是尊敬的“老师”。即使你不是真正拥有国家认可的“教师资格证书”的在编“学校老师”，孩子们也真心地尊称你为“老师”，这一声“老师”意味着责任重大。这种崇高的期望需要研学旅行执业人站在教师职业承担的重要使命和责任的位置上，从党和国家事业全局的角度理解研学旅行的要求。首先要处理好个人利益和国家、社会利益的关系，处理好个人理想和民族梦想的关系，聚集奋斗力量，做新时代的见证者、开创者和建设者。其次要把握研学旅行的基本定位，增强底线意识，正确理解、认识，取得思想一致，满怀激情，用热心、爱心、耐心研究和组织研学旅行。简言之，研学旅行执业人要有从事“研学旅行”事业的高尚情怀，要有“师德”，让自己的一言一行如春风化雨般滋润着研学路上的学子们。

三、要具有“安全第一”的思想意识

安全要靠社会的共同努力，安全也要靠自己对危险的预知及预防，有了万全的准备，才能防患于未然，无论我们在做什么，即将做什么，我们都要明白这一点，安全是重中之重。作为研学旅行执业人，更是要牢牢树立“安全第一”的思想意识。

“安全”是研学旅行的悬顶之剑，这是不争的事实。尽管国家不断出台推动研学旅行的政策，各地政府也有响应，但仍有一些部门和学校以安全为借口等待观望，徘徊不前，究其原因都是因担心出现意外事故而不愿冒险开展研学旅行活动。研学旅行如何既能开展好活动又能保障学生安全，这将是研学旅行执业人在职业生涯中必须长期探索的课题。研学旅行的首要原则就是“教育为本，安全第一”。研学旅行活动的进行一般都在户外，需要学生“走出去”，那么走出去就存在很突出的安全问题。因此，研学旅行要积极落实“安全第一”的原则，解决研学旅行存在的隐患，保护学生安全。研学旅行执业人在思想上要牢固树立“安全重于泰山”的意识，要把学生的安全放在突出位置，切实予以保障，在研学旅行活动中一定要配备经过科学和专业训练的安全指导人员，要制定安全方案和应急预案，对研学旅行过程中可能发生的安全、天气与交通、食品卫生、疾病预防、保险保障等问题都要做好协作、配合工作，确保万无一失。就从业需求来看，研学旅行执业人都有必要进行紧急救护知识的专业培训，考取“救护员”资格证，在思想上和行动上做好“安全第一”的准备。

四、团结协作，顾全大局

团结协作是指人们为了实现共同的利益和目标，在信念上一致和在行动上统一的相互关系和行为规范。各个部门、每个人互相支持，互相帮助，努力工作。顾全大局是指为了共同利益和目标，摆正个人、集体、国家三者的关系，自觉做到个人利益服从集体利益、局部利益服从整体利益、眼前利益服从长远利益。由于研学旅行活动的特殊性，哪怕是一次几十人小规模的研学旅行活动，也需要整合多种研学旅行资源，会涉及交通、餐饮、住宿等服务供应商和相关利益的人群和部门，如何将相互独立又相互牵制的诸多人员和部门组织、协调起来，形成一个共同的目标，为学生提供满意的服务，研学旅行执业人起到穿线搭桥的关键作用。在组织、协调时，研学旅行执业人必须要有大局观念，从整体出发，团结相关工作人员，分工协作，使研学旅行活动得以顺利进行。

研学旅行执业人是研学旅行活动课程落地执行的核心，承担着组织、协调的重要联络和衔接工作。如果研学旅行执业人缺乏大局观念，不懂得从全局层面上思考问题，就可能顾此失彼，相互扯皮，降低工作效率，甚至造成不可挽回的损失。对外失去供应商的合作，企业就会成为一片孤岛；对内各相关部门的员工各行其是、利益纷争，使内部管理变得复杂无序，消耗企业的资源和能力。如果研学旅行执业人习惯上从本部门的利益或自身利益出发，把其他部门和企业当成为己牟私利的工具，取得成绩时据为己有，出现失误时推诿责任，会逐渐失去他人的信任而变为孤家寡人，整个研学旅行活动也就不可能顺利开展了。

五、善于学习，不断进取

在这个知识经济的时代，学习不再是取得文凭的手段，而是一个人的终身需求。工作之后，学习能力的高低在很大程度上决定个人的发展。研学旅行执业人要善于学习，肯于钻研，及时掌握不断变化的新动态、新信息，以提高作业水平。比如要掌握酒店淡旺季上下浮动的价位；火车班次的调整、航班的变化；本地新景点、新线路的改变情况，等等。只有以丰富的知识武装自己，以最快的速度从各种渠道获得最新的资讯，并加以研究运用，才能保证作业迅速流畅。

企业的人才判断标准是能适应企业内外变化，并能迅速调整，为企业的发展带来利益。21 世纪是知识经济的时代，知识、信息、智慧、才干是经济社会发展的关键性要素，人才及其智能、知识是社会经济的第一资源、第一资本，是企业发展的决定性因素。知识经济就其本质来论，可以称之为人才经济。人才的竞争是一切竞争的基础，人才是最具价值的。而人才及其所具备的知识、智慧、技能，是通过学习而获得的，没有学习就没有知识、就没有智慧、就没有创新，也就没有了技能和能力，企业发展就会停滞甚至灭亡。

同时，研学旅行活动的服务对象是广大中小学生，研学旅行是全学科的融合课程，涉及的知识无限、挑战无限；这种特殊性更需要研学旅行执业人必须保持“活到老，学到老”的热情，善于学习，不断进取，以良好的精神风貌和广博的知识储备陪伴广大中小学生在研学路上共同成长。

六、诚实守信，友善感恩

诚实守信是为人之本、从业之要。诚实，即忠诚老实，不说谎，不作假，不为不可告人的目的而欺瞒别人。守信是指说话、办事讲信用，答应了别人的事，能认真履行诺言，说到做到。守信是诚实的一种表现。作为研学旅行执业人，理应遵循“诚实守信”的处世准则。

诚实守信是中华民族的传统美德，中国大教育家孔子极为重视诚实守信，他认为，在社会生活中，“信”是一个人立身之本，如果没有诚信，也就失去了做人的基本条件。他把“信”列为对学生进行教育的“四大科目”（言、行、忠、信）和“五大规范”（恭、宽、信、敏、惠）之一，强调要“言而有信”，认为只有“信”，才能得到他人“信任”（“信则人任焉”）。孔子说：“人而无信，不知其可也。”研学旅行执业人在工作过程中，联系非常广泛，诚实守信可谓立业之本。

友善，指人与人之间亲近和睦，是处理人际关系的基本准则，是公民的基本道德规范。感恩，指对别人所给的帮助表示感激，是对他人帮助的回报。感恩是一种处世哲学，是生活中的大智慧。英国作家萨克雷说：“生活就是一面镜子，你笑，它也笑；你哭，它也哭。”你感恩生活，生活将赐予你灿烂的阳光；你不感恩，只知一味地怨天尤人，最终可能一无所有。研学旅行活动涉及交通、住宿、餐饮、基地营地等多个合作伙伴，需要诸多人员进行亲密无间的团队合作，每个岗位人员都能够存友善之心，怀感恩之情，方能合作顺利，保证研学旅行活动的圆满完成。

七、爱岗敬业，乐于奉献

爱岗敬业、乐于奉献是研学旅行执业人做好工作的基础。敬业精神是人们基于对一件事情、一种职业的热爱而产生的一种全身心投入的精神，是社会对人们工作态度的一种道德要求。它的核心是无私奉献意识。

研学旅行活动的组织和实施，工作琐碎、繁杂，注重细节，而且要求反应快速。研学旅行执业人的工作直接影响着研学旅行活动的服务质量。如果没有奉献精神，是不可能做好的。研学旅行的行前、行中和行后千头万绪的工作都需要研学旅行执业人的细心和投入。如果缺乏爱岗敬业精神，这些琐碎的事情会让人烦不胜烦，工作不可能细致，然而一点小的差错，就可能降低服务质量，甚至导致“灾难”发生。

研学旅行执业人必须具备乐于奉献的精神，这是因为，第一，乐于奉献的精神有助于把工作做得更好。研学旅行活动工作烦琐且界线难以界定，多做一点少做一点，短时间内很难察觉出来。乐于奉献精神强的执业人对工作保持高度热情，干事细致认真，会设身处地为学生、学校和单位着想，愿意付出额外的努力。比如，研学旅行指导师一个很小的细节可能使学校和学生非常满意而心存感激，虽然对方未必表达出来。同样，一个不负责任的研学旅行指导师，不愿承担工作失败的后果，事事找理由，时时找借口；有时候，整体上看，自己工作没有失误，学生心里感到别扭但未必明白别扭来自哪里，即使非常不满也不愿投诉，但对研学旅行服务单位来讲，可能会永远失去了对这类师生和学校的服务机会。第二，乐于奉献精神还有助于研学旅行执业人进行组织、协调工作。组织、协调工作是研学旅行活动课程落地执行的基础。比如，对于研学旅行服务单位来讲，虽然资源雄厚，员工个个精明能干，但是如果组织、协调不当，这些物质资源和人力资源不能产生任何价值，甚至产生反向作用；具备乐于奉献精神的研学旅行执业人，会主动以大局为重，把自己的利益融合到组织的利益之中，不会对自身的利益斤斤计较，支持和维护企业的目标和形象，遵守企业的规章制度和作业程序，自愿承担一些本不属于自己职责范围内的工作，愿意帮助别人，积极与他人合作，从而将资源进行有效整合，使研学旅行活动的目标得以更好地实现。

八、公平公正，一视同仁

研学旅行活动的主体是广大中小学生。学生虽然在个性特点、学习成绩等诸多方面有所不同，但他们参加研学旅行活动的权利是一样的，应该受到公平公正的对待。这就意味着，研学旅行执业人在对待学生时，不能以“权威”自居，不能搞“一言堂”，要与学生共同探讨、共同商量；这更意味着，在活动组织中不能把学生分为三六九等，必须一视同仁，公平公正地对待每一个学生；这还意味着，组织活动时也不能因为学生家庭文化、经济、政治等背景以及学生自身智力、性格、情趣等方面的差异而对他们有所不同或者是歧视。这就要求，研学旅行活动中必须公平地对待每一个学生，无论学生是聪明的还是愚钝的、乖巧的还是顽劣的，因为只有当学生感受到无论自己是否引人注目、是否取得过骄人的成绩，甚至是否遵守活动规则，自己都会和其他同学一样平等地受到研学旅行执业人的关注和关心，这时，他们才会不由自主地被研学旅行执业人的人格魅力所折服，产生由衷的“向师之心”，产生“亲其师方可信其道”的教育效果。事实上，平等地对待每一个学生，给学生表达自己意见的机会，是教育教学中不容忽视的重要准则。在研学旅行教育活动中，应以正确的教育思想教书育人，面向全体学生，公平地对待每一个学生，给予全体活动的参与者同样的关心和指导、同样的信赖和尊重、同样的鼓励和期望，对所有的学生一视同仁，不能以个人的好恶选择喜爱某些学生，或厌恶另一些学生。比如，活动中的互动环节请学生回答问题，要做到经常轮换提问对象，尽量让人人参与；活动项目需要编排学生小组，也要公正公平，不能让态度消极的、表现相对落后的同学一组，也不能对态度积极的、表现好的就特别照顾，绝对不能带有“特殊的”感情色彩，厚此而薄彼。

第三节　研学旅行执业人的知识素养

知识素养是指一个人所掌握的知识、知识量以及对知识的运用能力。要胜任研学旅行服务工作，成为一名合格的研学旅行执业人，必须具备丰富而广博的知识，这是从事研学旅行服务工作的前提和基础。研学旅行执业人须具备的知识素养如下：

一、政策法规知识

政策法规知识是一个合格的研学旅行执业人必备的知识之一。掌握相应的政策法规知识是研学旅行执业人顺利完成本职工作、保障学生和自身权益的法宝。在研学旅行活动中，不得出现违背党的路线方针政策的言行，不得发表错误观点和编造、散布虚假信息、不良信息，不得出现损害国家利益、社会公共利益或违背社会公序良俗的行为。因此，研学旅行执业人需要重点了解保护青少年健康成长方面的有关法律法规和研学旅行活动涉及的业务法规。要掌握的政策法规知识主要包括:《中华人民共和国教育法》《未成年人保护法》《消费者权益保护法》《中华人民共和国旅游法》《旅行社管理条例》《导游管理条例》《合同法》等。还要及时了解交通运输、食品药品、卫生防疫、保险等相关行业的政策法规知识。

依法治国、依法办事是促进经济发展、社会全面进步、国家长治久安的重要保障。在这个法治时代，要求研学旅行执业人依照宪法和法律的规定，把自身的业务行为控制在政策法规规范允许的范围之内，通过学法而懂法到用法、护法，明确在政策法规规定范围内的权利、责任和义务。研学旅行执业人具有法治观念，能够依法办事，是时代发展的要求，认真学习与自身业务相关的政策法规，知法、懂法、用法、护法是衡量研学旅行执业人工作水平的重要尺度之一。研学旅行执业人在业务操作过程中，必须以国家的方针、政策和法规为指导，只有这样，在合同签订和履行过程中才能有效地规避风险，保障双方的合法权益；在受理投诉时才能有理、有据、有利、有节地处理相关问题，避免在工作中出现失误和偏差。

二、中小学全学科知识

研学旅行活动的主角是广大中小学生，研学旅行活动课程是全学科的融合课程。作为组织和实施研学旅行活动的研学旅行执业人，了解中小学生在不同阶段所开设的科目和大体内容是规划与设计研学旅行活动课程方案的基础。如果研学旅行执业人对中小学全学科知识模糊不清，心中无底，那么工作就会陷入“活动目标不清，教育效果不好”的困境。因此，作为研学旅行活动执业人，案头必备的图书资料之一就是包括小学到高中阶段的全学科教材。特别是人文学科的相关教材，如语文、传统文化、思想品德等科目，近几年都进行了相当大的创新和改革，切记要实时关注最新版本的变化，及时把握改革的内容和思想，保证研学旅行活动课程与校内课程体系的“无缝对接”。

三、教育教学知识

研学旅行的本质是育人，是一种特殊方式的教育活动。作为这项教育活动的服务人员，研学旅行执业人需要具备基本的教育教学知识，熟悉中小学教育的基本情况。这方面的知识主要包括：一是中小学教育学和教育心理学方面的知识。苏联著名教育实践家和教育理论家苏霍姆林斯基说：“一个好的教师，是一个懂得心理学和教育学的人。”教育学和心理学是从事教学活动最基本的知识储备，通过学习这方面的知识，可以帮助研学旅行执业人熟悉学生的认知规律，掌握教育心理学的基本原则和方法，准确把握中小学生的心理特点，从而更加高效地组织和实施研学旅行活动。当下，研学旅行执业人队伍中，除了中小学教师之外的研学旅行从业人员，相当缺乏这方面的知识积累和实践经验，不能很好地了解中小学生心理，造成课程设计和执行“千篇一律”的同质化问题严重；这个方面的知识匮乏是研学旅行执业人整体职业能力提升的瓶颈，需要针对性很强的培训和锻炼。二是中小学新课改方向和相关教学理论。我国的基础教育一直在改革中发展，作为研学旅行执业人，必须与时俱进地关注教育改革的方针、政策，掌握新课改中的教学观和学生观，重点了解中小学课程结构、课程类型和课程标准，熟悉中小学德育工作、综合实践活动课程内容，掌握新时代公民道德建设和爱国主义教育实施纲要中对中小学生课程的具体要求，并能把两个纲要的精神不折不扣地落实到研学旅行活动的全过程。

四、研学旅行资源知识

研学旅行资源是研学旅行教育的重要载体。教育部《中小学综合实践活动课程指导纲要》在明确了研学旅行的课程性质和课程目标的基础上，以优秀传统文化、革命传统教育、国情教育、国防科工、自然生态五大板块作为课程主题；并于近两年分批命名了621个研学实践教育基地和营地，构建起了以营地为枢纽、基地为站点的研学实践教育网络，建立了全国中小学生研学实践教育平台，涵盖了农业基地、科研院所、知名企业、博物馆、美术馆、图书馆等。这些研学旅行资源的分布、各自特色和运行情况都需要研学旅行执业人熟知，并亲自做到实地考察，进行研学旅行教育线路、实践活动的推演等。

同时，中小学生的研学旅行是分年龄、分阶段进行的，不同阶段各有所侧重。《关于推进中小学生研学旅行的意见》中规定“小学阶段以乡土乡情为主，初中阶段以县情市情为主，高中阶段以省情国情为主”。与之相应地，研学旅行执业人就必须了解我国各类非物质文化遗产和各民族风俗，掌握相应的乡情、县情、省情和国情，并能够结合研学旅行的教育目标细化到任务和课程中。

除此之外，作为研学旅行执业人，还要具有创新研学旅行资源的意识，一方面要时刻关注最新的旅行资源变化情况，实时更新研学旅行资源知识；另一方面要在研学旅行资源运用上进行方法创新，实现“旧瓶装新酒”的效果。

五、文明旅游、旅行和服务知识

伴随大众旅游时代的到来，游客文明素质的高低直接影响着一个地区乃至整个国家的形象，文明旅游工作不容小觑，需要形成人人支持、人人参与文明旅游的社会风尚。作为研学旅行执业人，要始终把“文明旅游”作为社会主义核心价值观建设和推动研学旅行高质量发展的重要内容融入到研学旅行课程中，在组织、实施中教育、引导学生做“文明人”，比如在出发前或行程中，工作人员要提醒学生注意地域文化差异及公共礼仪，在公共场合不高声喧哗，用餐时排队取餐，在晚宴、音乐会、宗教场所等不同场合遵守着装的礼仪规范等。

研学旅行执业人还需要掌握研学旅行组织和服务知识，比如订餐、订房、车辆安排等业务流程和规范；要熟悉旅行常识，比如天气变化、饮食禁忌等；同时，研学旅行执业人还要积极宣传文明旅行，比如借助学生们喜闻乐见的新媒体技术（抖音、微信等短视频）制作宣传资料，运用在研学旅行中，也可以把这方面的知识设置成研学旅行任务或课程，发挥学生的主观能动性，结合志愿服务活动，指导学生以实际行动践行文明旅行。

六、安全风险管理知识

研学旅行活动课程是广大中小学生在校外进行的综合实践活动。课程的实施要走出校园，多在户外进行，高年级学生还有体能拓展内容。研学旅行活动的这种特殊性和独特性决定了“安全第一”的设计原则。这就需要研学旅行执业人掌握相关的安全风险管理知识，比如研学旅行中安全隐患、风险源的识别与评价，防止安全隐患的方法，安全风险应对策略等；熟悉基本的安全防护救护知识与灾害应急常识，比如交通事故、急性食物中毒、暴风暴雨、泥石流等风险的规避及五官损伤的急救、紧急外伤的现场急救、其他现场急救及野外作业突发情况的现场急救等。

同时，研学旅行执业人要着重了解相关的意外险、责任险知识，万一出现意外事故，能够指导、协助进行相关资料、手续的准备和理赔，从而保证利益相关方的合法权益，避免产生更大损失。

七、信息技术知识

我们生活在一个信息爆炸的社会，信息技术正在改变着人类的生活。随着5G的商用，人类开始进入了一个移动互联、智能感应、大数据、智能学习整合起来的智能互联网时代。在这个被誉为“第七次信息技术革命”①的崭新时代，信息技术已成为工作者的必备知识。研学旅行执业人的服务对象——广大中小学生都是“数字原住民”，可以说是在信息时代出生、长大的孩子，信息技术已成为他们学习和生活的必需。缘于此背景，作为研学旅行执业人，必须熟悉现代化的信息技术知识，能够进行“线上＋线下”的教育活动。需掌握的关键信息技术知识包括常用工具软件知识、数字媒体知识，电子商务知识、商务智能知识、办公系统应用知识等；要掌握网站信息浏览的基本方法，掌握、应用搜索引擎等工具，掌握图像处理技术、最新音频和视频设备原理和使用方法，等等。

第四节　研学旅行执业人的技能与能力素养

技能与能力素养是人们从事其职业的法宝，是胜任某种职业岗位的必要条件。研学旅行执业人只有具备了相应的技能与能力素养，才能胜任其岗位

---

① 项立刚 . 5G 时代 . 北京：中国人民大学出版社，2019.

工作。研学旅行执业人的技能与能力素养主要体现在以下几个方面：

一、规划与设计能力

规划与设计能力是研学旅行执业人的核心竞争力之一，主要是能够进行研学旅行活动课程方案设计，这是岗位工作中处理业务所需要具备的关键能力，是评价研学旅行执业人水平高低的硬指标，最见功力和差距。虽然社会当下的评价方式比较粗放，集中培训几天就发个证，一般分为初级、中级和高级，也没有权威的指标体系和说服力的第三方机构运作，但现实中能够写出像模像样课程方案的执业人是最受欢迎的，甚至可以将此项过硬的能力转变为极具魅力的“专家”影响力和各种行业的“技术能手”奖励，可谓是“名利双收”。

研学旅行活动课程方案设计需要做到至少四个方面：一是精确解读研学旅行的相关政策，遵循教育性、实践性、安全性、公益性四大原则设计研学旅行活动课程方案，设计的研学旅行活动课程方案能体现自主性、探究性、体验性、互动性、趣味性等特点，并能积极鼓励和引导学生参与设计，指导和帮助学生完成研学计划。二是能结合学生核心素养发展要求，从学情和乡土乡情、县情市情、省情国情出发，根据学校和研学资源统筹考虑，合理设计出适合不同年龄、不同学段的研学旅行活动课程，同时能将知识、能力和情感（价值观）等教育目标设计在研学旅行活动课程方案中，并能融合在研学旅行的行前、行中和行后的各个阶段。三是能合理利用各类研学旅行资源，按照不同主题开发多种类型的活动课程，构建立体化、科学化的研学旅行活动课程体系。四是具有较强的书面语言文字表达能力，能正确设计和修订、完善研学旅行活动课程方案，保证方案的教育目标正确、教育主题鲜明，教学内容丰富、教学评价科学。

二、教育教学能力

教育教学能力也是研学旅行执业人的核心竞争力之一。它是从事研学旅行工作应具有的特殊能力，也是当前社会服务单位的研学旅行从业人员最缺乏的能力，正是这项能力的不足制约着研学旅行活动课程不能高效开展。这方面的能力主要包括：具备全面了解和运用中小学全学科教材的能力；在研学活动中优雅组织语言的口语表达能力；善于观察和了解学生心理活动及学习效率并进行正向激励的能力；在教学过程中认真贯彻教育方针、把握教学的科学性的能力以及在教学过程中的“以身作则，为人师表”的能力，等等。

对研学旅行执业人来说，得体的口语表达能力是教育教学能力的显现技能，也最具挑战性，需要格外训练。训练时需要注意三个方面：一是配合研学旅行活动课程任务和课程内容（课件）的表达讲稿进行准备；二是“活动对象”的准备，要了解对象的基本信息，比如年龄、民族、年级、喜好、禁忌等，明晰活动对象是什么样子的，做到表达时“有针对性”；三是表达技巧的准备，特别是语气、语调、表情、手势、姿势等非语言手段的运用，比如微笑，是解决一切难题的必杀技。

同时，对研学旅行执业人来说，掌握必要的教学方法也很关键，特别是在课程实施中引发学生思考的高效方法。学生的大脑不是一个个等待灌输的容器，而是一个个等待点燃的火把，在研学旅行的探究和体验活动中，我们如何去点燃学生的思维呢？进步源于思考，高效始于方法。我们需要根据学生的认知规律和心理特点，以学生为主体，进行项目化教学，学会启发，学会激励。

【拓展知识】

启发式教学

在我国，“启发”一词，源于古代教育家孔丘的“不愤不启，不悱不发”。朱熹解释说：“愤者，心求通而未得之意；悱者，口欲言而未能之貌。启，谓开其意；发，谓达其辞。”愤与悱是内在心理状态在外部容色言辞上的表现。就是说在教学前务必先让学生认真思考，已经思考相当长时间但还想不通，然后可以去启发他；虽经思考并已有所领会，但未能以适当的言辞表达出来，此时可以去开导他。孔子以后，《学记》的作者提出“道而弗牵，强而弗抑，开而弗达”，进一步阐发了启发式教学的思想，主张启发学生，引导学生，但不硬牵着他们走；严格要求学生，但不施加压力；指明学习的路径，但不代替他们达成结论。

在欧洲，稍后于孔子的古希腊思想家苏格拉底用“问答法”来启发学生的独立思考以探求真理。又称“苏格拉底法”，在哲学研究和讲学中，形成了由讥讽、助产术、归纳和定义四个步骤组成的独特方法。讥讽是就对方的发言不断提出追问，迫使对方自陷矛盾，无辞以对，终于承认自己的无知。助产术即帮助对方自己得到问题的答案。归纳即从各种具体事务中找到事物的共性、本质，通过对具体事物的比较寻找“一般”。定义是把个别事物归入一般的概念，得到关于事物的普遍概念。

不论是苏格拉底的助产术，还是孔子的启发式，都是教师与学生的一系列对话，教师在对话中去启发学生，交谈的过程中给予学生启示。17 世纪，捷克教育家 J.A. 夸美纽斯指责当时流行的注入式教学是迫使学生“用别人的眼睛去看，用别人的脑筋去使自己变聪明”，“结果是大多数人都没有知识”。因此，他主张“凡是没有被悟性彻底领会的事项，都不可用熟记的方法去学习”。18 世纪，瑞士教育家 J.H. 裴斯泰洛齐反对注入式，强调教学必须“集中地提高智力，而不仅是泛泛地增加概念”。德国教育家 J.F. 赫尔巴特倡导启发儿童已有的经验和知识作为学习的出发点，称为启发教学法。他认为人们总是用意识中已经存在的旧“观念”去融化、吸收新“观念”，这种心理现象称为统觉过程，而这种过程的各个阶段，都有它们相应的兴趣。他依据他的“观念”及其统觉的心理学和“多方面兴趣”的学说，提出了教学的“形式阶段”理论。这种理论首先明确地把教学的过程分为有计划的程序，即“明了”“联合”“系统”和“方法”4 个阶段或步骤。这种理论的意图在于循着一定的教学过程，来启发学生的思想，增进系统的知识，培养推理的能力。它反对学生单纯记忆一些零碎的知识，成为背书的机器。后来赫尔巴特学派的 T. 齐勒尔分为“分析”和“综合”两个阶段。W. 赖恩定为“预备”“提示”“比较”“概括”和“应用”五个教学形式阶段，通称“五段教学法”。但是赫尔巴特学派把这种教学阶段当作任何年级和课程制定教案的固定模式，这就产生了教学上的形式主义，不可能充分发挥启发的作用。这种方式仍然是以教师为中心、以教材为中心的，学生仍处于被动地位，很难养成主动的学习的精神。

现代教学论中的启发式教学思想，是在辩证唯物主义的认识论指导下，批判地继承了过去的教学理论遗产，在现代心理学和教育学发展的基础上进一步完善起来的。简言之，启发式教学是指教师在教学过程中根据教学任务和学习的客观规律，从学生的实际出发，采用多种方式，以启发学生的思维为核心，调动学生学习的主动性和积极性，促使他们生动活泼地学习的一种教学指导思想。启发式教学的关键在于设置问题情境。

三、激励与评价能力

在研学旅行中，对学生进行多元化的激励性评价是促进学生全面发展和健康成长的有效途径，激励与评价能力也是研学旅行执业人的必备能力。评价质量一定程度上决定着课程落地的效果，也是当下研学旅行活动课程实施的难点和薄弱点。评价行为应贯穿于研学旅行的“行前—行中—行后”，是过程性的多元评价，而且要以正向的激励为主。

世界著名教育心理学家霍华德·加德纳提出的“多元智能理论”告诉我们，人的智能是多元化的，每个孩子的智能发展是不平衡的，学生的差异性是一种宝贵的资源，我们要学会用赏识和发现的眼光去看待学生。现代心理学也表明，当学生某种良好的行为出现之后，如能及时得到相应的认可，就会产生某种心理满足，形成愉悦的心境，并会进一步促使学生将同类行为继续向更高层次的需要做出积极努力。实践也证明，老师一些看似平常的话语，往往是孩子们的阳光，会极大地激发孩子们的兴趣和主动参与的积极性，能最大限度地为学生的发展提供空间。

总之，研学旅行中，研学旅行执业人要秉持“教师”的职业精神，以满腔的热情、饱满的精神、丰富的情感，应用灵活多样的评价方法，客观公正地做好研学旅行全过程评价工作，及时反馈学生研学成绩，组织好研学成果汇报，同时完善好研学旅行活动课程方案以及研学旅行组织工作。具体来说表现在三个层面：一是做好过程性评价。在研学活动的每一个重要环节都要适时设计好评价，发现和赏识每位学生的点滴进步，并给予恰当的指导，激励学生进行积极的自我评价。二是采用多元化评价。做到评价主体、评价对象、评价内容的多元化，对学生的研学态度、研学能力和方法、研学结果等进行综合性评价，可用激励性语言评价研学过程、描述性语言评价研学成果。三是发挥好评价的激励作用。在评价中，要尊重学生的个体差异和特点，强调以鼓励为主的表现性评价和发展性评价。

四、组织、管理能力

组织、管理能力是指为了有效地实现目标，灵活地运用各种方法，把各种力量合理地组织和有效地协调起来的能力。组织、管理能力是一个人的知识、素质等基础条件的外在综合表现。研学旅行涉及因素比较复杂，行前、行中和行后，开营 / 在途 / 探究学习 / 体验项目 / 闭营等，是一个庞大的、错综复杂的系统，每一个环节都需要研学旅行执业人具有较高的组织、管理能力。从某种角度讲，在研学旅行活动中，每一位研学旅行执业人都是组织、管理者，承担着一定的组织、管理任务。只有具备良好的组织、管理能力，才能更好地提高学生参与度，调动学生积极性，实现研学目标，取得良好的研学旅行效果。

组织、管理能力主要包含两个层面，重在“管”和“理”。“管”就要积极、主动担事，勇于承担责任，不拖延，不推诿，职责所在，不畏困难，勇往直前。“理”就是要把事情理顺，千头万绪要理清楚事情的轻重缓急、先后顺序，然后落实计划，认真执行。这里牵涉很多专业的知识，对计划的管理，对质量的管理，对风险的管理，对人员的激励，等等。作为研学旅行执业人，可以着重做好如下几点来提升自己的组织、管理能力：一是做好身心准备。要具备强烈的责任感和自觉性，保持一定完成任务的强健体魄、干劲和精气神。研学活动组织和实施任务繁重、时间紧迫，活动中经常是“白加黑”的工作状态，没有强健的身体和崇高的灵魂相伴，是很难爱上这个职业的。二是做好时间管理。研学旅行活动都是一个时间段内的高密集性任务，是集体活动，还要依赖于天气、交通、餐饮、基地营地等的密切配合，任何一个环节时间把握不好，都会耽误整个行程；一个人没有时间观念，就会影响所有人。因此，时间管理是研学旅行执业人的基本功。最可行的方法就是学会根据研学旅行方案列任务清单、做计划、记研学日志。三是学会倾听。通常我们会认为组织、管理最需要说出来，其实“会听比会说”更重要。在研学旅行过程中，会遇到各种各样的问题，作为研学旅行执业人，特别需要掌握倾听的艺术，听明白不同的声音。比如处理学生家长的投诉电话，我们不需要一开始就从各个层面去解释，最有效的方法就是耐心地去听，感同身受地去听家长说完。

五、沟通、协调能力

作为研学旅行执业人，不论是做监督、协调（比如总督导、总计调），还是活动课程的一线落地执行（比如开营、闭营、讲解等），还是其他生活类保障性工作（比如值夜、督餐等），都要频繁地与各种各样的部门和人打交道，就不可避免地遇到沟通、协调问题。因此，沟通、协调能力是促成研学旅行活动顺利进行的重要因素，体现了研学旅行执业人的综合素质和管理能力，提高研学旅行执业人的沟通、协调能力是保证研学旅行工作圆满完成的一个重要前提。

第一，要认真对待与上级的沟通、协调。研学旅行执业人要拥有良好的向上级沟通的主观意识，寻找合适的沟通方式，采取有效的沟通方法，时刻主动保持与研学活动总督导的沟通，做到既能积极解决工作中的难题，又能全面展示自我能力。

第二，要真诚做好与合作伙伴的沟通、协调。合作伙伴关系具有直接、经常、密切的特点，与合作伙伴保持良好的沟通、协调关系，巧妙、灵活处理人际关系和工作矛盾，应当掌握一定的技巧。一方面，要坦诚相待，相互帮助。古人云：“诚之所感，触处皆通。”只有真心实意、以诚相待地与人相处，才能感化他人，无论何时何地都很容易将事情办好。另一方面，要直面冲突，化“敌”为友。工作中，由于彼此间性格、经历、观念和对事物的看法、做事情的方法都不同，难免会产生一些冲突。面对冲突时，要勇于直面，不回避，不拖延，及时有效地解决问题；要适度地将心比心，多站在对方角度考虑问题，化干戈为玉帛；要胸襟开阔，有担当，懂谦让，能正确看待得失，多从长远角度思考问题，化“敌”为友；要学会运用幽默的方式、诙谐的语言化解冲突和矛盾，缓解紧张情绪，营造融洽氛围；要善于情绪管理，冷静、理性、有效控制好自己的情绪。比如，发生冲突时，可采用深呼吸、借故离开一会儿、找个地方活动一下等方法来平复自己的情绪。这样可避免做出错误的决定，也体现了个人的修养和素质。

第三，用心做好与学生的沟通。沟通是一种艺术，也是一种有效的教育方式。苏联教育家苏霍姆林斯基说：“如果学生不愿意把自己的欢乐和痛苦告诉老师，不愿意与老师开诚相见，那么谈论任何教育总归都是可笑的，任何教育都是不可能有的。”在研学旅行中，学生们难免会表现出不同于学校内的各种问题，也会产生担心、紧张等压力，这就需要研学旅行执业人用心做好沟通工作。首先要学会用爱心接纳每个孩子，缓解学生的心理压力。学生感到最痛苦的莫过于被误解，感到最快乐的莫过于被充分地理解；尤其新生的一代，从小在呵护中成长，有主见，敢直言，挫折的忍受力却显得偏低；一遇到困难，自我压力甚大，不知如何自处。其次研学旅行执业人要学会诚心赞美、鼓励学生。赞美是人人都需要得到的，若发现学生有值得赞美的行为时，要把握时机，不管用语言、肢体、眼神、动作、表情、评语，给予赞美，只要是真心诚意的，学生必然感受深刻，也必然会对学生起着潜移默化的作用，会在学生心目中留下深刻的印记。

六、安全保障能力

作为研学旅行活动组织的重中之重，安全保障工作是一项需要细心和缜密的工作。只有做好了安全保障，才能确保研学旅行的顺利开展，才能让学生在研学途中充分享受学习和旅行的乐趣。研学旅行中的“安全”问题也备受政府、行业、学校和家长的重视。因此，安全保障能力是研学旅行执业人的基本能力。研学旅行执业人要通过制定安全预案、开展安全培训等措施，切实将“安全”渗透到研学线路和研学活动的每一个环节、每一个细节中。

首先，认真做好学生的安全意识培训。学生是研学活动的主体，安全保障工作主要是围绕他们来展开的，若学生的安全意识行前培训和行中提醒到位，可以避免很多安全问题的出现。在出行前，应当给学生讲解安全出行的知识和规则，引导他们规范自己的行为，远离危险源，树立安全意识和规则意识，并提醒和教育学生，要熟记带队老师联系方式，若真的遇到突发事件，及时报告带队老师进行处理。

其次，加强责任划分，落实相关活动责任人。一方面是研学前的责任落实。应当确认学校为参与研学旅行的师生购买了意外险，必须确认投保校方责任险，并与家长签订安全责任书，与受委托开展研学旅行活动的社会单位签订安全责任书，从而落实各方在研学途中的责任划分。另一方面是研学旅行执行过程中的责任划分。研学旅行涉及的环节多，需要考虑的问题涉及方方面面，若未提前划分好责任，可能会出现某个区间无人负责的情况，如上下车时的人数清点，交通安全、食品安全等。研学旅行的组织策划人员应当集思广益，充分考虑可能发生的各种情况，将每项工作责任落实到个人。

最后，学会寻求帮助，充分发挥社会方面的协助作用，加强安全保障。比如与文旅部门和交通部门等提前进行沟通，为学生出行维持秩序或提供便利；与公安和食品药品监管等部门协作，加强对研学旅行中涉及的住宿、餐饮等场所的监督和审查，等等。

七、反思、提升能力

反思，是一种非常重要的技能。就像练成肌肉男一样，要坚持力量锻炼。想让自己看问题深刻而准确，要坚持的基础训练之一，便是反思。作为研学旅行执业人，要学会和习惯“在总结中提升能力，在反思中超越自我”。美国著名学者波斯纳提出“教师成长 = 经验 + 反思”。他认为：“没有反思的教学经验是狭隘的经验，意识性不够、系统性不强、理解不透彻，容易导致教师产生封闭的心态，不仅无助于教学，而且可能阻碍教师的专业成长。如果一个教师仅仅满足于获得经验而不对经验进行深入的反思，那么他的教学水平的发展将停滞不前，甚至有所滑坡。即便有多年的教学经验，也只能是一项工作的多次重复。”作为研学旅行执业人，所从事的职业工作属于服务于中小学生的校外教育活动，涉及的教学因素更繁杂，遇到的问题更不确定，反思就更加必要了。一定程度上可以说，在每一次研学旅行中的反思深度决定了研学旅行执业人在这项教育活动中所处的高度。只有经常反思，善于反思，才能够发现自己的缺点和不足，有所进步并提升自我。反思，在一个人的成长、进步中，有很重要的作用。正如孔夫子的得意学生曾子曰：“吾日三省吾身。为人谋而不忠乎？与朋友交而不信乎？传不习乎？”（《论语·学而》）

反思对研学旅行执业人来说是非常重要的，但是如何反思确实是更为重要的一点。在研学旅行中，我们的反思可以从以下几个方面来进行：一是反思研学旅行方案设计中的不足。我们都知道，研学旅行方案设计都是针对自己对想象的学生存在的问题进行设计的，但是在实际的组织实施中却发现，这样的设计并不是完善的，我们在设计时可能忽视了组织实施中生成的问题，出现了我们没有思考到的方面，因此在研学旅行中我们应该对方案设计进行及时的调整，对实施中存在的问题进行反思，从而提高研学旅行效果。二是反思对学生的关注度。活动中，我们往往会发现一个现象，总有一部分学生积极性比较高，整体参与度却不是很高，这决定于我们对学生的关注度。很多时候，为了完成活动任务，我们就放弃了对一部分学生的等待，他们跟不上节奏，从而开起了小差，并开始影响周围其他同学，因此，每一次活动都有必要反思这次活动对学生的关注度，也就是学生的学习效率，会收到意想不到的收获。三是反思活动方式。有的活动，学生非常愿意参与，兴致盎然，有的活动学生愁眉苦脸的。归根结底还是活动方式的不同造成的。如果我们能够创新出吸引学生的方式，研学效果就大不一样了。

提升是指使位置、程度、水平、数量、质量等方面比原来有所提高。对研学旅行执业人来说，主要是收集、分析、反馈研学旅行活动中的相关信息，总结、归档、整理（包括纸质文档的规范化、专业化处理和电子文档的建立和整理），反思改进研学旅行工作，着重做好三个方面的提升：一是学习教育和旅游领域的最新知识和技能，创新研学旅行教育模式；二是学习跨学科知识，进行重组融合，提高研学旅行活动课程再开发的能力；三是学习新技术、运用新技能，探索提高研学旅行效果的新方法。

【拓展知识】

合格的研学旅行执业人与不合格的研学旅行执业人[①]

一个不合格的研学旅行执业人与一个合格的研学旅行执业人在工作中的差别是什么呢？看看下面的对比：

1. 关于对待问题的态度

不合格的研学旅行执业人	合格的研学旅行执业人
工作中遇到问题往往以抱怨的态度去对待，而没有想方法去解决。 	工作中碰到问题会冷静地分析原因，并想各种方法去解决。 

2. 关于执行力

不合格的研学旅行执业人	合格的研学旅行执业人
领导交代的问题能做就做，不能做就慢慢磨，执行效果较差。 	领导交代的事情积极解决，遇到问题会主动与领导沟通请示，执行效果好。 

① 资料来源于《旅行社计调业务》，王煜琴主编，北京：旅游教育出版社，2018 年第 3 版。

3. 关于个性

<table>
<tr><th>不合格的研学旅行执业人</th><th>合格的研学旅行执业人</th></tr>
<tr><td>个性张扬，以自我为中心，不善于处理自己与同事、领导的关系，往往给人一种很浮躁的感觉。
</td><td>为人谦虚低调，能协调好与领导、同事的关系，人际关系非常好。
</td></tr>
</table>

4. 关于下班后的活动

<table>
<tr><th>不合格的研学旅行执业人</th><th>合格的研学旅行执业人</th></tr>
<tr><td>下班后往往通过看电视、打打游戏等方式，度过一段休闲时光。
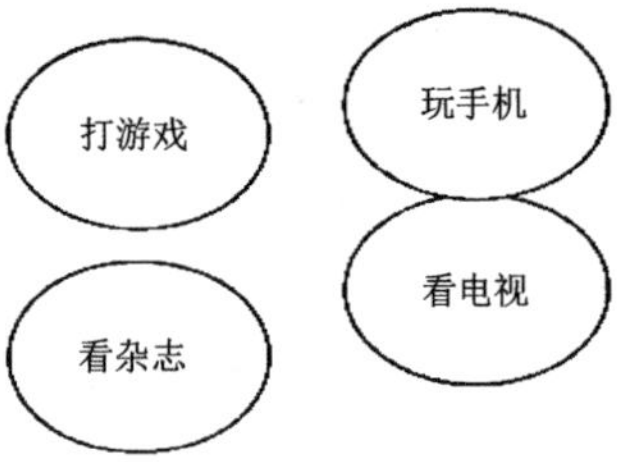
</td><td>下班后会抽出时间回顾一天的工作内容，反思不足之处，并规划好第二天的工作。
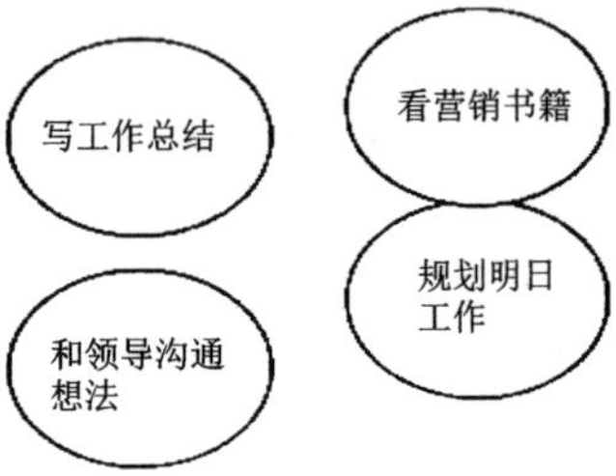
</td></tr>
</table>

5. 关于工作内容安排

<table>
<tr><th>不合格的研学旅行执业人</th><th>合格的研学旅行执业人</th></tr>
<tr><td>工作杂乱无章，搞不清楚重点，往往忙起来毫无章法。
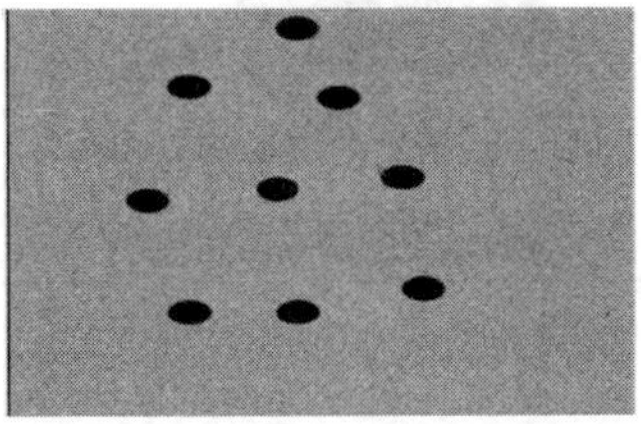</td><td>能提前做好计划，找准核心工作，即使忙起来也能井然有序。
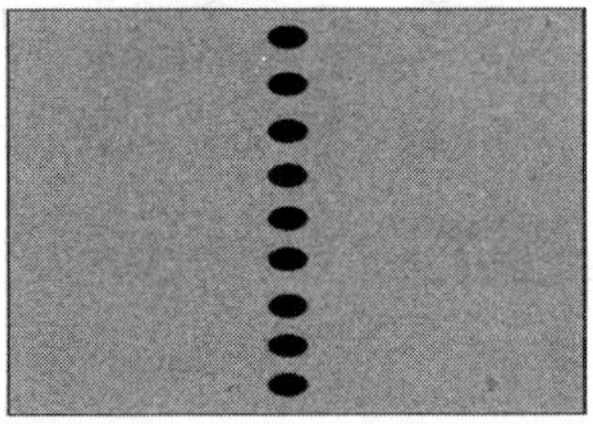</td></tr>
</table>

6 关于视界

不合格的研学旅行执业人	合格的研学旅行执业人
缺乏宏观思考，经常纠结于某个具体事件的输赢高低，甚至为了一点小利纠缠不休。 	从整体角度出发，能很好地协调各个渠道之间的关系，看重长远，精于维护，有危机观念，有品牌意识，能不断扩大自身的影响力。 

7. 关于对待批评的态度

不合格的研学旅行执业人	合格的研学旅行执业人
我行我素，总认为自己想的是对的，把上司或资深前辈的意见或建议不当一回事。  	能谦虚地接受批评，认识到自己所犯错误在哪儿，并积极改正！ 

8. 关于职业生涯规划

不合格的研学旅行执业人	合格的研学旅行执业人
没有职业规划，对自己想要什么没概念，能做多久算多久，得过且过。 	有自己的职业规划，知道自己想要什么，也知道如何去努力。 

【思考与练习】

某研学旅行服务单位要进行“研学旅行执业人”的招聘工作，请你对研学旅行服务单位的研学旅行执业人岗位进行分析，并拟定出岗位招聘条件。

技能篇

第三章
研学旅行活动课程研发

【引言】

研学旅行活动课程具有跨学科、跨领域的特点，所以研学旅行活动课程研发跟其他学科课程研发有很大不同，具有较高的难度。目前，仅有极少的中小学校倾注精力，由学校承担了研学旅行活动课程的研发工作；大多数的中小学校的活动课程研发是在学校的主导下，由研学旅行服务单位（旅行社、机构、教育公司等）帮助完成。

研学旅行活动课程的研发，是整个研学旅行活动最基础和最关键的环节。研学旅行活动课程研发者必须明白，研学旅行活动课程是学校各学科课程知识的校外延伸和拓展，是一门综合实践课程，活动课程内容必须与课本知识相链接；同时也必须认识到，研学旅行活动课程是课堂学习方式的一种变革，更加注重自主学习、合作学习和探究学习，更注重对人“终身学习”能力的培养，更注重“人”的全面发展。

只有设计出高质量的研学旅行活动课程，才能让广大中小学生在行中学，在学中知，在思中行；眼观四海风物而胸怀五岳精神，增广见闻，蕴养道德，陶冶情操，锻炼能力，让书本照进现实，使人生不断进益。

本章界定了研学旅行课程资源的含义，概述了研学旅行活动课程研发的指导思想和基本原则，讲述了研学旅行活动课程的基本构成要素和研发步骤，概述了研学旅行手册的重要意义，并对研学旅行活动课程方案、研学旅行单门活动课程和研学旅行手册进行了案例示范。

【学习目标】

1. 了解研学旅行课程资源的含义和分类
2. 熟悉研学旅行活动课程研发的指导思想和基本原则
3. 掌握研学旅行活动课程的基本构成要素
4. 掌握研学旅行活动课程的研发步骤
5. 能够研发研学旅行（单门）活动课程
6. 能够撰写研学旅行活动课程方案
7. 能够编制研学旅行手册

第一节　研学旅行活动课程资源概述

一、研学旅行活动课程资源的含义

对研学旅行活动课程资源的正确选择和合理使用，是研学旅行活动课程研发中的重要环节。何谓研学旅行活动课程资源？在自然界和人类社会中，凡是能够用于研学旅行活动课程的研发设计，有利于提升中小学生核心素养和关键能力的各类事物、现象和因素，均可称为研学旅行活动课程资源。

研学旅行的性质，决定了研学旅行活动课程资源必须具有教育性。站在教育的角度，运用课程思维，将自然界和人类社会中有利于中小学生健康成长的各类资源转化为课程内容是全社会的责任，更是研学旅行组织方和承办方的责任和义务。研学旅行活动课程资源具有丰富多样的特点，各类资源之间相互关联、相互渗透，为研发融多学科知识为一体的研学旅行活动课程，提供了广阔的空间和无限的可能性。

研学旅行执业人只有将自然界和社会中各类资源转化为高质量的研学旅行活动课程内容，从整体上推动教育各环节的变革，坚持“立德树人”“五育并举”，落实核心素养，教育才能守正出新。

二、研学旅行活动课程资源类型

根据资源属性的不同，研学旅行活动课程资源大致分为以下几类：

（一）自然类

主要包括自然现象、自然景观、自然灾害、自然生态、自然规律等方面的资源，主要依托自然保护区、风景名胜区、地质公园、矿山公园、森林公园、湿地公园、水利风景区、生态旅游区等自然保护地。

（二）科普类

主要包括科技发展、科技研发、科技建设、科技伦理等方面的资源，主要依托科技馆、科研机构、高等院校、国家重大工程、现代产业园区、主题展览馆等场所。

（三）历史类

主要包括历史遗迹、文物、历史聚落、纪念场所、历史题材等方面的资源，主要依托历史遗迹纪念地、博物馆、纪念馆等场所。

（四）人文类

主要包括传统文化、国学经典、非遗传承、建筑园林等方面的资源，主要依托名人故居、古建筑园林、文艺展馆、大学校园、文化旅游小镇以及各类非遗项目展示地等场所。

（五）红色类

主要包括爱国主义教育、革命传统教育、英雄事迹、革命故事、典范榜样等内容的资源，主要依托红色名人故居、战争遗址纪念馆、烈士陵园、红色主题展馆等场所。

（六）军事类

主要包括各类军事主题方面的资源，主要依托各类军事主题馆、军营等场所。

除以上资源外，还有许多有利于青少年学习的研学资源，需要研学旅行执业人用心关注，理性选择，对资源进行整合，挖掘资源蕴含的教育价值，进行高质量转化，为研学旅行可持续发展提供精准、高效的专业服务。

第二节　研学旅行活动课程研发的指导思想和基本原则

研学旅行本身是一种研究性的学习活动，必须体现自主学习、合作学习、探究学习等特点，因此，“研究性”是研学旅行活动课程的首要特征；研学旅行是一种通过体验来达成教育目标的育人方式，强调体验活动和体验过程，没有旅行体验就不能称之为研学旅行，“体验性”是研学旅行活动课程的第二个突出特征。研学旅行活动课程除了具有研究性和体验性两个核心特征外，还具有计划性、团体性、社会性、生活性等特点。可以说，研学旅行活动课程是一种体验教育方式、社会教育方式，更是一种生活教育方式。

一、研学旅行活动课程研发的指导思想

研学旅行活动课程是一种独立的课程形态，是一种生活性和经验性课程，在研发时需要考虑学生的年龄特点，结合学校实际，从学生的兴趣出发。虽然，我国当下的研学旅行活动课程研发，主要是在学校的主导指导下，由承办方具体完成，但其发展方向却是学校师生共同设计活动课程方案，突出活动课程的有效性和综合性教育目的。

研学旅行活动课程研发者，必须把握好活动课程研发的指导思想：以2018年9月10日全国教育工作会议精神为指南，全面贯彻党的教育方针。

研学旅行活动课程研发者在课程研发过程中，要全面落实《国家中长期教育改革和发展规划纲要（2010—2020年）》、教育部《基础教育课程改革纲要（试行）》、教育部等11部门《关于推进中小学生研学旅行的意见》、教育部《中小学德育工作指南》和教育部《中小学综合实践活动课程指导纲要》的文件精神，把“立德树人”融入思想道德教育、文化知识教育、社会实践教育等环节，以培养学生的综合实践能力和创新能力为核心，以学生发展为本，全面提升学生综合素质，把培养德智体美劳全面发展的社会主义建设者和接班人作为根本任务，培养一批又一批能担当“中华民族伟大复兴”重任的合格人才。

二、研学旅行活动课程研发的基本原则

（一）安全性原则

研学旅行活动课程研发要确保安全性。研学课堂多在路上，开放性非常强，要时刻绷紧安全这根弦，始终坚持“安全第一”的原则。研学旅行的组织方及承办方需要对研学线路、课程设计、组织方案、实施过程、实施效果等进行“行前、行中、行后”的科学评估，切实做到“活动有方案，行前有备案，应急有预案”，确保活动过程中每个环节的安全性。

①研学旅行服务单位要建立、健全各项安全管理制度及安全应急预案，把研学旅行的安全管理工作贯穿于整个研学活动过程中。

②要切实加强对学生的安全教育，增强学生的安全意识，强化学生安全防范意识，提升学生实现自我管理的能力。

③对研学旅行所涉及的交通、酒店、餐厅、研学旅行资源等各个方面，要尽心选用具有正规资质的车队合作；尽心选用通过食品卫生安全检验的标准餐饮单位用餐；尽心选用标准宿地，要求住宿场所为封闭或半封闭区域，有消防通道保障安全，内部设施齐备，房间适合未成年人居住，无不良商品及物品等。

④配备专职的研学旅行安全员，严抓各个环节的安全细节，规范操作；

同时加大对研学旅行指导师和研学旅行生活辅导员的管理及培训工作，提升紧急救护和风险防控能力。

（二）教育性原则

研学旅行作为一种校外教育教学实践活动，具有明显的教育属性。研发过程中，要运用教育思维，依据教育教学原理，尊重教育规律，结合学生的身心特点、接受能力和实际需要，做好课程的内容选择。研学旅行不是简单的“教育＋旅行”，研学旅行活动课程要做到立意高远、目标明确、活动生动、学习有效，并注意体现其目标性、生动性、合作性、体验性、开放性、安全性的特殊要求。在设计课程时，需要着重思量以下两个层面的问题：

1. 如何体现学校的校园文化特色

研学旅行活动是校园文化建设的新抓手，要以校园文化指导研学旅行发展，相应地也可以通过研学旅行来锻铸学校文化，践行学校精神。研学旅行活动课程研发时应注重与校园文化的“三结合”：一是找到与学校文化精神契合点较高的研学旅行资源，巧妙设计研学课题；二是把学校文化建设中的学校课程与研学旅行相结合，提高“行”的实效性；三是通过研学旅行活动课程，内化学校文化，促进学生的素质提升。

2. 如何凸显鲜明的地域文化特色

研学旅行活动课程更加关注人与自然、人与他人、人与社会、人与国家、人与自我之间的关系。所以，要以学生为中心，同省情、市情、乡情相结合，凸显地域文化或研学旅行资源点的主题特色，根据特定节日（比如清明、端午等我国的传统节日）或春夏秋冬四季的特点设计活动课程。

（三）实践性原则

研学旅行是研究性学习和旅行体验相结合的校外教育教学活动，研学是目的，旅行是手段，通过在旅行中开展的各种教育活动和学生的亲身体验来实现综合育人目的，因此研学旅行活动课程研发要突出实践性。古人云“纸上得来终觉浅，绝知此事要躬行”“耳闻之不如目见之，目见之不如足践之”“读万卷书，行万里路”，其意就是要重视实践，理论只有与实践真正相结合，才能实现知行合一。

（四）融合性原则

作为综合实践育人的有效途径，研学旅行以统筹协调、整合资源为抓手。研学旅行活动课程资源的筛选、教育线路的设计、活动课程任务的确立都需要进行创造性的整合。从课程资源来看，既包括校内外教育资源整合、跨界融合，也包括多学科、跨学科整合。同时，还要重视校内课程与校外实践、校内教师与校外执业人员之间的互动等，从而实现校内外教育的有效融合。

（五）整体性原则

研学旅行涉及中小学生各个学龄段，小学、初中、高中持续递进。每个学龄段的学生都具有其独有的心理特征、学习特点和认知能力。研学旅行活动课程研发设计需要有规划、具有前瞻性，尊重中小学生各年龄段的生理特征和学习特点，设计连贯性、持续性、整体性的课程方案和评价方法，构建全学段研学旅行活动课程体系，做到整体规划、循序推进、有效实施。

（六）实操性原则

研学旅行是通过“集体旅行”“集中食宿”方式开展的活动课程，是需要广泛利用社会资源，借助社会各类专业力量，协调“用餐、住宿、交通用车、景区景点、基地或营地”等诸多研学旅行服务要素，多方共同参与并实施的活动课程。因此，研学旅行活动课程方案是否具备实操性就显得格外重要。无论是中小学校还是研学旅行承办单位，在研学旅行活动课程方案研发过程中，都需要广泛考量跟研学旅行相关的活动课程实施要素，充分把握活动课程研发所需的资源知识，全面了解当地交通、食宿、安全等实际情况，做到心中有数，保障所研发的活动课程能够得到安全有效的实施。

第三节　研学旅行活动课程的基本构成要素

研学旅行活动课程是一门“在路上”的课程，是综合实践育人的有效载体，精心设计丰富多彩的活动课程是提高研学旅行质量的根本保证。一门比较科学、规范的研学旅行活动课程需要具备一些基本要素，主要由课程主题（名称）、课程目标、课程时空、课程内容、课程评价、课程保障六部分构成。

一、课程主题（课程名称）

课程主题（课程名称）就像一个人的名字，要准确恰当，简洁易记，主题明显，突出特色；课程主题要具有教育性、实践性和融合性，一般不要太长。课程主题要根据不同地域、学科、人文历史、科技体验等内容进行设定，要体现出研学旅行活动课程的教育侧重点（爱国主义教育、传统文化教育、理想信念教育、科技信息教育、国情教育，等等）。

二、课程目标

课程目标体现了教育的本质和发展趋势，是研学旅行活动课程的方向和导引，是研学旅行活动课程设计的前提和基础。研学旅行活动课程研发人员需要明确研学旅行的目标，研学旅行课程内容的选取、课堂活动的设计、课程实施和课程评价都要以课程目标为导向，只有这样，才能实现研学实践活动的效果。

作为全面落实我国基础教育方针的新型课程，研学旅行活动课程需要落实新课标的“三维目标”，活动课程的研发者需注意两个问题：

（一）准确把握我国研学旅行的工作目标

教育部等 11 部门《关于推进中小学生研学旅行的意见》提出“研学旅行是让广大中小学生感受祖国大好河山，感受中华传统美德，感受革命光荣历史，感受改革开放伟大成就，增强对坚定‘四个自信’的理解与认同；同时学会动手动脑，学会生存生活，学会做人做事，促进身心健康、体魄强健、意志坚强，促进形成正确的世界观、人生观、价值观，培养他们成为德智体美劳全面发展的社会主义建设者和接班人”。简言之，研学旅行的工作目标就是“四个感受、一个增强、四个学会、两个促进、一个培养”，可以说，这个工作目标是一切研学旅行活动课程研发的总目标。

（二）正确理解“三维目标”

我国基础教育课程改革确定的新课标提出“知识与能力、过程与方法、情感态度与价值观”的“三维目标”。作为基础教育课堂教学目标，三维目标是一个问题的三个方面，不是独立的三个目标。在课堂教学中，不能完成一维目标再落实另一维目标，它们三者相互融合、彼此渗透，统一于学生的成长与发展中。三者中，知识与能力是基础，也是教学目标的核心，是实现过程与方法、情感态度与价值观两个维度的载体。过程与方法是链接知识与能力和情感态度与价值观两个维度的渠道，情感态度与价值观是教学中知识与能力、过程与方法的升华，是教育目标的最高层级。具体而言，研学旅行活动课程要改变知识的呈现、表达和评价范式，使知识动态化、过程化；引导学生掌握知识、能力的学习方法与策略，学会学习、学会创造；让学生在经历知识形成的过程，在活动、实践、探究中体验知识的丰富内涵，获得知识多方面的价值，实现知识向能力、情感、素质的转化。

研学旅行活动课程的研发者要在研学旅行总目标的指导下，在深入理解“三维目标”的基础上，确定具有针对性的研学旅行活动课程方案目标和研学旅行活动单门课程目标。研学旅行活动课程目标不需要拘泥于某种固定的格式，但在确定课程目标时，需要考虑学校的校园文化、整体育人理念、育人目标和学校具体的研学旅行需求。

目前，纵观国内的研学旅行活动课程，对于课程目标的表述有多种形式，比较普遍的表述形式有“知识与能力、过程与方法、情感态度与价值观”“三维目标”形式，“知识、能力、情感态度”形式和“融合”形式，等等。

【示范材料】

“课程目标”的不同表述形式示范

第一种：“知识与能力、过程与方法、情感态度与价值观”“三维目标”形式的课程目标表述示范

【课程名称】

乐之中和——走进孔子礼乐思想

【课程目标】

一、知识与能力

1.通过在孔子博物馆的参观学习，掌握编钟的相关知识，了解编钟背后所代表的礼乐文化。

2.通过音乐欣赏和聆听展厅详细讲解，认识和剖析孔子音乐思想与音乐实践活动的本质，了解孔子“乐”的内涵与魅力，感悟孔子的礼乐思想及其在当今生活中的意义。

二、过程与方法

通过音乐欣赏、互动讲授与实物教学等方法，培养学生收集分析、独立思考、自主探索、跨学科融合的意识，初步学会能够利用博物馆资源进行“主动探究式”学习。

三、情感态度与价值观

增强学生的文化自信，拓展音乐视野，培养审美意识，更好地理解并传承孔子礼乐思想特有的文化内涵和儒家思想精髓，弘扬中华优秀传统文化，树立正确的人生观、世界观和价值观。

（本示范材料节选自孔子博物馆提供的高一学生两小时的研学旅行活动课程）

第二种：“知识、能力、情感态度”形式的课程目标表述示范

【课程名称】

“稷下之风·齐风陶韵”山东齐文化三日研学实践活动方案

【课程目标】

一、知识目标

1. 通过参观、考察淄博的研学资源，增加对齐文化的了解，建立历史视角，拓宽文化视野，提升文化知识素养。

2. 通过解读成语故事、诵读经典诗词、体验淄博的非遗文化和传统手工技艺，感受匠人对中国传统技艺的热爱和执着，感悟大国工匠精神。

3. 感受泱泱齐风，探寻作为春秋五霸之首、战国七雄之一的齐国，存续达八百年之久、创造辉煌灿烂的齐文化的奥秘，探究齐文化的内涵。

二、能力目标

1. 以学生发展为出发点，借助真实的情境，通过研学旅行指导师的组织和引导，调动学生的积极性，提高学生的自主学习能力、独立探索能力，提升学生的综合素养。

2. 在团队活动中，让学生学会分享，懂得尊重与合作，锻炼沟通、表达能力，培养团队精神。

三、情感态度目标

1. 感慨古代先民的勤劳智慧和创造能力，提升学生的审美情趣和动手能力，增加对中华传统技艺的了解，加深对中国传统文化的热爱，激发学生们传承和弘扬中华优秀传统文化的情怀。

2. 了解齐文化的精神价值，感受齐文化的博大精深，激发学生的爱国之情，增强学生对国家的认同感、民族的自豪感和自信心。

（本示范材料节选自山东研途教育科技有限公司提供的初中课程“稷下之风·齐风陶韵”“山东齐文化三日研学实践活动方案”）

第三种：“融合”形式的课程目标表述示范 1

【课程名称】

了不起的徽州建筑——“民间故宫”

【课程目标】

1. 通过参观，欣赏古村落天人合一的布局，考察不同形态的街巷与空间结合，产生繁复的空间意向交织，形成独具韵味的多维景观，探索马头墙的由来与作用、黑白灰主题色调的美学思想；

2. 了解“徽派建筑三绝”与“徽州三雕”：徽派建筑的木、砖、石“三雕”艺术，是一份极其珍贵的中华民族地域文化的沉积物，有利于探视中国传统艺术的精神风貌。

3. 探索徽州楹联文化；了解徽商对徽州村落的积极影响、徽商与江南园林的关系。

4. 通过对西递的敬爱堂、追慕堂等大型祠堂的探究，感知古人重视教育、重视家风传承、重视宗族延续的积极意义。

（本示范材料节选自安徽禾一研学旅行教育科技有限公司提供的初中三小时研学旅行活动课程）

“融合”形式的课程目标表述示范 2

【课程名称】

岭南文化探究研学：走进塱头古村

——探寻岭南“学霸”村的成功秘籍

【课程目标】

1. 立足岭南文化的人文底蕴，了解塱头古村开村历史与变迁，领略岭南的建筑、农耕、民俗等文化特色。

2. 践行科学精神，通过走访和考察，探究塱头村能在古代成为“学霸”村的诸多理由。

3. 热爱家乡风物，继承并弘扬祖国的传统文化，增强民族自豪感，树立责任担当。

（本示范材料节选自广州学途教育咨询有限公司提供的初中二年级一日研学旅行活动课程）

“融合”形式的课程目标表述示范 3

【课程名称】

秦俑奇缘

【课程目标】

1. 通过“秦俑奇缘”西安秦始皇兵马俑博物馆研学课程，学习秦始皇兵马俑相关历史文化知识，了解文物背后的故事。

2. 运用引导式问答方法和体验式教学方式，让古文物研学活起来，激发学生对中国历史文化的兴趣。

3. 学习考古知识，感受古人的智慧和古人陶瓷技艺的精湛，提升中华民族的自豪感。

（本示范材料节选自西安诚邦国际旅行社有限公司的小学五年级 2.5 小时研学旅行活动课程）

三、课程时空

研学旅行是在特定的时间和空间内进行的，时间和空间是影响研学旅行活动课程效果的两个重要因素。研学旅行是利用正常教学计划内的时间，避开旅游高峰期进行的一种教育实践活动。研学旅行活动课程设计要考虑到研学时间和空间的选择，比如：研学旅行目的地适宜的时间、研学旅行活动所需时间等，都需要周密计划、合理安排；研学旅行活动课程研发需要对研学时间和空间进行详尽考虑，统筹协调，通常情况下，研学旅行活动课程研发者的实践经验决定着研学旅行的宽度和长度。

研发过程中，首先要充分考虑研学旅行活动课程的实际需求，重点关注地域转移涉及的空间和时间、交通条件以及相应成本；其次要提早考虑将来课程执行时的各个出行时间节点及行程距离，以便于组织、实施课程时可以做到精心布置、周密计划、合理把控，保障整个研学旅行的有序进行。

四、课程内容

教育部等 11 部门《关于推进中小学生研学旅行的意见》对于研学旅行活动课程内容已经有了明确说明，即“小学阶段以乡土乡情为主要内容，初中阶段以县情市情为主要内容，高中阶段以省情国情为主要内容”。所以，课程内容要与国家课程、地方课程、校本课程知识相链接，突出地域文化和自身特色；符合学段学生身心特点，有完成研学旅行的任务单、知识点、研究性课题、体验性活动；拓展已有知识，突出知识创新。

研学旅行是探究性和体验性的活动课程。独具特色的活动设计是课程内容的“吸睛点”，整体上要做到科学、高效。活动设计时要注意四个方面：第一，活动安全要有保障；第二，活动时间安排要明确，学段设置要合理；第三，活动设计符合课程内容要求，难易度适中，符合学生学龄特点，活动衔接流畅；第四，活动要具体，寓教于乐，操作性强，体现参与性、体验性和实践性。

五、课程评价

课程评价是检验课程目标是否实现的必要手段。一方面要有对学生参与研学旅行活动评价的方法和手段，比如及时组织交流分享学生研学的感悟、活动图片、小视频等，填写评价表，收集学生、家长的反馈意见。另一方面要有对学校、研学旅行服务单位、研学旅行资源单位的评价方法和手段。（具体参阅“第五章　研学旅行评价”）

六、课程保障

课程保障要确保研学旅行活动课程可以顺利落地执行，主要包括相关制度保障、课程资料保障、供应要素保障以及人、财、物保障。制度保障主要是研学旅行执业人团队的工作机制和各种安全管理制度、安全方案及安全应急预案，等等。课程资料主要是研学旅行手册、研学旅行资源介绍、研学旅行活动课程中关于资源的解说词及安全提示语的准备。供应要素保障主要包括交通工具保障、住宿场所和用餐场所保障。人力保障主要是组织机构和执行团队保障；财力保障是指做好经费预算，保障经费到位；物力保障主要包括急救用品、研学旅行旗帜、对讲机、照相机、摄像机等物品的充足准备。

【拓展知识】

中国学生发展核心素养

2016年9月13日上午，中国学生发展核心素养研究成果在北京师范大学发布。中国学生发展核心素养以培养“全面发展的人”为核心，分为文化基础、自主发展、社会参与三个方面，综合表现为人文底蕴、科学精神、学会学习、健康生活、责任担当、实践创新六大素养，各素养之间相互联系、相互补充、相互促进，在不同情境中整体发挥作用。为方便实践应用，将六大素养进一步细化为18个基本要点，并对其主要表现进行了描述。根据这一总体框架，可针对学生年龄特点进一步提出各学段学生的具体表现要求。

一、基本内涵

（一）文化基础

文化是人存在的根和魂。文化基础，重在强调能习得人文、科学等各领域的知识和技能，掌握和运用人类优秀智慧成果，涵养内在精神，追求真善美的统一，发展成为有宽厚文化基础、有更高精神追求的人。

1. 人文底蕴

主要是学生在学习、理解、运用人文领域知识和技能等方面所形成的基本能力、情感态度和价值取向。具体包括人文积淀、人文情怀和审美情趣等基本要点。

2. 科学精神

主要是学生在学习、理解、运用科学知识和技能等方面所形成的价值标准、思维方式和行为表现。具体包括理性思维、批判质疑、勇于探究等基本要点。

（二）自主发展

自主性是人作为主体的根本属性。自主发展，重在强调能有效管理自己的学习和生活，认识和发现自我价值，发掘自身潜力，有效应对复杂多变的环境，成就出彩人生，发展成为有明确人生方向、有生活品质的人。

3. 学会学习

主要是学生在学习意识形成、学习方式方法选择、学习进程评估调控等方面的综合表现。具体包括乐学善学、勤于反思、信息意识等基本要点。

4. 健康生活

主要是学生在认识自我、发展身心、规划人生等方面的综合表现。具体包括珍爱生命、健全人格、自我管理等基本要点。

（三）社会参与

社会性是人的本质属性。社会参与，重在强调能处理好自我与社会的关系，养成现代公民所必须遵守和履行的道德准则和行为规范，增强社会责任感，提升创新精神和实践能力，促进个人价值实现，推动社会发展进步，发展成为有理想信念、敢于担当的人。

5. 责任担当

主要是学生在处理与社会、国家、国际等关系方面所形成的情感态度、价值取向和行为方式。具体包括社会责任、国家认同、国际理解等基本要点。

6. 实践创新

主要是学生在日常活动、问题解决、适应挑战等方面所形成的实践能力、创新意识和行为表现。具体包括劳动意识、问题解决、技术应用等基本要点。

二、主要表现

（一）文化基础

1. 人文底蕴

（1）人文积淀：具有古今中外人文领域基本知识和成果的积累；能理解和掌握人文思想中所蕴含的认识方法和实践方法等。

（2）人文情怀：具有以人为本的意识，尊重、维护人的尊严和价值；能关切人的生存、发展和幸福等。

（3）审美情趣：具有艺术知识、技能与方法的积累；能理解和尊重文化艺术的多样性，具有发现、感知、欣赏、评价美的意识和基本能力；具有健康的审美价值取向；具有艺术表达和创意表现的兴趣和意识，能在生活中拓展和升华美等。

2. 科学精神

（1）理性思维：崇尚真知，能理解和掌握基本的科学原理和方法；尊重事实和证据，有实证意识和严谨的求知态度；逻辑清晰，能运用科学的思维方式认识事物、解决问题、指导行为等。

（2）批判质疑：具有问题意识；能独立思考、独立判断；思维缜密，能多角度、辩证地分析问题，做出选择和决定等。

（3）勇于探究：具有好奇心和想象力；能不畏困难，有坚持不懈的探索精神；能大胆尝试，积极寻求有效的问题解决方法等。

（二）自主发展

1. 学会学习

（1）乐学善学：能正确认识和理解学习的价值，具有积极的学习态度和浓厚的学习兴趣；能养成良好的学习习惯，掌握适合自身的学习方法；能自主学习，具有终身学习的意识和能力等。

（2）勤于反思：具有对自己的学习状态进行审视的意识和习惯，善于总结经验；能够根据不同情境和自身实际，选择或调整学习策略和方法等。

（3）信息意识：能自觉、有效地获取、评估、鉴别、使用信息；具有数字化生存能力，主动适应“互联网＋”等社会信息化发展趋势；具有网络伦理道德与信息安全意识等。

2. 健康生活

（1）珍爱生命：理解生命意义和人生价值；具有安全意识与自我保护能力；掌握适合自身的运动方法和技能，养成健康文明的行为习惯和生活方式等。

（2）健全人格：具有积极的心理品质，自信自爱，坚韧乐观；有自制力，能调节和管理自己的情绪，具有抗挫折能力等。

（3）自我管理：能正确认识与评估自我；依据自身个性和潜质选择适合的发展方向；合理分配和使用时间与精力；具有达成目标的持续行动力等。

（三）社会参与

1. 责任担当

（1）社会责任：自尊自律，文明礼貌，诚信友善，宽和待人；孝亲敬长，有感恩之心；热心公益和志愿服务，敬业奉献，具有团队意识和互助精神；能主动作为，履职尽责，对自我和他人负责；能明辨是非，具有规则与法治意识，积极履行公民义务，理性行使公民权利；崇尚自由平等，能维护社会公平正义；热爱并尊重自然，具有绿色生活方式和可持续发展理念及行动等。

（2）国家认同：具有国家意识，了解国情历史，认同国民身份，能自觉捍卫国家主权、尊严和利益；具有文化自信，尊重中华民族的优秀文明成果，能传播、弘扬中华优秀传统文化和社会主义先进文化；了解中国共产党的历史和光荣传统，具有热爱党、拥护党的意识和行动；理解、接受并自觉践行社会主义核心价值观，具有中国特色社会主义共同理想，有为实现中华民族伟大复兴中国梦而不懈奋斗的信念和行动。

（3）国际理解：具有全球意识和开放的心态，了解人类文明进程和世界发展动态；能尊重世界多元文化的多样性和差异性，积极参与跨文化交流；关注人类面临的全球性挑战，理解人类命运共同体的内涵与价值等。

2. 实践创新

（1）劳动意识：尊重劳动，具有积极的劳动态度和良好的劳动习惯；具有动手操作能力，掌握一定的劳动技能；在主动参加的家务劳动、生产劳动、公益活动和社会实践中，具有改进和创新劳动方式、提高劳动效率的意识；具有通过诚实合法劳动创造成功生活的意识和行动等。

（2）问题解决：善于发现和提出问题，有解决问题的兴趣和热情；能依据特定情境和具体条件，选择制订合理的解决方案；具有在复杂环境中行动的能力等。

（3）技术运用：理解技术与人类文明的有机联系，具有学习、掌握技术的兴趣和意愿；具有工程思维，能将创意和方案转化为有形物品或对已有物品进行改进与优化等。

第四节　研学旅行活动课程研发步骤

研学旅行活动课程研发是研学旅行执业人的核心竞争力，需要爱心、细心、耐心的浇灌过程，需要用心打磨、千锤百炼，需要反思、提升方能实现

“立德树人”的育人的目标。这个过程大致包括需求分析、明确目标和主题、方案撰写、推演优化、关注落地执行和制订实施方案、编制研学旅行手册及行后反思提升七个步骤。

一、需求分析

（一）学校需求分析

在研学旅行组织前期，需要明确中小学校的基本需求，涉及研学旅行目标、研学旅行主题、出行日期、学龄、人数、服务标准等详细信息。在研学旅行活动课程设计过程中，需要结合学校的育人理念、校园文化、校本课程及研学旅行教育诉求，选取符合需求的研学旅行资源，研发研学旅行活动课程方案。

（二）学生需求分析

学生是研学旅行的主体，充分发挥学生的主体性，是研学旅行活动课程设计的出发点和归宿。研发前，需要对学生的学习方法、学习习惯、学习兴趣、课业成绩等方面进行综合分析，从而确定符合学生需求的课程目标、选取课程内容和有针对性的教学方法。要进行系统的学情分析，包括学龄学段、认识水平和身心状况等，特别是学生的身心健康状况，需要格外注意，比如是否有基础性疾病、过敏性病史、特殊心理问题等，做到“心中有数”，避免课程实施中的意外发生，保障让每一个学生快乐旅行、有效研学。

二、明确目标和主题

目标和主题的确定是具体的研学旅行活动课程研发的核心步骤。要在国家的教育方针和研学旅行总目标的指导下，考虑学校的校园文化、整体育人理念、育人目标和学校具体的研学旅行需求，根据“需求分析”的结果，结合研学旅行活动课程资源，言简意赅地表达研学旅行活动课程的意义和目的；要做到立意高远，要可操作、可执行、可达到、可评价，落实“五育并举”；

同时凸显鲜明的地域主题特色。比如爱国主义红色主题教育“走进红色圣地，探寻延安精神”、传统文化主题教育“乐之中和——走进孔子礼乐思想”，等等。

【示范材料】

研学旅行活动（单门）课程的课程主题和课程目标展示

“水浒少年”研学旅行活动课程体系，目前主要涵盖6个类目，包含武术文化、水浒文化、国学文化、民俗非遗、自然科普、社会实践。六大类目体系包含的单门课程明细如下：

武术文化类			
课程主题	地点	时长	（单门）课程目标简述
水浒功夫健身操	武庙广场	1.5H	根据《千字文》背景音乐，学习水浒功夫健身操，培养学生对于中国功夫的爱好，辅助形成强身健体的习惯
祭武圣大典	忠义广场	1H	祭拜武圣关羽、宋江、岳飞，通过忠义三杰忠孝仁义故事，感受武德重要性，培养学生三观
天地武魂	狗娃剧场	1H	通过天地武魂武术演出，培养学生对武术的了解和敬畏，产生传承、发扬的兴趣
攀岩体验	攀岩基地	1H	通过体验，培养学生勇于挑战自我、敢于面对困难的勇气，增强自信心
水浒讲武堂	影音中心	1H	通过武术脉络梳理，了解武术起源、发展、现状，了解武术在中国文化中的重要性
水浒文化类			
课程主题	地点	时长	（单门）课程目标简述
探秘古城	好汉城	2H	通过水浒好汉城景区游览，了解水浒文化，了解水浒英雄忠孝仁义思想
水浒纸牌	文庙	1H	通过水浒纸牌雕版印刷，了解水浒文化背景和民间技艺传承
水浒炮台	城墙	1.5H	通过了解水浒中炮台故事，亲手制作水浒炮台，了解古人智慧

续表

国学文化类			
课程主题	地点	时长	（单门）课程目标简述
中药香包	文庙	1H	通过中药辨识、香包制作，了解中医文化的博大精深，学习古人智慧，锻炼动手动脑能力
古建彩绘	文庙	1H	通过了解彩绘文化、亲手体验，了解古建文化分支彩绘艺术，锻炼动手动脑能力
声律启蒙	文庙	1H	通过《笠翁对韵》等经典，让学生了解汉语的博大精深和灵动变化，培养对汉语文化的爱好
艾条制作	文庙	1H	通过艾条制作，了解中医分支艾灸文化，认识古人智慧和中医的博大精深
民俗非遗类			
课程主题	地点	时长	（单门）课程目标简述
剪纸	文庙	1.5H	通过剪纸体验，了解民间非遗民俗文化，感受匠人匠心精神
面塑	文庙	1.5H	通过面塑体验，了解曹州面塑历史，走进民间技艺，培养传承兴趣
衍纸	文庙	1.5H	通过衍纸体验，发挥学生想象力和创造力，锻炼动手动脑能力
石磨五谷	文庙	1.5H	通过五谷辨识和石磨体验，认识五谷，了解农业文化，培养学生兴趣
脸谱彩绘	文庙	1.5H	通过脸谱绘制，了解国粹京剧文化，激发爱国情感
自然科普类			
课程主题	地点	时长	（单门）课程目标简述
湖岛探秘	宋江湖	1H	通过泛舟宋江湖，了解宋江湖湿地文化和相关动植物生态环境
野菜辨识	宋江湖	1H	通过宋江湖野菜采摘，了解植物种类，学习生活常识，提高动手动脑能力
社会实践类			
课程主题	地点	时长	（单门）课程目标简述
地窖野炊	宋江湖	1H	通过挖地窖、烤地瓜体验，让学生走进自然，走进农村，感受生活乐趣
水上运动	宋江湖	1H	通过高尔夫学习体验，了解高尔夫文化，感受体育运动乐趣
团建游戏	室外	1H	通过拔河、跳绳、蒙眼盲打摇摇桶等游戏，感受团队协作重要性

（备注：本资料由山东郓城水浒好汉城景区提供）

三、方案撰写

研学旅行活动课程方案撰写是个技术活，要做到要素完整、逻辑清晰、文字凝练，语意明晰，切忌出现错别字及标点符号不规范等硬伤。撰写时首先要保持“立德树人”的初心，其次要明白研学旅行活动课程研发的指导思想和基本原则，第三要掌握研学旅行活动课程的基本构成要素，最后要“耐得住寂寞，受得起批评，经得起实践检验”，不断思考、修正和创新。

四、推演优化

研学旅行活动课程方案研发完成后，要对研学旅行活动课程方案进行测试优化，这是检验研学旅行活动课程方案是否合理的重要手段，关乎整个研学旅行活动课程方案的落地执行情况。首先，测试整个课程方案实施是否能够实现活动课程的研学目标；其次，要对研学资源进行实地考察，推演模拟整个研学旅行活动的流程，对课程方案中存在的问题进行重新调整和二次优化，以期达到更好的研学效果，实现研学目标。

五、关注落地执行和制订实施方案

研学旅行活动课程的落地执行是检验研学旅行活动课程的关键环节。落地执行必须遵循“安全第一”的原则。活动课程的落地执行阶段涉及交通、住宿、餐饮、体验活动、课程探究等研学旅行服务保障和“课堂学习”的各个方面，所以，需要在行前课程研发阶段提前制订科学合理的研学旅行活动课程实施方案，切实做到“活动有方案，行前有备案，应急有预案”，保障活动圆满完成，实现活动课程目标。

六、编制研学旅行手册（见“第五节　研学旅行手册”）

七、行后反思提升

在每次研学旅行的行后阶段，研学旅行组织方要在承办方的协助下，做好相关内容的对外展示和输出。研学旅行组织方和承办方还要结合学生、教师、学校、家长等各方对研学旅行的评价和反馈，进行系统的分析和总结，对研学旅行活动中各个环节出现的问题和不足，寻求解决的办法，进行改进，根据研学目标的实现情况，继续对研学旅行活动课程进行优化提升。只有通过不断的分析和总结，才能更好地提升研学旅行活动课程的效果，为下一次研学旅行提供更高质量的活动课程。

总之，教育是教书育人的伟大事业，功在当代，利在千秋。中小学校和研学旅行服务单位都要常怀对教育的敬畏之心，不断学习，不断研究，运用教育的思维和理念，研发出更符合中小学生需要的研学旅行活动课程，真正为研学旅行做好服务，为学生的成长助力。

【示范材料一】

研学旅行活动课程（自然生态类单门课程）示范

一、课程主题

探秘大自然的色彩密码

二、课程对象

小学 4~6 年级

三、课程时长

2.5 小时

四、课程地点

诸城常山永辉生态农场

五、课程目标

（一）知识目标

1. 认识自然界中的天然染料，学习植物染料的提取方法和应用历史。

2. 学习植物呈现不同颜色的科学原理，掌握原色、混合色等色彩美学知识。

（二）能力目标

通过寻找自然界天然染料和植物拓染，提升动手实践能力和团队协作能力。

（三）情感态度目标

通过对植物色彩的探秘激发学生对大自然的探索兴趣，感受大自然对人类的美好馈赠，提升热爱自然世界和保护环境的意识。

六、课程内容

（一）行前课堂

1. 整理记录你所见过的颜色种类、基础色是哪一些？

2. 思考什么是色彩？色彩来源？

（二）基地理论课堂

1. 问题导入：①请观察我们身上的衣物有哪些颜色，这些颜色是怎么产生的？②大自然有哪些颜色，这些颜色是怎么产生的？

2. 我们现在使用的颜料大部分都是经过化学加工合成的，所以也称为合成染料。那么在古代人们的衣物颜色是怎么样的，是怎么染的呢？自然界中哪些物质可以用来染色呢？

3. 通过图片、视频学习古代染色历史，认识几种天然染色原料（矿石、植物、动物）并了解其提取方式；探究原色、混合色的色彩变化，掌握色彩美学知识。

4. 思考：为什么植物可以作为天然染料？它们为什么会呈现出不同的色彩呢？

（三）基地实践课堂

植物拓染利用自然中植物的花、茎、叶、根、果实等通过敲拓的方式完成染色，是最自然、材料最易得、操作较简单的一种染色方式。今天就让我们走进大自然采集天然植物，通过植物色彩来创作一幅独一无二的艺术作品！

1. 以小组为单位进行实地探寻采集（过程中注意保护自然，适度、适量采集）。

2. 拓染创作

①物料准备：垫板、白纸、手帕、植物、纸胶带、餐纸、橡皮锤。

②构思创意，根据构思设计选择合适的植物。

③选取合适的植物摆在相应的位置，用纸胶带进行固定，再在植物上方盖一层纸巾。

④敲击至叶片的汁液流出，渗透进棉布。

⑤敲完后轻轻揭下叶片，难以揭起的部分可以轻轻用手指搓去，一张独特的拓染作品就完成了！

3. 分享

介绍自己的作品创意，谈谈自己有哪些收获和不足。

4. 思考、讨论

①植物染料与化学染料的关系，二者之间的优缺点，为什么随着社会的发展，化学染料代替了植物染料？

②我们如何才能合理地取之自然、用之自然，该如何看待人类社会发展和自然生态保护的关系？

七、课程评价

1. 全过程性评价；

2. 导师评价、小组评价、自我评价、组员互评；

3. 研学成果评价。

“植物的色彩密码”研学实践活动评价表

评价项目	评价内容	自我评价			他人评价		
		优秀	良好	加油	优秀	良好	加油
责任担当	自尊自律，文明礼貌。						
	具有团队意识和互助精神。						
	主动参与活动探究，富有研学热情。						
学习意识	具有积极的学习态度和浓厚的学习兴趣。						
	具有反思意识，善于总结。						

续表

评价项目	评价内容	自我评价			他人评价		
		优秀	良好	加油	优秀	良好	加油
实践创新	具备耐心和专注力。						
	保持问题探究意识，善于发现、提出问题。						
	能够保持与小组成员的协调和沟通。						
科学精神	有清晰的逻辑思维。						
	具有好奇心和想象力。						
	勇于尝试，积极寻求问题解决办法。						
	具备发现、感知、欣赏、评价美的意识和基本能力。						

【课本链接】

四年级（上）科学《植物的叶》：叶绿体可以产生叶绿素，所以叶子一般是绿色的，如果除去叶子中的叶绿素，叶子就不再是绿色的了。

五年级（上）科学《各种各样的矿物》：人类对矿产的开采、加工和提炼。

（备注：本课程由“诸城常山永辉生态农场”提供）

【示范材料二】

研学旅行活动课程方案示范

圣人故里　儒风家训——山东儒家文化三日研学旅行活动课程方案

一、课程主体

八、九年级学生

二、课程导读

两千年前的鲁国，孔子杏坛设教，收弟子三千，讲授六艺，使曲阜成为了世界上最早的游学之都。春秋、战国时期，被后世尊称为中国历史上五大圣人的“至圣孔子、亚圣孟子、复圣颜子、宗圣曾子、述圣子思”都诞生在齐鲁之邦。孔子周游列国，传播儒学，博采众长，堪称世界研学旅行的典范。此次研学，我们将来到孔子故里——曲阜，跟随孔子的脚步，感受儒家文化的博大精深。

三、课程目标

1. 通过对曲阜孔府、孔庙、孔林的实地考察，了解儒家文化的发生、发展及其历史意义，感知儒家文化在现实生活中的传承与创新。

2. 提高学生的自主学习、独立探索能力，提升综合素养。

3. 通过诵读经典，了解圣人孔子及儒家思想，加深对儒家文化的理解，培养学生的仪式感，树立感恩父母、尊师重教的意识。

4. 通过重走孔子周游列国之路，学习六艺，感受儒学魅力。

5. 在团队活动中，学会分享、尊重与合作，锻炼沟通能力，培养团队精神。

四、课程特色

1. 立足儒家文化，以提高学生核心素养为中心，从人文、历史等多维度去研习、探索。

2. 建立兴趣小组学习模式，培养团队意识，提高学习效率。

3. 多样化的研学形式，全方位激发学生的学习兴趣，寓学于乐，行有所获。

4. 与多个学科链接，跟着课本知识去研学，与课堂教学相得益彰。

五、课程整体安排

（一）课前研习与讨论

1. 利用课后时间，查阅相关历史资料，观看影音资料，了解儒家文化相关知识。

2. 学习课本知识，了解儒家思想，温习儒家典籍。

3. 按学生兴趣分为小组，各小组罗列本次研学旅行探究问题，制订研学旅行计划，准备研学旅行物品。

（二）课中研习与探究

时间安排		课程地点	课程主题	课程内容
行前		学校	行前一课	满怀憧憬　激发兴趣
第一天	上午	启程前往	行走课堂	安全教育　研习手册
	下午	曲阜研学基地	拜师礼	尊师有礼　礼传天下
			线装书	线装书籍　非遗传承
	晚上	酒店	安全教育	逃生演练　合作交流
第二天	上午	孔府	诗礼传家	修齐治平　诗礼传家
		孔庙	儒学圣道	阐明圣学　传授道统
	下午	孔林	孔氏家族编年史	孝悌文化　携子抱孙
		孔子博物馆	感悟先贤	一代圣人　传承千古
	晚上	酒店	课业研习	小组讨论　探究
第三天	上午	孔子六艺城	研习六艺	圣贤智慧　研习六艺
			闭营仪式	课题成果　分享展示
	下午	满载而归	返程回家	汇总总结　撰写心得

（三）课后总结与分享

1. 举行儒家文化研学旅行的心得交流班会，分享收获与成长。

2. 根据视频、照片，结合研学主题，制定宣传海报，并在学校展示。

3. 完善研学手册，撰写研学调查报告、研学见闻，在学校展示。

六、课程保障

1. 住宿：三星级酒店标准间

2. 用餐：方案所标注酒店内早餐 2 早 5 正餐（餐标__元 / 人、10 人围桌）

3. 门票：方案所列景区第一门票以及所列活动项目费用

4. 用车：51 座空调旅游车（保证 1 人 1 正座）

5. 指导师：专业的研学旅行指导师

6. 保险：旅行社责任险及研学旅行人身意外险

7. 其他：研学旅行手册、每人每天 2 瓶矿泉水

8. 费用：（不含单房差费用以及个人消费和人力不可抗拒因素所造成的损失和额外费用）

七、单门主题课程设计

课程设计	第一课
课程地点	曲阜研学基地
课程简介	拜师礼，又称束脩（shù xiū）礼，是古代学子与师长初次见面时的一种礼节。拜师的礼俗，反映了对授业解惑老师的尊敬，是中华民族的优良传统。
课程图片	略
课程主题	尊师有礼　礼传天下
课程目标	通过着汉服、正衣冠、行拜师礼，增加仪式感，体验中国传统礼教，传承中国尊师重教的传统美德。
课堂形式	体验：着汉服、“尊先师，讲孝字”的拜师礼、线装书 探究：请同学们结合韩愈的《师说》“师者，所以传道授业解惑也”，谈下对尊师重教中华优秀传统的理解。

课程设计	第二课
课程地点	孔庙　孔府　孔林
课程简介	“千年礼乐归东鲁，万古衣冠拜素王。”孔庙，是纪念中国伟大思想家、教育家孔子的祠庙建筑，历代皇帝祭祀孔子的地方，有“天下第一庙”之称。孔府，又称“衍圣公府”，孔子的直系长子、长孙居住的地方，衙宅合一、园宅结合的范例。孔林，本称至圣林，是孔子及其后裔的家族墓地，是世界上延续时间最长的家族墓地。
课程图片	略
课程主题	儒学圣道　诗礼传家
课程目标	通过参观孔庙、孔府、孔林，了解孔子的生平历史及儒家思想的发展历程，历代皇帝提倡尊孔读经，体会历朝历代对孔子思想的尊崇，感悟源远流长的儒家文化，了解孔子后裔家族的历史故事，体会诗礼传家的家训文化，树立“修身、齐家、治国、平天下”的理想追求。
课堂形式	参观：参观孔庙，探究孔庙建筑和碑铭等对于传承儒家文化的重要意义。 参观孔府，了解孔府的家训文化。 参观孔林，了解孝悌文化。 考察：聆听研学旅行指导师讲授，了解儒家思想的博大精深，了解孔氏家族的诗礼传家的家训文化。 经典诵读：大成殿诵读《论语》。 探究：记录和收集《论语》中的名言，并解释它的意思。
课程设计	第三课

续表

课程地点	孔子博物馆
课程简介	孔子博物馆是为了纪念孔子、集中展示孔子思想学说、传播弘扬以儒家文化为代表的优秀传统文化的博物馆。孔子博物馆的藏品主要源自历史上孔府千百年来积累的旧藏，而它最深厚的文化依托是孔子故里悠久灿烂的历史文化，我们要汲取孔子思想精华，弘扬民族优秀文化。建筑形式充分表达了孔子的文化思想内涵，体现了民族性、时代性和纪念性。
课程图片	略
课程主题	圣人之道
课程目标	通过参观孔子博物馆，透过图片、器物、雕塑、绘画等资料，系统地、全方位地了解千古文化圣人——孔子其时、其人、其思、其泽；切身感受“天下第一家”——孔府的尊荣显赫、诗礼传家；近距离观赏跨越中华五千年文明史的精美绝伦的文物以及了解当代艺术家对儒家经典故事的解读与创作。
课堂形式	参观：参观孔子博物馆，了解孔子及儒家思想。 考察：仔细聆听博物馆讲解员讲解，了解孔子思想发展简史。
课程设计	第四课
课程地点	孔子六艺城
课程简介	孔子六艺城以中国古代伟大思想家、教育家、政治家、儒家学派创始人孔子一生崇尚和倡导的六艺为主线，以匠心独具的建筑格局、丰富多彩的游览项目、博大精深的文化内涵，生动形象地诠释了孔子六艺文化的深奥精髓，展示了孔子故里的淳朴民俗和风情，形成了寓教于乐的特色氛围，散发着浓郁的儒学气息。
课程图片	略
课程主题	传承圣贤智慧
课程目标	通过参观、走访孔子六艺城，了解孔子一生崇尚和倡导的“六艺”，着汉服，习六艺，感受中国古代“志于道，据于德，依于仁，游于艺”的传统教育方式。观看开城仪式，感受儒家礼仪文化的厚重，亲近孔子，体会儒家八德，缅怀先师，弘扬和传承中华优秀传统文化。
课堂形式	活动内容： 1. 国学讲堂 2. 以射观德 3. 数厅探秘 4. 周游列国 5. 体验中华优秀传统文化 6. 观看乐舞表演 考察：重走孔子周游列国之路，更深刻地理解孔子周游列国的意义。 探究：1. “大学六艺”和“小学六艺”分别指什么？ 2. 对比古代教育方式和现代教育方式，思考二者的相同点和不同点。 体验：习六艺（体验碑拓、射箭、韦编三绝）。

八、课程评价

研学课程名称		填写人		自评	互评	师评
研学课程时间		填写日期				
学会做人	善于沟通，乐于助人	A. 优秀　B. 良好　C. 待提高				
	对小组做出贡献	A. 优秀　B. 良好　C. 待提高				
学会学习	活动方案构思新颖	A. 优秀　B. 良好　C. 待提高				
	活动方案细致、周全、可行	A. 优秀　B. 良好　C. 待提高				
	实践方式多样	A. 优秀　B. 良好　C. 待提高				
学会做事	吃苦耐劳	A. 优秀　B. 良好　C. 待提高				
	积极动脑、动口 动手参与实践	A. 优秀　B. 良好　C. 待提高				
学会生活	生活自理能力提升 无丢三落四现象	A. 优秀　B. 良好　C. 待提高				
	财务管理能力提升	A. 优秀　B. 良好　C. 待提高				
研学成果	完成研学课程相关内容	A. 优秀　B. 良好　C. 待提高				
	研学成果的展示和分享	A. 优秀　B. 良好　C. 待提高				
	研学特别收获	A. 优秀　B. 良好　C. 待提高				

（备注：本课程方案由“山东研途教育科技有限公司”提供）

第五节　研学旅行手册

研学旅行手册是在研学旅行活动课程方案的基础上编制的用于指导研学旅行执业人团队和学生开展教学和学习，在研学旅行过程中作为课程和行程参考的工具。研学旅行手册是为学生研学旅行提供的基础性学习资料，是为学生的探究性学习提供方向性指导的学习材料，凝结着学校教师和研学旅行服务单位的经验和智慧，是研学旅行活动课程设计理念的最直接体现，是研学旅行活动课程的重要组成部分。研学旅行手册能够让学生更加深刻地理解研学旅行活动课程内容，并记录学生在研学旅行活动过程中的所学所得，所以，研学旅行组织方和承办方都要足够重视研学旅行手册的设计编写。

一、研学旅行手册的编制原则

（一）研学旅行手册的编制要体现教育属性

研学旅行手册是整个研学旅行过程的指导性文档，内容的设计要符合课程的基本原理，有关概念的使用要科学、规范。

（二）研学旅行手册的编制要体现实用性

研学旅行手册是研学旅行活动课程组织、实施的工具，要方便学生在手册上进行信息记录，同时也要便于研学旅行指导师依据学生的记录情况对学生的学习成果进行评价。

（三）研学旅行手册的编制要让学生喜欢

研学旅行手册的设计要契合中小学生的年龄特点、心理特征和审美趣味，激发中小学生学习兴趣，实现其自主认知和体验学习，让他们产生“爱不释手”的感觉，成为快乐研学的“心爱之物”。

二、研学旅行手册的基本内容

研学旅行手册的编制，是研学旅行活动课程具体要求呈现的过程，是课程方案的物化。科学、规范的研学旅行手册一般包括以下主要内容：

①研学旅行导读

②文明公约

③研学旅行注意事项

④研学旅行安全教育课堂

⑤研学旅行行李物品清单

⑥研学旅行活动课程目标

⑦研学旅行活动课程安排

⑧研学旅行活动课题探究

⑨研学旅行活动课程总结

⑩研学旅行活动课程评价

其他补充事宜……

【示范材料】

研学旅行手册示范

山东济南A学校2019年江南研学旅行手册

筑梦金陵岸　携笔姑苏城

研学旅行目的地：南京、苏州

学　　校：________________

班　　级：________________

姓　　名：________________

带队教师：________________

读行导言

白居易《忆江南》词云：

江南好，
风景旧曾谙。
日出江花红胜火，
春来江水绿如蓝。
能不忆江南？

江南如同一个摇篮，她孕育了独特的文化，
滋养了温婉如玉的气质，创造了多姿多彩的文学，
她的美令人如痴如醉，
令文人墨客流连忘返，
留给我们隽永的诗情画意。
江花胜火，春水如蓝，丁香小巷，烟雨杏花，
江南，中国文人的精神家园。
对于中国古代文人而言，进而兼济天下，退则独善庭园，
是士大夫毕生的理想，
而文风炽盛的江南构成了中国文化的重要一极，
这里有诗词歌赋、水墨田园，还有小桥流水、曲径通幽……

文明研学我先行

研学旅行，一言一行文明有礼。我们在此郑重发出倡议，研学旅行，文明礼仪先行！在研学活动过程中，请大家自觉遵守“文明公约”。

文明公约

上下车，排成行，不拥挤，主动让一让。
过马路，看信号，不挤抢，相互提个醒。
参观时，紧跟队，不喧哗，认真听讲解。

有垃圾，应分类，不乱丢，保护好环境。

就餐时，静悄悄，不哄抢，彼此要谦让。

活动中，讲协作，不埋怨，大家多包容。

“你所站立的地方，就是你的祖国；你怎么样，祖国便怎么样；你是什么，祖国便是什么；你有光明，祖国便不再黑暗。”

总领队		联系电话	
带队教师		联系电话	
家长姓名		联系电话	
研学旅行指导师		联系电话	
紧急联系人		联系电话	

备注：同学们在研学实践活动中如需要帮助或者遇到紧急情况，请拨打以上电话！

研学旅行注意事项解读

按照“学生第一、安全第一、体验为主、教育为本”的原则，特向同学提出以下建议，敬请遵照执行。

节点	建议
出发前	1. 收集、整理与研学资源相关的知识，明确研学旅行活动的任务和要求，制订研学旅行活动规划。
	2. 仔细阅读《研学旅行手册》，规范个人言行。
	3. 明确时间安排，树立时间观念。
	4. 根据个人身体情况，准备好必备药品。
	5. 了解目的地的天气状况和地理环境，准备行李物品。
	6. 准备好相机、手机，研学活动全程保持通信畅通。
	7. 根据个人计划准备适量的现金，并妥善保管。
	8. 明确老师及本组成员的联系电话，有事及时向老师汇报。

续表

节点	建议
学习中	1. 备好学习资源，保管好贵重物品。
	2. 坚持团队行动，合作探索学习。
	3. 遇到问题或突发事件保持冷静，及时向带队教师、研学旅行指导师、生活辅导员、工作人员或同伴求助。
	4. 认真聆听讲解，积极思考问题，提升解决问题的能力。
	5. 随时记录学习心得、收获感悟，整理学习笔记。
	6. 自觉爱护环境和文物，遵守研学旅行基地的规定。
	7. 进行参观时，切勿大声喧哗，按照场馆参观守则文明参观。
	8. 研学旅行活动中，跟紧队伍，按照研学旅行指导师的指示进行。
在车上	1. 在研学旅行指导师的安排下，有序上车，切勿随意走动。
	2. 清点并整理个人物品，确保不遗落在车上。
	3. 将垃圾及废弃物品随手带下车，扔进垃圾桶里。
	4. 下车时跟司机师傅说再见，听从研学旅行指导师和教师的指挥，到达安全地点集合，站队要做到快、静、齐。
用餐	1. 按照研学旅行指导师的安排入席，等候同伴到齐后方可用餐。
	2. 文明用餐，不浪费，不暴饮暴食。
	3. 离开餐厅前整理好个人随身物品，不遗落。
住宿	1. 服从房间安排，与室友友好相处，互相关心，互相帮助。
	2. 主动熟悉酒店的安全疏散通道。
	3. 爱护酒店内的设备设施，安全用电，节约用水用电。
	4. 不倚靠窗户，不在阳台上玩耍与打闹。
	5. 注意个人卫生，洗澡时，铺上防滑垫，谨防跌倒。
	6. 遵守作息时间，不熬夜，确保睡眠质量。
	7. 除了酒店及研学工作人员和教师外，不给陌生人开门。
	8. 离开酒店前，清点并整理个人物品，不要遗落在酒店。
学习后	1. 及时记录学习收获，主动和同学、教师、家长分享感受。
	2. 主动完成研学旅行手册相关内容，自觉做好课程的延伸。
	3. 自觉将研学活动中的行为改变落实在日常的学习生活中。

研学期间，注意人身及财物安全！

妥善保管好个人财物，不随身携带贵重物品和大量现金。

* 月份平均气温为 **℃左右，

请同学和教师随时关注天气变化，注意增减衣物。

全程不购买冷饮及零食，不点外卖！

不要为贪图便宜，跟流动商贩交易，以防上当受骗。

我是研学旅行规划师

一、行前物品准备清单

物品准备，请各位同学自己准备以及整理自己的行李箱，避免遗漏！（在已携带的物品后面画√）

类别	物品	具体说明	（打√）
必需物品	证件	16 岁（以出生日期为准）以上必须携带身份证原件，16 岁以下可携带户口本本人页原件及复印件	
	现金	建议不超过 300 元	
	研学旅行手册	学校统一发放	
必需物品	笔	签字笔	
	行李箱	携带背包，1 个拉杆箱	
	洗漱用品	毛巾、牙刷、牙膏、漱口杯、洗发露、沐浴液、洗面奶、梳子、拖鞋、纸巾（酌情自备）	
生活用品	密封水杯	密封水杯	
		校服一套（校服必须携带）	
		自备服装：衣物 1~2 套	
		内衣 2~3 套	
		袜子 2~3 双	
		运动鞋（建议穿一双鞋、带一双鞋）	
	个人药品	根据自身情况准备所需药品（如晕车药等）	
备注	16 岁以上没有身份证的学生，请提前到户口所在地派出所办理临时身份证		

二、财商管理

同学，你会带多少钱参加此次研学旅行活动呢？一般来说，不建议大家随身携带太多零花钱哦。因为你们所缴纳的费用，已经包含了这一路上的基本需求的开支，除路餐外，基本没有额外花费啦。

我的预算：____元

时间	预计支出	实际支出	支出用途	剩余金额
第一天				
第二天				
第三天				
第四天				

结余：____元

我的财务总结：

研学旅行指导师很理解，同学们希望购买当地的特产及小工艺品，作为礼物，送给父母或同学，所以建议大家：

* 花钱要有规划，出发前做个预算，想好自己最想买的东西。

* 在旅途中记好账，每笔花销能查到出处。

* 保管好零花钱，不要乱丢乱放，以免丢失哦！

三、制作我的研学旅行小攻略天气预报

天数	日期	城市	天气	温度
D1				
D2				
D3				
D4				

四、行前思想准备：准备迎接挑战

1. 看看你都做好了哪些准备

（1）我们将要进行的是远离家庭、远离父母的一次集体学习和活动，要做好吃苦锻炼的准备，那么你将要离开家长长达____天，在外度过____夜晚。

（2）集体活动要有团队精神，要互相关心，互相帮助，团结友爱。

（3）自己的事情自己做，不给别人增添麻烦，不把脏衣服带回家。

（4）遵守纪律，要有协作意识，要有集体荣誉感。

2. 评价表（请家长对学生行前准备情况进行评价）

独立完成情况				
家长评价				
知识完成情况				
家长评价				
能力提升情况				
家长评价				
家长评语：				

研学旅行活动课程

【课程宗旨】

“出点力，流点汗，经风雨、见世面”是我们开展研学旅行的宗旨，此次研学旅行旨在让同学们走出校园，走进自然，走进社会，亲身体验，在活动中感知，在活动中学习，在活动中交流，在活动中陶冶情操，在活动中锻炼顽强的意志。加深对社会的认识，增加对集体生活方式和社会公共道德的体验，提高自理能力、创新精神和实践能力。

【课程原则】

（1）教育性原则，结合学生身心特点、接受能力和实际需要安排课程，注重江南文化的系统性、知识性、科学性和趣味性，为学生全面发展提供良好的空间。

（2）实践性原则，因地制宜，以苏州、南京的地域特色为依托设计课程，带领学生走入实践基地参观考察，开展探究活动，了解社会，认识社会。

（3）安全性原则，坚持安全第一，建立安全保障机制，明确安全保障责任，落实安全保障措施，确保安全。

【课程目标】

认识自我——在研学中，最大限度地激发自我潜能；

主动交往——在研学中，尽其可能地交到真诚朋友；

拓宽视野——在研学中，如饥似渴地增知识、长见识；

历练成长——在研学中，竭尽全力地展现团队风采。

【课程背景】

南京是一座历史悠久的文化名城，我国七大古都之一，建城已有2400多年的历史。最早的城池为越城，是越王勾践灭吴以后，于公元前472年所建的。约公元前356年，楚国灭越，楚威王在石头山上筑城。传说楚威王看到南京地理情势险要，怕往后有人在此称王，就在狮子山北边的江边埋下黄金，以弹压王气，称为“金陵”，从此南京又有了“金陵”之称。三国时的东吴，两晋时的东晋，南北朝时的宋、齐、梁、陈先后在南京建都，这就是“六朝古都”。后来，五代时的南唐、明初、太平天国和中华民国也定都南京，这又使南京成了“十朝都会”。

南京曾有许多名称，历史上流传下来的有金陵、建业、建康、秣陵、白下、升州、江宁、集庆、应天、天京等，像金陵、建康至今仍被用作南京的代称。南京的得名源于明代初年，明太祖朱元璋于1368年定都南京，当时南京叫应天府。朱元璋曾打算把都城迁到开封，将开封命名为北京，应天府称为南京，后来国都虽未迁成，但“南京”的名称就沿袭下来了。

五六千年的农耕文化、三千年的吴文化根基、两千五百年历史的春秋故都、一千五百年的佛道文化熏陶、一千多年前的唐代城市格局和八百年前的宋代街坊风貌以及明清五百多年的盛世文明，给苏州这座城市留下了13处全国重点文物保护单位、57处江苏省文物保护单位、178处苏州市文物保护单位、250处控制保护建筑群落，阊门、山塘、平江、拙政园、怡园五个历史街区，观前、十全街、枫桥三个历史风貌地区，30余个旧街巷历史地段，70座古桥梁，22处古驳岸，639口古井，22座古牌坊。这就是苏州古城。

【课程安排】

第一天

课程地点：拙政园

课程时间：上午

拙政园，始建于明正德初年（16世纪初），是江南古典园林的代表作品。与北京颐和园、承德避暑山庄、苏州留园一起被誉为中国四大名园。

1.“拙政园”建园时间在哪一个朝代？（ ）

A. 明朝嘉靖十二年　　B. 明朝正德初年　　C. 唐朝贞观三年

2. 文徵明依园中景物绘图31幅，并作园记，其名为？（ ）

A.《潘氏拙政园记》　　B.《文氏拙政园记》　　C.《王氏拙政园记》。

3. 取意“灌园鬻蔬，以供朝夕之膳……此亦拙者之为政也”，名为“拙政园”。其“拙政”是什么意思？（ ）

A. 在朝廷上大智若愚、巧妙谨慎地主政

B. 闲居在家，浇园卖菜，自给自足，也可算是笨拙者干些正经事了（为政）

4. 游览拙政园的东、中、西园，列举出其相对应的名称及所拥有的园林建筑。

__________　__________　__________

5. 问答题

拙政园中部景观建筑和种植以“荷花”为主题，请你说说其中的道理。请你默写一下宋朝周敦颐《爱莲说》里一两句名言。古代文人认为“荷花”具备品性高洁、出淤泥而不染的特点，以此自况，标榜自己清廉高洁、傲世独立的高尚品格。周敦颐《爱莲说》名句

____

____

6.“与谁同坐轩”取自苏东坡的词句“与谁同坐，明月清风我”。请查阅

苏东坡原句的出处，学习该词，领悟其中的含义，说一说此轩取名的用意。

____

____

课程地点：苏州博物馆

课程时间：下午

由世界华人建筑师贝聿铭设计的苏州博物馆新馆，是一座现代化馆舍建筑、古建筑与创新山水园林三位一体的综合性博物馆。其结合了传统的苏州建筑风格，把博物馆置于院落之间，使建筑物与其周围环境相协调。博物馆的主庭院等于是北面拙政园建筑风格的延伸和现代版的诠释。

通过对苏州历史的了解，你认识了几位吴地名人，请列举出他们的创作或历史事迹。

1. ____

2. ____

第二天

课程地点：苏绣课堂

课程时间：上午

苏绣是中国优秀的民族传统工艺之一，是苏州地区刺绣产品的总称，其发源地在苏州吴县一带，现已遍衍无锡、常州等地。刺绣与养蚕、缫丝分不开，所以刺绣又称丝绣。清代确立了“苏绣、湘绣、粤绣、蜀绣”为中国四大名绣。清代是苏绣的全盛时期，真可谓流派繁衍，名手竞秀。苏绣具有图案秀丽、构思巧妙、绣工细致、针法活泼、色彩清雅的独特风格，地方特色浓郁。

1. 中国刺绣主要有苏绣、(　　)、蜀绣和粤绣四大门类。

2. 木渎水乡古镇的特色。

____

3. 刺绣活动给你的感受是什么？

____

4. 刺绣的针法有(　　)、(　　)、(　　)、(　　)、打子针、平金、

戳沙等几十种。

5. 沈寿代表作：(　　)(　　)《三马图》等。

课程地点：七里山塘

课程时间：下午

课程目标：

1. 了解山塘街的特色文化历史

2. 通过趣味性的任务活动解析山塘街

山塘街位于江苏省苏州古城西北，全长约3600米，约合七华里，故称“七里山塘”。

山塘街以其独特的地理位置、优越的水陆交通条件和独具特色的街区风貌，逐渐成为吴文化的展示窗口和苏式生活的体验地，是古城苏州城市发展的独特资源和文化旅游的特色名片。山塘街因其独特的地理位置和优越的水陆交通条件，曾是明清时期中国商贸、文化最为发达的街区之一，吴文化的窗口。街道呈水陆并行、河街相邻的格局，建筑精致典雅、疏朗有致，街面店肆林立、会馆集聚，再现了山塘街的盛世繁华。有民歌唱道：“上有天堂，下有苏杭。杭州有西湖，苏州有山塘。两处好地方，无限好风光。”这便是对山塘街的生动写照。

主题活动：山什么街

根据我们所提供的部分图片为线索，找到它们、了解它们、学习它们。

名称：____________

来历：____

____

名称：____________

来历：____

____

名称：____________

来历：____

____

名称：____________

来历：____

____

第三天

课程地点：南京中山陵

课程时间：上午

中山陵是中国近代民主革命先行者孙中山的陵墓，是南京的著名景点。中山陵各建筑在形体组合、色彩运用、材料表现和细部处理上均取得极好的效果，音乐台、光华亭、流徽榭、仰止亭、藏经楼、行健亭、永丰社、永慕庐、中山书院等建筑众星捧月般环绕在陵墓周围，构成中山陵景区的主要景观，色调和谐、统一更增强了庄严的气氛。

1. 创作爱国主义海报。分小组，每小组一张 A3 白纸，一盒彩笔，大家齐心协力，发挥自己的想象力和爱国情怀，创作出一幅爱国主义创意海报，最后由教师选择出优秀的作品。

海报设计思路：

2. 攀中山陵台阶，做一次环保小卫士，调研中山陵景区的卫生情况。

小组名称：	活动时间：
小组口号：	
中山陵景区的卫生情况	
产生最多的垃圾类型	
游客对于环保的看法	
如何养成不乱丢垃圾的好习惯	
就中山陵的环保提几点意见	

3. 中山陵是为纪念谁而建？　　（　　）

A. 朱元璋　　B. 孙中山　　C. 蒋介石

4. 中山陵百级台阶有多少级？　　　　　　　　　　　　　　　　　　（　）

A.100 级　　　　　　　B. 412 级　　　　　　　C. 392 级

5. 台阶上有三个大平台，它们的寓意是？　　　　　　　　　　　　　（　）

A. 三民主义　　　　　　B. 三个臭皮匠顶个诸葛亮

C. 三寓意长久，希望民国能长久兴盛

6. 谈谈你对孙中山的了解，简述他的生平。

____

____

____

7. 走到中山陵的最高点俯瞰整个中山陵，通过它的形状和布局，谈谈它的寓意。

____

____

____

课程地点：南京大屠杀纪念馆

课程时间：下午

侵华日军南京大屠杀遇难同胞纪念馆位于南京市建邺区水西门大街418号，通称江东门纪念馆，选址于南京大屠杀江东门集体屠杀遗址及遇难者丛葬地，是中国首批国家一级博物馆，首批全国爱国主义教育示范基地，全国重点文物保护单位，首批国家级抗战纪念设施、遗址名录，也是国际公认的“二战”期间三大惨案纪念馆之一。

研学活动：不忘先人，铭记历史爱国主题活动

1. 瞻仰雕塑，沉重悼念。

大屠杀纪念馆里有很多著名雕塑家创作的雕塑，都有着非常深刻的意义，请大家根据雕塑写出雕塑的意义。

____

____

____

2. 南京大屠杀时间是哪一年？______

3. 南京大屠杀遇难者同胞为多少人？______

4. 南京大屠杀纪念馆是在哪一年建成的？______

5. 参观纪念馆寻找一段令你难忘的故事，并阐述出来：

______

______

______

6. 参观纪念馆说出一个让你记忆犹新的人物，并说说为什么。

______

______

______

第四天

课程地点：南京理工大学

课程时间：上午

1. 说说南京理工大学的校徽图标的含义。

______

______

______

2. 你知道哪些名人在南京理工大学学习或工作过？

______

______

3. 南京理工大学的前身是什么？它的建校历史怎样？

______

______

4. 听完讲座，参观南京理工大学你有怎样的收获和感想？

______

______

5. 参加航模制作体验活动，制作过程和步骤是什么？

感谢一路有您陪伴！

同学，走得最快的总是美好的时光。一转眼，研学旅行就要结束，你也即将带着满满的收获和快乐回忆踏上归途。

将你在研学旅行中认识的新的朋友、拍摄的照片和印象最深刻的事情记录下来吧。我们衷心祝愿，在研学活动中的收获和快乐，能成为照亮你人生的一段回忆！

在研学旅行活动中，研学旅行指导师和教师们一直悉心照顾着你，临别前，请把老师们的寄语写下来吧。

研学旅行指导师说：

学校随队教师说：

研学旅行感悟

古人云“读万卷书，行万里路”，身体和灵魂总有一个在路上。“世界做课堂，实践见成长”，亲爱的同学，请在此写下你的研学旅行收获吧！

【课程评价】

研学课程		填写人		自评	互评	师评
研学时间		填写日期				
学会做人	善于沟通　乐于助人	A. 优秀　B. 良好　C. 待提高				
	对小组做出贡献	A. 优秀　B. 良好　C. 待提高				
学会学习	活动方案构思新颖	A. 优秀　B. 良好　C. 待提高				
	方案细致、周全、可行	A. 优秀　B. 良好　C. 待提高				
	实践方式多样	A. 优秀　B. 良好　C. 待提高				
学会做事	吃苦耐劳	A. 优秀　B. 良好　C. 待提高				
	积极动脑、动口、动手参与实践	A. 优秀　B. 良好　C. 待提高				
学会生活	生活自理能力提升	A. 优秀　B. 良好　C. 待提高				
	财务管理能力提升	A. 优秀　B. 良好　C. 待提高				
研学成果	完成课程相关内容	A. 优秀　B. 良好　C. 待提高				
	成果的展示和分享	A. 优秀　B. 良好　C. 待提高				
	研学特别收获	A. 优秀　B. 良好　C. 待提高				
自我评价						
组员评价						
教师评价						
研学旅行指导师评价						

（备注：本资料由山东研途教育科技有限公司和苏州原创读行学堂文化旅游发展股份有限公司共同提供）

【思考与练习】

1. 举例说明研学旅行活动课程研发的基本原则。

2. 如何设定研学旅行活动课程的目标?

3. 研学旅行活动课程的基本构成要素有哪些?

4. 如何进行研学旅行活动课程方案的研发?

5. 假如你是研学旅行服务公司的计调师，自己假设背景，结合所学内容，研发设计具体学校的研学旅行活动课程方案。

第四章
研学旅行操作实务

【引言】

从对我国研学旅行实施现状的调研、分析结果看，目前，在全国范围内开展的研学旅行，由中小学校自行组织并自行全部完成研学旅行活动的情况是罕见的；中小学校开展研学旅行，通常是以作为组织方的中小学校为主导，选择承办方（研学旅行服务单位）为辅助，在基地（营地）和其他研学旅行资源点的配合下，共同完成研学旅行的组织实施。

当然，还有一种情况，作为组织方的中小学校，直接跟研学旅行基地（营地）或其他研学旅行资源点对接，在中小学校主导下，双方共同完成研学旅行的组织实施。目前，这种情况占比极低。

参与研学旅行组织实施的相关各方的研学旅行执业人，必须熟悉各方的研学旅行业务操作流程，掌握操作技巧，团结协作，尽心尽责，更好地实现中小学校校外教育教学目标，促进中小学校教育教学质量的全面提升。

本章明晰了研学旅行基地（营地）的概念，详细阐述了中小学校、研学旅行服务单位和我国研学旅行基地（营地）的研学旅行操作业务流程及操作技巧，讲述了研学旅行基地（营地）建设原则，对基地（营地）类研学旅行活动课程方案和基地研学旅行活动单门课程进行了示范。

【学习目标】

1. 掌握中小学校研学旅行业务操作流程和操作技巧
2. 熟悉中小学校研学旅行活动课程的研发流程及技巧
3. 熟悉研学旅行服务单位跟中小学校或者同业达成合作意向的途径
4. 掌握社会服务单位研学旅行业务操作流程和操作技巧
5. 掌握基地（营地）研学旅行业务操作流程和操作技巧
6. 了解我国基地（营地）发展情况，掌握基地（营地）建设的基本原则
7. 能够研发基地（营地）研学旅行活动课程和课程方案
8. 掌握熟练接待基地（营地）研学旅行团队的技巧和方法

第一节　中小学校研学旅行操作实务

自教育部等11部门发布《关于推进中小学生研学旅行的意见》（教基一〔2016〕8号）以来，全国各地教育行政管理部门和中小学校积极探索并开展研学旅行，部分地区取得显著成效，在促进学生健康成长和全面发展等方面发挥了重要作用，积累了有益经验。但一些地区中小学校在推进研学旅行工作过程中，存在思想认识不到位、协调机制不完善、责任机制不健全、安全保障不规范等问题，在一定程度上制约了研学旅行的推进步伐。

当前，我国已进入全面建成小康社会的决胜阶段，研学旅行正处在大有可为的发展机遇期，中小学校要把研学旅行摆在更加重要的位置，中小学校负责研学旅行工作的相关教师需要具备研学旅行执业人的职业素养，更好地推动研学旅行高质量发展。

中小学校研学旅行操作流程及操作技巧如下：

一、提升学校师生对研学旅行的认知度和重视度

我国中小学校研学旅行真正大规模推进和发展仅有几年的时间，大多数

中小学校对研学旅行都有比较深刻的认知；但也有少部分学校的领导、教师对研学旅行的理解存在偏差，甚至有的中小学校教师根本不知晓何谓研学旅行；有的学校在研学旅行实施过程中走了弯路，出现“只旅不学”“只学不旅”“以旅游替代研学”的现象……为了更好地避免以上现象的发生，中小学校提高师生对研学旅行的认知度和重视度刻不容缓。

在教师层面，学校应该加强对教师的培训，通过培训，让老师转变思想，认识到研学旅行对于促进学生全面发展的重要性，从而，老师们能够积极配合学校做好研学旅行工作。比如，研学旅行活动课程实施前，教师要落实三个教育：安全教育、文明教育、文化教育；在课程实施中教师要引导学生主动参与学习实践，做好学生课程辅导，加强和学生之间的交流，帮助学生解决心理问题和知识困惑，做好研学过程中生活、纪律、安全等管理工作；在研学旅行活动课程实施结束后，教师要组织引导学生做好课程成果的输出、评价、总结和应用。

在学生层面，通过学校领导和老师开设专题讲座，让学生明确研学旅行的价值和意义，积极引导学生适应研学旅行这种新的教学形式，引导学生积极配合教师的工作、及时跟老师和家长沟通；让学生熟悉研学旅行活动课程实施的整个流程，引导学生融入到研学旅行的各项活动中，积极探索，认真思考；指导学生认真完成研学旅行中所承担的任务，并且结合自身体会，总结在研学旅行过程中的学习经验、遇到的问题和不足之处。

二、建立保障研学旅行开展的体制机制

研学旅行是中小学校综合实践活动的重要内容之一，也是德育教育内容的一部分。我国中小学校在各级教育行政主管部门的指导下，根据国家政策要求，结合学校各自的教育教学特色以及学生特点，纷纷将研学旅行纳入学校的教育教学体系。

为了更好地推进研学旅行的正向发展，中小学校在提高教师和学生对研学旅行认知度和重视度的基础上，通常情况下，中小学校会组建研学旅行实践委员会（或者研学旅行教研室，或者研学旅行办公室），由学校领导挂

帅；研学旅行实践委员会下设专业小组，主要包括研学旅行活动课程研发小组（以下简称研发小组）、研学旅行活动课程实施小组（以下简称实施小组）、研学旅行活动课程保障小组（以下简称保障小组）。各个小组分工明确，团结协作，共同承担学校研学旅行运行与管理。

研发小组：负责确定具体的研学旅行活动课程目标，根据目标遴选研学旅行基地（营地）或相关资源点，规划研学旅行教育线路，确定研学旅行活动课程的主题，选择活动课程内容等。一般情况下，研发小组由学校各学科教师组成。

实施小组：负责完善研学旅行活动课程实施方案，制定研学旅行教师考核办法和奖惩机制，调动教师的积极性和主动性。一方面通过组织各种形式的培训活动，提升教师研学旅行素养；另一方面，组织好学生的行前课程培训、行中课程实施以及行后课程成果输出和评价。

保障小组：做好研学旅行的后勤保障，比如组织研学旅行承办单位的招标、落实好课程保障要素，等等。

三、选择研学旅行基地（营地）或相关资源点

根据学校课程研发小组确定的研学旅行活动课程目标，选择内容相匹配的安全保障措施到位的研学旅行基地（营地）或相关资源点。在此基础上，听取相关任课教师对基地（营地）或相关资源点选择的建设性意见；再通过问卷调查等具体形式广泛征询学生和非任课教师对研学旅行基地（营地）或相关资源点选择的意见和建议。在综合上述意见和建议的基础上，结合学生学龄段认知水平、接受能力等多方因素，最终选择出最适合需求且最符合师生意见的理想的研学旅行基地（营地）或相关资源点。

四、选择研学旅行服务单位，签订合作合同

研学旅行是利用社会资源进行的校外教育教学活动，涉及交通、住宿、景区、餐饮、保险等多个供应要素。从全国情况看，中小学校在整合采购研学旅行服务保障要素方面并不专业，所以学校的课程保障小组要配合课程研

发小组，在合适的时间内，通过公开招标竞标的方式，选择合适的研学旅行服务单位，签订研学旅行合作协议。

随着研学旅行的快速发展，社会上研学旅行服务公司纷纷成立，但组织实施能力参差不齐，鱼龙混杂。为此，中小学校课程保障小组在选择研学服务单位时，要注重对其品牌知名度、师资力量、活动课程研发能力、服务水平、实战经验等多方面进行详尽考察，以保证研学旅行的顺利实施和圆满完成。

五、（一次具体的）研学旅行活动的课程研发流程

研学旅行是否顺利成功实施，牵涉的方面很多，但研学旅行活动课程研发、设计却是重中之重。

目前，站在课程研发者的角度来看，中小学校研学旅行活动课程的研发，通常有两种情况：一是由学校自身完成课程研发，社会服务单位仅仅有建议权，这种情况目前还不常见；一是在学校研学旅行分管部门的主导下，由社会研学旅行服务单位根据学校的要求完成活动课程研发，这种情况比较普遍。

本书认为，研学旅行是校外的教育教学活动，是对校内教育教学的有益补充，随着研学旅行的不断发展，中小学校通过提升学科教师的“研学旅行素养”，自己完成研学旅行活动课程研发是必然趋势。中小学校自身研发、设计研学旅行活动课程，除了要把握好本书“第三章　研学旅行活动课程研发”的原则和步骤，还要具有学校自身特色。中小学校自身研发一次具体的研学旅行活动课程的业务操作流程如下：

（一）活动课程的研发、设计阶段

针对一次具体的研学旅行活动，首先要建立由学校的主管领导挂帅、由学校研学旅行实践委员会（或者研学旅行教研室，或者研学旅行办公室）的负责人主管、由课程研发小组牵头的活动课程研发团队。

课程研发小组的学科教师是活动课程研发的骨干力量。课程研发小组根据学校教育理念，结合学段要求、学校课程计划、校本学科知识、学生的学

龄特征和兴趣爱好，确定本次研学旅行目标，同时确定研学旅行大致线路和研学旅行主题。之后，选定研学旅行活动课程资源，依据所选定的课程资源属性，在本次研学旅行目标和研学旅行主题的引领下，进行类似单元化课程的单门课程编制、整合，根据确定的研学旅行大致线路的时间和空间条件，调整单门小课在研学旅行线路中的“出场”顺序，由多门小课共同构成本次研学旅行活动课程的主要内容。接下来，本着学生为主体，教师为组织者、参与者和促进者的课堂角色关系，统筹规划研学旅行活动课程的“小课课堂”，设计“观察”“探究”“体验”“思考”“想象”等一系列教学活动和相应的“课堂”教学方式，初步完成研学旅行活动课程方案的研发、设计。

课程研发小组长带领学校相关教师、相关学生，邀请研学基地（营地）或其他资源点的相关人员和研学旅行服务单位的分管人员，一起探讨课程方案的可行性，提出修改建议，再次优化提升，最终完成本次研学旅行活动课程方案的研发、设计。

（二）实地考察对接推演阶段

完成了研学旅行活动课程的设计后，课程研发小组带领相关人员前往研学旅行基地（营地）或其他研学旅行资源点，对当地研学旅行资源进行考察。考察内容主要包括以下几个方面：

①跟当地研学资源单位进行课程内容对接，深度沟通、研讨，取长补短。

②按照活动课程方案，模拟学生的身份，进行全流程的体验，查漏补缺，完善教案。

③考察当地课程保障体系，涵盖交通、住宿、餐饮等基础服务是否能够保障研学旅行的顺利进行，及时排除当地安全隐患，同时做好研学旅行出行安全预案。

六、基于学校育人目标和校本课程构建研学旅行活动课程体系

研学旅行的组织开展，要紧密结合学校的育人目标，严格遵循学校的办

学理念；本着一切为了学生、为了学生一切的服务宗旨，认真研究从低年级到高年级学生的心理特征和接受能力，结合学校的校本课程，课程研发小组统一研发不同学段不同内容的研学旅行活动课程，小学阶段以乡土乡情为主，初中阶段以县情市情为主，高中阶段以省情国情为主；课程内容涵盖优秀传统文化、革命传统教育、国情教育、国防科工、自然生态等多个方面、多个板块，从而构建起多学段、多主题的立体化研学旅行课程体系，丰富学校原来的课程结构，完善学校校内校外相贯通的整体课程体系，凸显学校课程的整体性和综合性，形成一套完整的教育教学运行机制。

这项工作难度比较大，但却是中小学校努力的方向，对于促进学生核心素养的更快提升、推动中小学校教育教学高质量发展具有重要意义。

七、做好研学旅行活动课程的实施

中小学校研学旅行活动课程的落地执行，需要课程实施小组通观全局，精心准备，整体把握，重点实施，分阶段进行。

研学旅行活动课程实施过程中，学校领导和带队老师跟研学旅行服务单位密切配合，遵循安全性和教育性原则，基于课程目标，以安全为前提，未雨绸缪，张弛有度，灵活把控研学旅行的节奏，时时关注学生情绪及心理生理变化，激发学生的学习兴趣，调动学生的主动性和积极性，引导学生们开展主动探究学习，确保活动课程的有效实施。

研学旅行活动课程的实施主要分三个阶段来进行。

（一）行前准备阶段

①学校课程保障小组要制定严格完善的研学旅行管理制度，建立健全各项安全管理制度及安全预案。团队出行前，针对参与研学旅行的工作人员和学生，由课程实施小组组织安全专题培训，包括各个环节的安全教育、研学旅行纪律要求、乘坐交通工具注意事项、景点参观及安全注意事项、餐饮住宿注意事项及礼仪要求等内容。强化安全意识，提高师生对风险及安全隐患的防范与评估能力。

②课程保障小组要监督研学旅行服务单位对于交通工具、住宿和餐饮场所等课程保障要素的选择。课程保障整体上要符合2016年12月国家旅游局发布的《研学旅行服务规范》要求。精准选择大交通，做到旅游巴士专车专用，集中用餐、住宿，购买项目丰富的研学旅行保险，等等。课程保障小组要制定严格的用车、用餐、住宿等安全预案。

③课程实施小组要做好学校带队教师的研学旅行素养提升培训，让学校参与研学旅行活动课程执行的教师熟悉研学旅行教育线路的构成情况，熟知活动课程实施细节和管理责任，掌握关于交通、住宿、餐饮、安全等各方面的专业知识和业务能力。

④课程保障小组要做好研学旅行活动课程的物料准备，协同课程实施小组和研学旅行服务单位做好"报备材料"的准备（"报备材料"主要包括研学旅行请示报告、研学旅行安全预案、研学旅行执行方案，学校带队总负责人的姓名及联系电话，带队教师的姓名及联系电话，研学服务单位的名称等），并及时上报上级教育行政管理部门备案。

⑤课程实施小组协同家委会召开研学旅行活动课程家长说明会，就活动课程安排、安全保障、经费收支等细节进行详细说明，打消家长疑虑，做好收费沟通。

⑥以班主任、任课教师或带队执行教师为依托，向全体参与研学旅行的学生做好课程说明，激发学生们的研学兴趣和参与热情。同时组织好行前培训，以学生为主体，教师为辅助，内容涵盖课题研究、课程内容导读、相关礼仪礼节、研学管理责任等。提出问题，设置疑问，让学生带着问题在研学旅行过程中体验和探究。

⑦课程研发小组再次和研学旅行目的地（资源方）、研学旅行服务单位进行沟通，就在课程前期准备中发现的问题进行讨论、细化、完善，确保研学旅行质量。

（二）课程实施阶段

①严格执行研学旅行安全管理制度，做好研学旅行安全保障。中小学校

要坚持“预防为主，安全第一”的原则，无论学生还是研学旅行活动的服务团队（学校带队教师、研学旅行服务单位的研学旅行指导师、研学旅行生活辅导员、司机等人员），都要严格执行研学旅行安全管理制度，熟知研学旅行安全预案、责任追究制度等内容，做好研学旅行安全保障，将研学旅行过程安全隐患降到最低点。

②课程实施阶段的主角是研学旅行服务单位，研学旅行指导师协调交通、住宿、餐饮和研学旅行资源点，在学校教师和研学旅行生活辅导员的配合下，按照研学旅行的日程安排，细化研学旅行活动的具体方法，妥善处理好突发事件和事故，做好研学旅行活动课程的过程性评价，完成在大自然和社会中的所有课程内容。

（三）课后总结阶段

课程实施小组督促和指导课后总结阶段的工作。

①学生完成研学旅行手册要求的“作业”，整理研学资料，充实并完善研学旅行活动课程任务。

②以小组为单位汇总资料，完成研学旅行报告。对手抄报、资料卡、标本、体验日志、照片、活动视频等研学旅行资料进行归类整理。根据研学主题完成宣传海报、美篇、PPT、视频、标本等展示作品的制作，在全校进行展示，分享成果。通过研学旅行成果分享，锻炼学生的总结与分享能力，进一步加深学生对研学旅行活动课程知识的理解和实际应用。

八、构建完善的研学旅行活动课程评价体系（具体内容参看“第五章　研学旅行评价”）

①建立学生全过程性的综合评价体系。研学旅行的目标是让学生走出家门校门，在研学旅行中开阔视野，增长知识，提升综合素养。所以在研学旅行过程中不仅仅注重研学课题成果的输出，同样还要关注学生在整个过程中的成长，包括生活自理能力、纪律遵守、团队互助协作、旅行礼仪等各个方面。不能只是老师对学生进行评价，同样要让学生开展自我评价，小组、班

级内互相评价。不仅要注重学生个体的评价，同时还要注重合作团队评价。采取柔性评价方式，主要以激励为主，提高学生自信；同时，评价方法也要多样化，不要固化僵硬。

②建立全方位的评价体系。研学旅行评价不能只是针对学生，同样要对研学旅行带队教师、学校的研学旅行活动课程研发小组、保障小组、执行小组、研学旅行服务单位、研学基地（营地）或其他资源点等进行评价。

③纳入家长评价。中小学校要特别重视研学旅行评价中的家长评价。

九、加强学校和家长之间的持续沟通与协调

研学旅行的顺利组织实施离不开家长的支持，目前，我国绝大部分中小学校学生的研学旅行活动经费是由家长买单。自研学旅行实施以来，有部分家长对研学旅行的理解和支持的力度不够，因此，作为中小学校，应该通过以下主要渠道做好跟家长的沟通与协调工作：

①学校要做好宣传工作。在行前，学校可以借助家委会宣传平台，组织好活动课程家长说明会，让家长了解研学旅行活动的各个环节，对收费情况进行说明；在课程进行中，学校要通过多种沟通方式，让家长能看到孩子在研学旅行中的学习生活记录，提高家长的研学旅行的认知度和信任度；在行后，学校应邀请家长参与研学旅行成果输出和评价，让家长亲眼看到孩子在研学旅行过程中的成长和改变。

②学校要发扬民主精神，做到公平、公正、公开，请家长代表参与到研学旅行组织管理中。比如在研学活动的招标工作中，学校请家长代表参与评分评价，对研学旅行承办方进行比较选择等。

③体现自愿性、公益性原则。在研学旅行活动中，学校不得强制学生参与，家长和孩子可自愿选择参与，针对贫困生家庭还要进行政策性减免费用等。

十、注重总结、优化、提升

每次研学旅行活动结束后，学校负责组织和参与研学旅行的相关部门要

召开全员总结大会，结合评价结果，听取各方面的意见和建议，探讨研学旅行过程出现的问题，总结优良的活动经验，对研学旅行活动课程进行优化、提升，为下一次的研学旅行提供更好的经验支持。可以说，每一次研学旅行活动的结束意味着下一次研学旅行活动的开始。

第二节 社会服务单位研学旅行操作实务

中小学校在组织研学旅行过程中，对食宿、交通、基地（营地）及其他研学旅行资源点等供应要素的把控不具优势。目前，中小学校基本采取公开竞标方式，选择专业的社会服务单位作为承办方，在学校的主导下，由承办方具体负责研学旅行的组织与实施。

当下，对中小学校提供研学旅行服务的“研学旅行服务单位”主要有旅行社、教育机构和新成立的研学旅行服务公司；其中，旅行社是研学旅行接待服务的主力军。研学旅行服务单位能够很好地实现对于食宿、交通、基地（营地）和其他研学旅行资源点等研学旅行供应要素的采购，属于研学旅行的中间服务商。本节的研学旅行服务单位不包括基地（营地）和其他研学旅行资源点（具体内容详见本章第三节）。

要想成为一家合格的、专业的、有发展前景的研学旅行服务单位，就必须掌握作为社会服务单位的研学旅行服务操作规范和操作技巧，练就过硬的基本功。

研学旅行服务单位业务操作流程与操作技巧（以研学旅行地接服务单位的业务操作为例）如下：

一、加强研学旅行活动课程研发队伍建设

研学旅行活动课程是研学旅行服务单位的“看家本领”，独特的课程内容和课程体系决定着研学旅行服务单位未来发展的高度。有了特色的研学旅行活动课程，研学旅行服务单位才能引起学校和家长的关注甚至追捧。

研学旅行活动课程研发，需要投入大量的时间和精力，尤其需要具有研发素养的“专业人才”组建一支过硬的研学旅行活动课程研发团队。

研学旅行服务单位的活动课程研发工作主要由计调师负责，应加强公司内部计调师的选拔和“研学旅行素养”培训，使之成为活动课程研发的核心力量；除此之外，还要引入专业研发人才或者聘任兼职的课程研发人才，比如吸纳专业的教育界、旅游界人员以及文案写作人员共同参与活动课程研发，建立一支跨学科、跨行业的活动课程研发队伍，突出公司活动课程研发的人才优势。

二、做好活动课程研发，构建研学旅行活动课程体系

研学旅行活动课程研发队伍的主要工作是研发课程，根据本书“第三章　研学旅行活动课程研发”原则和步骤，研发队伍一方面为单位研发特色研学旅行活动课程；同时，还可以为中小学校和有需要的基地（营地）或其他研学旅行资源点提供课程研发、设计服务，树立公司在业界的品牌形象。

研学旅行是跨学科的综合性实践课程，在研学旅行活动课程研发、设计过程中，研发人员要力求把多种学习方式、多个学习主题、不同学习内容、多门学科进行合理整合和融会贯通，实现活动课程的多样性和综合性。

研学旅行的主体是学生，不同学龄段的学生有着不同的认知水平和思考能力，所以，研学旅行活动课程的内容安排要采取循序渐进的原则。针对不同年龄段的学生，结合学生的兴趣、学习动机、意志品质、认知能力和认知方式，研发人员设计相应的研学旅行活动课程内容，构建从低到高的研学旅行活动课程体系，满足广大中小学生的研学旅行需求。

总之，研学旅行活动课程的研发并不只是建设单一的研学旅行活动课程，研学旅行服务单位应该根据丰富多彩的研学旅行课程资源、不同学段学生的年龄特征和实际需求，多维度、多视角、多学科、多层次地研发研学旅行活动课程，构建完善的多主题多学段立体化课程体系，提升在业界的知名度和信誉度。

三、做好研学旅行活动课程的发布与宣传

（一）活动课程发布

研学旅行活动课程（包含单门课程、课程方案和课程体系）设计完成，接下来就要进行活动课程的发布。目前，研学旅行服务单位的活动课程发布，不像旅行社行业旅游线路产品对外销售那般轰轰烈烈；作为教育教学活动的研学旅行，其活动课程研发、设计工作难度相对较高，各研学旅行服务单位对活动课程相对比较保密，在单位公众号或者微信朋友圈里发布的活动课程，往往不是其全部内容。

（二）宣传或参与竞标，达成合作意向

研学旅行服务单位跟中小学校或者同业达成合作意向的途径通常有二：

①研学旅行计调师完成了研学旅行活动课程的研发、设计，对外联人员进行活动课程相关内容和宣传注意事项的培训之后，由外联人员有针对性地在中小学校、同业合作单位、家委会等群体进行宣传，从而达成合作意向。

②参与中小学校举办的研学旅行承办单位选拔的竞标活动，在竞标中胜出。

对于选择了活动课程的有合作意向的单位或机构，外联人员汇报给本单位的研学旅行计调师，就接下来的合作事宜继续进行详细交流、沟通。

虽然活动课程的宣传一般由专门的外联人员来完成，但对于我国占绝大多数的中小型研学旅行服务单位而言，研学旅行计调师往往承担着活动课程发布和向社会相关群体宣传的任务。

四、洽谈合作，签订协议

当外联（或计调师）的对外宣传有了结果，中小学校或者同业公司有了合作意向，接下来，由研学旅行计调师负责对接、洽谈合作事宜。

根据中小学校或者同业提出的实际需求，结合交通、住宿、饮食、基

地（营地）或其他研学旅行资源点等研学旅行要素供应商的实际情况，研学旅行计调师帮助合作单位认真研发新的课程方案或者修改、完善已有课程方案，直至对方满意。之后，研学旅行计调师跟合作单位相关负责人签订合作协议。

【示范材料】

研学旅行服务单位跟中小学校签订的合作合同示范

研学旅行合同书

主办单位：________________________________

承办单位：________________________________

合同编号：________________________________

合同签订时间：____________________________

主办单位（甲方）：________________________________

承办单位（乙方）：________________________________

为积极推进素质教育发展，提高中小学生核心素养，甲乙双方依据国家相关法律法规，在遵循平等、自愿、公平、诚信原则基础上，就组织学生研学旅行有关事项经协商一致，达成如下合同条款：

一、研学概况

1. 研学旅行时间：____年____月____日至____年____月____日。

2. 研学旅行路线：____。

3. 研学旅行人数：学生____人，甲方随行领导、教师共____人。

4. 乙方指派人员：研学旅行指导师______人，安全员______人，医护人员______人。

二、费用及支付

1. 费用：____元 / 人

合计：____元（大写金额：________）。

2. 最终收费以报价清单实际履行项目及产生费用为准。

3. 支付方式：____。

收款账户：____。

三、服务标准

1. 费用包含：____。

2. 保险：研学旅行参加者法定监护人同意委托乙方代买保险。保险费用包含以下方案：

A. 保险名称：研学旅行专属保险

保险金额：最高保额 50 万元

保险费：50 元

B. 旅游意外险

保险金额：最高保额 10 万元

保险费：20 元

四、合同文件构成

1. 本合同与下列文件是构成本合同不可分割的部分

（1）研学旅行安全预案

（2）研学旅行实施方案

（3）研学旅行手册

（4）费用清单及服务内容

2. 合同内容与文件内容如有冲突时，以最后时间签订的内容为准。

五、甲方的权利与义务

1. 甲方保证其所提供的证件和信息真实有效。因证件无效、证件丢失或者未携带有效证件造成的损失由甲方承担。

2. 研学旅行期间，活动时间较长，活动量较大，甲方参团学生应保证身体状况适合参加研学旅行活动。如甲方参团学生存在糖尿病、哮喘、心脏病、癫痫症、过敏症、传染病、晕动症、精神疾病等各类不适合参加研学旅行的疾病，或属于不适于参加研学旅行的特殊体质，必须提前告知乙方详细信息，经乙方同意并签订特殊版本的家长协议后方可参加。否则一旦发生意外，乙方将出于人道主义，协助甲方参团学生就医，相关费用及法律责任由甲方参团学生自行承担。

3. 甲方参团学生应当遵守研学旅行活动规则，遵守活动及作息纪律，不得擅自离队。

4. 因甲方参团学生故意或过失造成他人人身、财产损失的，甲方参团学生应当承担全部赔偿责任。

5. 甲方参团学生应积极参与研学旅行活动，并在自身能力范围内保护自身人身安全，妥善管理自己的行李物品。

6. 为保证学生安全及行程顺利，甲方委派带队领导 1 名，甲方授权带队领导就行程变更事项与乙方进行协商，做出现场决策。

六、乙方的权利与义务

1. 乙方依照《研学旅行手册》中的行程表履行义务及时预订各项服务，确保行程顺利进行。

2. 乙方承诺履行本协议第四条所列文件中一切乙方应尽的义务。

七、安全责任

1. 乙方应设计具体可行的行程、组织活动、乘坐交通工具、人身保险等方面的安全预案，并提供符合安全标准的各项研学旅行活动的资源设施，做好研学旅行疾病预防和日常安全提醒。

2. 由于乙方的过失，致使甲方参团学生的合法权益遭受侵害的，乙方应承担相应的责任。但下列情况除外：

1）甲方参团学生违反法律法规、公共行为准则，实施按其年龄和认知能力应当知道具有危险性的行为；

2）甲方参团学生行为具有危险性，乙方已经做出安全提示并及时劝阻，但甲方参团学生不听劝阻、拒不改正；

3）甲方参团学生知道自身有特异体质，或者患有特殊疾病，但未提前告知乙方；

4）甲方参团学生严重违反研学旅行活动纪律或者由于自身体质原因产生的伤病治疗及相关费用。

3. 乙方应保证活动的实施，但保留根据具体情况调整行程顺序和时间的权利。

八、不可抗力

1. 不可抗力指不能预见、不能避免并不能克服的客观情况，包括但不限于因自然原因和社会原因引起的自然灾害（台风、雷电、暴雨、泥石流等）、战争、恐怖活动、动乱、骚乱、罢工、突发公共卫生事件、火车停运、景区限流、大学校园暂时封闭、政府部门暂停部分研学活动地点的开放或暂停集体外出活动等。

2. 行程中因不可抗力或意外事件影响研学旅行行程或服务标准的，乙方应当采取补救措施减少损失，未采取补救措施的，应当承担相应的赔偿责任。乙方采取的补救措施应征求甲方的意见；无法形成多数意见或因情况紧急无法征求意见的，由乙方本着学生利益最大化的原则自行决定，但应当就发生不可抗力、意外事件的情况而做出的决定提供必要的说明或证据。因采取补救措施而增加的费用由甲方承担，节省的费用应当退还甲方。

3. 受到不可抗力影响的一方，应尽可能地采取合理的行为减轻不可抗力对履行本合同的影响。因不可抗力影响研学旅行行程的，按照下列情形处理：

1）合同不能继续履行的，甲方和乙方均可以解除合同。合同不能完全履行的，乙方经向甲方作出说明，可以在合理范围内变更合同；甲方不同意变更的，可以解除合同。

2）合同解除的，乙方应当在扣除实际支出的费用后，将余款退还甲方；合同变更的，因此增加的费用由甲方承担，减少的费用退还甲方。

3）因人力不可抗因素危及甲方人身、财产安全的，乙方应当采取相应的安全措施，因此支出的费用，由甲方承担。

4）因人力不可抗因素造成甲方滞留的，乙方应当采取相应的安置措施，因此增加的费用，由甲方承担。

九、违约责任

1. 甲方参团学生取消研学旅行活动，应提前 7 日（包含第 7 日）通知乙方，并承担乙方为研学旅行接待服务已经支付的手续费、无法退回的押金等实际损失，研学行程如包含需要乙方提前预约付费的预留项目费用，乙方有权不予退还相应预支费用；甲方参团学生在出发前 7 日以内（不含第 7 日）取消本期研学旅行活动的，乙方不予退还甲方参团学生任何费用。若火车票或机票已购买的，甲方参团学生应按乙方要求自行办理退票手续或配合乙方办理退票手续，因退票产生的损失由甲方参团学生承担。

2. 因乙方的原因致使甲方参团学生不能参加本期研学旅行活动的，乙方应提前 3 日（不含本日）通知甲方参团学生，并将甲方参团学生预交的全部款项退还，已支付的接待费用由乙方自行承担；乙方未按照协议约定标准提供研学服务的，应当依法承担采取补救措施或者赔偿损失等违约责任。

十、争议的处理

协议履行过程中发生争议，由双方当事人协商解决。协商不成，各方均可向甲方所在地人民法院提起诉讼。

十一、协议效力

1. 本协议需经甲、乙双方签字并盖章后生效。

2. 本协议一式两份，甲乙双方各执一份，具有同等法律效力。

3. 本协议附有：研学旅行费用清单、________________________________

重要提示：学生参加研学旅行活动存在一定的安全风险，请甲方确认甲方人员身体健康，适合参加研学旅行的各项活动，并在研学旅行开始前将甲方的既往病史、药物过敏史或身体、精神方面的不适提前告知乙方。甲方参团人员应严格遵守研学旅行的活动纪律，随时注意安全，并按照研学旅行的统一日程安排参加各项活动。

甲方（学校盖章）：　　　　乙方（单位盖章）：

联系人：　　　　联系人：

联系方式：　　　　联系方式：

签订日期：　年　月　日　　　　签订日期：　年　月　日

五、建设强大的落地执行师资队伍

优秀的研学旅行活动课程，需要优秀的师资队伍进行落地执行，二者相辅相成，缺一不可。研学旅行服务单位的具体落地执行师资主要是指研学旅行指导师。

目前，研学旅行服务单位的落地执行师资队伍主要来源于导游员、拓展教官、在校大学生等渠道，执业水平参差不齐，可谓岗位人才紧缺，研学旅行落地执行师资队伍尚未真正构建；研学旅行落地执行的执业岗位具有综合性和挑战性，岗位人员不仅要懂教育学和心理学知识，还需要具有丰富的跨学科综合素养；不仅要为学生“授业解惑”，还要在研学旅行中把控好食、宿、行等后勤安全保障环节。

研学旅行落地执行师资队伍决定着研学旅行活动课程的既定目标是否能够成功实现，决定着研学旅行计划是否能顺利完成。所以，研学旅行落地执行师资队伍建设十分重要。研学旅行服务单位要从以下几个方面构建研学旅行落地执行师资队伍：

（一）加强对单位内部研学旅行落地执行人才的选拔培养

未来企业的竞争本质上就是人才的竞争。根据企业对岗位人才的需求和研学旅行活动课程体系的实际情况，在研学旅行服务单位内部选拔、培养一支过硬的研学旅行核心执行团队势在必行。

与传统的大众旅游不同，研学旅行的服务对象是中小学生，研学旅行的主要目的是实施教育，所以，研学旅行对于服务的要求也有很大不同。要成为一名真正合格的研学旅行指导师，第一，要有“深厚的教育情怀、前沿的育人理念”，要具有正确的人生观、世界观和价值观，具有良好的职业道德，成为学生的榜样，起到正面的示范作用和引导作用。第二，要有丰富的知识储备，要秉承“活到老，学到老”的理念，不断充实自己，丰富自己。第三，要具备较好的教育教学能力、沟通能力、协调能力、组织能力、管理能力、语言表达能力、发现问题和解决问题的能力。

为此，研学旅行服务单位相关部门要有针对性地选择合适的落地执行人才，并对其进行“缺项”培训和定期培训，促进其作为研学旅行执业人的职业道德素养、知识素养、技能与能力素养的不断提升。

（二）用新思维去构建研学旅行落地执行师资队伍

研学旅行活动课程具有特殊性，对师资队伍的要求也具有特殊性。研学旅行服务单位需要以新思维、新态度构建研学旅行师资队伍。古人云：“术业有专攻”，当今社会分工越来越细，每个人不可能是“全才”，也不可能“上知天文，下知地理”。所以，在研学旅行中除了本单位的研学旅行指导师，还要根据学科课程的特殊需求，选择满足教学需求的专项人才。比如在某博物馆，请某重点学科教授、专家作为专项研学旅行指导师进行授课，在某个景区中选择优秀的讲解员作为研学旅行指导师进行辅导授课，等等，都是非常好的做法。

总之，研学旅行落地执行岗位是一个综合性、全能型、知识型的职业岗位，为保证研学旅行的高质量发展，打造一支知识化、专业化、系统化的高水平的研学旅行落地执行师资队伍至关重要。

六、狠抓研学旅行活动课程实施

研学旅行活动课程实施是整个研学旅行过程中最重要的环节，过程复杂烦琐，细节很多，环环相扣。俗话说“细节决定成败”，研学旅行服务单位要狠抓研学旅行活动课程实施细节，保障研学旅行顺利进行，保障研学旅行的教学效果。

（一）明确实施目标

以研学旅行指导师为代表的工作人员要时刻牢记，研学旅行的总目标是提升学生的核心素养，立德树人，培养“五育并举”的社会主义建设者和接班人。

（二）每个环节都要把“安全第一”放在首位

安全是整个研学旅行活动课程实施的保障，研学旅行指导师及其他相关工作人员，要遵循“安全第一”的原则，落实研学旅行过程中各项安全保障措施，确保学生安全。

（三）把控好研学旅行活动课程实施的服务保障

研学旅行计调师跟中小学校或者同业签订合同后，要即刻跟早已审核过的交通、饮食和住宿等各个研学旅行的供应要素单位签订合作协议，提前对研学旅行活动课程落地执行的各个保障单位提出合作要求。在活动课程落地执行过程中，研学旅行指导师及其相关工作人员，根据前期协议内容，尽心做好每个保障环节的服务。

1. 中小学校之外服务人员的组成

关于研学旅行活动课程实施过程中，中小学校之外服务人员的组成，研学旅行服务单位需要根据学校要求进行选派，以配合学校带队教师做好各项服务工作。每个研学旅行团队的具体要求都不甚一样，针对研学旅行组团服务单位和研学旅行地接服务单位，研学旅行具体落地执行人员的组成一般如下：

①研学旅行组团服务单位。通常情况下，每台车配备一名研学旅行生活辅导员，全程配合学校教师的工作，照顾学生们的饮食住宿，做好学生的管理工作；全团全程安排一名总协调，负责协调和调度，做好团队管理和安全防范工作；全团安排一名安全员，统筹做好团队的安全管理工作；全团安排一名具有执业资格和实战经验的医生。

②研学旅行地接服务单位。通常情况下，每台车配备一名研学旅行指导师，配合学校教师，负责研学旅行活动课程的讲解及活动组织工作；全团配备一名总协调，负责提前落实研学旅行活动课程保障的各个环节，如餐厅、酒店、景区、研学基地等，同时做好团队的管理和安全管理工作。

③研学旅行师资配比具体因团而异。正常情况下，每台车有一名研学旅行生活辅导员、一名研学旅行指导师，根据学校学科教师配比，计算研学旅行中的师资配比。如果按每台车两名学校学科教师，加上研学旅行服务单位的两名研学旅行服务人员，学生按每台车 40 人计，师生配比达到 1∶10，即每 10 名学生，配备 1 名教师。这样，除了方便学生实现自我管理外，还能够有效地保障研学旅行团队的安全，便于研学旅行活动课程的顺利开展和圆满完成。

2. 交通安全保障

研学旅行指导师按照《研学旅行服务规范》中的交通服务标准提供服务，加强交通服务环节的安全防范，向学生宣讲交通安全知识和紧急疏散要求，组织学生安全有序乘坐交通工具。全程随机开展安全巡查工作，并在学生上、下交通工具时清点人数，防范出现滞留或走失。

3. 住宿场所安全服务保障

研学旅行指导师安排学生集中住宿，统一管理。多次检查落实住宿酒店（或者营地学生宿舍）的消防安全逃生通道是否通畅，房间设施是否完好，房间内是否有不良用品等；之后，研学旅行指导师、研学旅行生活辅导员和学校带队老师，指导学生进行逃生演练；同时严格执行住宿管理制度、巡查制度，做好学生住宿期间的各种管理工作。

4. 餐饮安全服务保障

以食品卫生安全为前提，在符合卫生检疫标准的餐厅用餐过程中，研学旅行指导师和研学旅行生活辅导员随时观察学生用餐情况，检查菜品质量，观察是否符合青少年饮食习惯、荤素膳食搭配是否合理、营养是否均衡，及时处理用餐过程中出现的问题。

5. 研学旅行基地（营地）或者其他资源点服务保障

研学旅行指导师要熟悉研学旅行活动课程所涉及的基地（营地）或者其他资源点情况，避开有安全隐患的地方，做好安全提示或警戒工作。根据团队人数、当地当时的天气情况，做好应急预案，处理好可能产生的分流问题，对参观学习的路线进行合理安排。

（四）掌控并执行好研学旅行活动课程的各个阶段的工作

1. 行前，研学旅行服务单位要配合中小学校指导学生做好准备工作

如阅读相关书籍、查阅相关资料、制订学习计划等，进行课堂式课程导入。（备注：如果研学旅行地接服务单位接待的是其他组团团队，此项工作由研学旅行组团服务单位的研学旅行生活辅导员跟学校对接）

2. 行中，研学旅行指导师遵循课程化原则，有效组织活动课程的实施

引导学生参与教育活动项目，指导学生撰写研学旅行日记或调查报告。对于课程中遇到的疑难问题，进行现场答疑解惑，让学生在解决问题的过程中不断进步、提升。

3. 行后工作

行后，通常情况下，由学校老师组织指导学生进行研学旅行的总结和评价，组织学生分享研学心得体会，如组织征文展示、课题报告会、分享交流会等；必要时，研学旅行地接（组团）服务单位的总协调或者研学旅行指导师（研学旅行生活辅导员）前往，协助学校老师做好行后工作。

（五）把握研学旅行活动课程的实施要点

研学旅行指导师作为活动课程落地执行的重要人物，一定要精准把握研学旅行活动课程的实施要点，做到重点突出。（备注：如果研学旅行地接服务单位接待的是其他组团团队，此项工作由组团服务单位的研学旅行生活辅导员协助地接服务单位的研学旅行指导师完成）

①观察学生动向，做好沟通交流，及时了解学生身体状况，提供个性化服务。

②对于研学旅行活动课程方案中的每一节小课，研学旅行指导师都要做到课前有导入、实施有启发、课后有分享，体现趣味性，做到寓教于乐。

③配合学校带队教师，通过多种方式与家长沟通，让学生家长及时了解学生的研学旅行动态。

（六）处理突发事件

由于种种原因，在接团过程中常会出现一些责任性或非责任性突发事件，研学旅行服务单位一方面要制定标准化服务程序，避免事故发生；另一方面，事故发生后，研学旅行指导师要跟学校带队教师和研学旅行执行团体其他人员密切配合，争取把问题全部解决在地接段，不留后患。涉及计划变更的，研学旅行指导师要汇报给研学旅行计调师，及时通知有关部门更改或取消计划，并及时通知下一站的研学旅行服务单位，以维护研学旅行团的利益，尽可能减少损失。

研学旅行指导师在突发事件的处理过程中，应该做好以下方面工作：

①如果突发事件的主体是学生，要以学校带队教师为主导处理事件，研学旅行指导师和研学旅行执行团队其他人员作为辅助为带队教师提供服务；同时，研学旅行指导师还要做好由于突发事件处理带来的各种衔接和联络工作。

②如果突发事件是由研学旅行供应要素原因所致，研学旅行指导师要在其单位研学旅行计调师或者领导的指导和帮助下，在学校带队教师和研学旅行执行团队其他人员的协助下，处理突发事件；研学旅行指导师要把最大限

度地减少研学旅行团队和研学旅行服务单位的损失放在解决问题的首位；对导致出现问题的原因要调查核实清楚并向单位汇报；做好善后工作，写出报告；对团队人员需要出具的合理证明，研学旅行指导师应及时向有关部门报告，并提供必要帮助。

（七）做好研学旅行活动课程评价（参考第五章　研学旅行评价）

七、完成后续工作

研学旅行活动课程结束后，研学旅行服务单位应做好以下工作：

（一）协助学校做好“行后工作”

如果学校在行后总结和研学旅行成果展示中需要研学旅行服务单位配合，那么，参与此团接待的研学旅行总协调或者研学旅行指导师需要前往学校配合工作。（备注：如果研学旅行地接服务单位接待的是其他组团团队，此项工作由研学旅行组团服务单位的研学旅行总协调或者生活辅导员跟学校对接）

（二）审核账单

研学旅行活动结束，研学旅行团队回到学校，研学旅行服务单位的主要工作完成。研学旅行指导师应及时到公司报账，账单按实际发生费用贴票。先送交派团的研学旅行计调师审核，再由分管领导审核签字，最后由总经理签字，方可到财务部门报账（备注：如果研学旅行地接服务单位接待的是其他组团团队，研学旅行组团服务单位的生活辅导员也需要做此项工作）。研学旅行计调师审核时要注意：

①研学旅行指导师（研学旅行生活辅导员）所需上交的出团材料是否齐全。

②研学旅行指导师（研学旅行生活辅导员）所列费用是否为团队行程时间内应该发生的。

③研学旅行指导师报账所用发票是否与团队接待计划中的酒店、餐厅、

景区（点）相对应。

（三）研学旅行指导师（研学旅行生活辅导员）做好收尾事宜

研学旅行计调师要督促研学旅行指导师（研学旅行生活辅导员）做好收尾相关工作。收尾工作主要体现在以下方面：

1. 物品归还

研学旅行指导师（研学旅行生活辅导员）接待研学旅行团之前从单位借走的物品在报账时应一同归还。

2. 资料上交

研学旅行指导师（研学旅行生活辅导员）在研学旅行活动结束后，要将团队质量反馈表、出团总结等相关资料整理后上交单位，以备建档和处理人际关系时用。

（四）做好回访、催款与寄发票工作

①回访。研学旅行计调师或者单位领导应主动及时回访校方或者送团的同行，诚恳征询其对整个研学旅行活动的安排是否满意、有何建议等，表达期盼双方再次合作的愿望。

②跟学校、送团的同行或者其他相关单位结账。

（五）处理好旅游者的表扬与投诉

表扬是研学旅行团对接待人员尤其是研学旅行指导师（研学旅行生活辅导员）工作的肯定，投诉则是研学旅行团对研学旅行活动课程执行表示的不满行为。研学旅行服务单位要正确、及时处理表扬和投诉，有利于员工在工作中扬长避短，不断完善单位接待工作的管理和服务质量。

（六）写出团队总结

研学旅行指导师（研学旅行生活辅导员）要写出出团日志和出团总结。研学旅行计调师也应根据团队情况写出团队总结，找出不足，总结经验教训，

以改进工作。

（七）做好文件归档工作

研学旅行计调师应将研学旅行活动课程方案、安全管理制度、执行方案、安全预案、团队情况、学校情况和送团同行情况等接待资料作为原始资料归档收存，以便于处理公共关系之用。

【示范材料】

研学旅行关键节点的“特色”活动

在研学旅行活动实施过程中，有许多关键节点的活动。学生们结合自身的兴趣和爱好，积极主动参与活动，在真实的情境中，亲身体验，获得认知；通过动手、动脑、动心修正自己的思想和行为，激发创新思维，提高实践能力，提升综合素养。而这些关键节点的活动，在研学旅行活动课程研发时，就要做到心中有数，考虑“特色”活动在整个研学旅行过程中的时间、地点、人物安排等，对各个环节做好充分的准备。

一、研学旅行开营仪式

开营仪式，是研学旅行的一项重要活动。开营仪式，拉开了研学旅行活动的序幕，标志着研学旅行活动的正式开始。

开营仪式的组织实施，前期需要做大量的准备工作，比如：制定开营仪式的活动流程、选择适合的活动场地、选定开营仪式的主持人、教师及学生代表的选定与沟通、活动流程主持词的衔接、物料的准备、背景音乐的选择及拷贝、音响设备及话筒的调试，等等。

开营仪式举行的时间节点，视研学旅行活动的整体安排而定，一般选择在学生抵达研学旅行目的地之后，在第一天的第一站活动地点进行。开营场地的选择，要考虑学校的具体要求，根据参与活动的人数选定，以大学操场或空旷的广场为宜。提前查看活动当天的天气预报，做好应急预案；如遇雷雨天气，活动场地调整至室内操场或酒店会议室，确保活动的安全有序进行。

通过开营仪式，让学生树立团队意识，增强集体观念，提升学生的仪式感，引导学生积极参与研学旅行的各项活动，团结友爱、自理自律、学会尊重、学会分享、学会做事、学会生活。

开营仪式的基本流程如下：

1. 研学旅行生活辅导员主持开营仪式

2. 研学旅行指导师致欢迎词

3. 学生代表发言

4. 学校教师代表发言

5. 主持人及学生代表集体诵读营规

6. 宣布开营

开营仪式上，教师代表的发言内容，要强调研学旅行的活动纪律，着重强调安全注意事项，对学生进行安全教育，同时表达学校及教师对学生在此次研学旅行活动中的期许；学生代表的发言内容，侧重在研学实践活动中，自我践行，自我约束，团结互助，积极参与研学旅行中的各项活动，增长见识，启迪智慧，勇于探索，收获更多的成长与进步。

二、研学旅行闭营仪式

闭营仪式，也是研学旅行活动的一个重要环节，标志着研学旅行活动即将结束。

闭营仪式举行的时间节点，视研学旅行活动的整体安排而定，考虑到学生返程当天比较忙碌，一般选择在学生返程前一天的下午或晚上进行。闭营仪式场地一般选择在酒店会议室或者礼堂，场地规模视团队人数而定。场地要有舞台，配备LED屏幕，提前准备相关设备，并做好调试工作，保证话筒、音箱等能够正常使用。

闭营仪式，以收获成长和感恩践行为主题。通过回顾研学旅行活动中美好的点点滴滴，感恩执行团队老师们的辛苦付出，让学生释放情感，见证收获与成长，留下难忘记忆。

闭营仪式的基本流程如下：

1. 研学旅行生活辅导员主持闭营仪式

2. 学校教师代表发言

3. 学生代表发言

4. 颁奖典礼

5. 汇报演出

6. 感恩教育专题

7. 宣布闭营

三、“争做高铁志愿者”之职业体验

高铁志愿者，是学生在乘坐高铁时，利用行车区间，为高铁其他乘客提供服务的研学旅行体验活动。

本着安全为主、学生自愿参加的原则，服务者和被服务者身份转换，以学生为主、教师辅助的方式，在高铁自出发站出发后，学生主动与所在车厢的乘务员沟通，虚心学习乘务员工作的内容、流程及语言表达技巧，协助乘务员做好所在车厢的服务工作。比如，在高铁行进中，为乘客发放垃圾袋，清扫车厢过道，进行垃圾清理；在高铁停靠站期间，为老弱病残等需要帮助的乘客提供引导入座、协助摆放行李等。

通过高铁志愿者服务，让学生有了高铁乘务员的职业体验。学生通过自己亲身感受，慢慢地学会换位思考，理解了乘务员工作的烦琐与辛苦，更感受到为他人服务、得到别人肯定所带来的快乐。在日后的学习和生活中，尊重他人的劳动，自觉践行环保意识；以给予别人更多的帮助和鼓励为最大的快乐，对有困难的人们爱心融融地伸出援助之手，而且不求回报。对别人对环境少一分挑剔，而多一分欣赏。

第三节　基地（营地）研学旅行操作实务

在我国，基地（营地）（景区）是研学旅行重要的资源依托，是研学旅行体系中能够进行研学旅行活动课程研发、设计的供应方，为广大中小学生研学旅行的开展提供了平台与目的地。

近几年，研学旅行的快速发展对基地（营地）（景区）研学旅行活动课程和研学旅行接待服务的要求越来越高。而我国基地（营地）（景区）研学旅行尚处于起步和发展阶段，活动课程、制度管理、应急处理等方面亟待改进和完善，整体服务水平有待进一步提升，建设高标准、符合中小学生研学旅行需求的基地（营地）（景区）成为刚需。本节以基地（营地）为例展示研学旅行操作实务，人们非常熟悉的景区的研学旅行操作流程跟基地类似，不再单独阐述。

一、研学旅行基地（营地）的含义

研学旅行基地（营地）是指自身或周边拥有良好的餐饮住宿条件、必备的配套设施，具有独特的研学旅行活动课程资源、专业的运营团队、科学的管理制度以及完善的安全保障措施，能够为广大中小学生研学旅行提供良好服务的场所。

本书中的研学旅行基地（营地）主要包括三大类：一是由各级政府部门直接投资建设的研学旅行基地（营地）；二是由各级教育行政管理部门评审公布的研学旅行基地（营地）；三是由社会资本积极介入而建设的不属于上述两类的研学旅行基地（营地）。

二、我国研学旅行基地（营地）发展历程简述

国外营地教育起步较早，发展十分成熟。纵观营地教育发展历程，有150多年营地教育历史的美国堪称营地教育的发源地；俄罗斯营地协会拥有55 000个营地，被认为是全世界营地最多的国家；日本的修学旅行已有130余年历史。

我国基地（营地）建设与运营跟国外营地教育发展有较大区别。我国基地（营地）的建设和发展跟我国基础教育改革密切相关，不同时期实践教育的内涵、定位、要求不同，实践教育课程的内容和实施方式也不同，我国基地（营地）是随着不同时期国家、学校、社会对实践教育的不同认识和不同目标定位的变化逐渐发展起来的。

（一）基础教育改革催生下的我国基地（营地）建设情况

2001 年教育部印发了《基础教育课程改革纲要（试行）》的通知（教基〔2001〕17 号）。通知“二、课程结构”的“5”内容如下：从小学至高中设置综合实践活动并作为必修课程，其内容主要包括：信息技术教育、研究性学习、社区服务与社会实践以及劳动与技术教育。强调学生通过实践，增强探究和创新意识，学习科学研究的方法，发展综合运用知识的能力。增进学校与社会的密切联系，培养学生的社会责任感。在课程的实施过程中，加强信息技术教育，培养学生利用信息技术的意识和能力。了解必要的通用技术和职业分工，形成初步技术能力。

至此，综合实践教育活动首次作为我国中小学生的必修课“亮相”。实践教育的全部价值在全国范围内首次得到深刻揭示和准确定位，实践教育活动开始向规范化、科学化发展。

此次基础教育课程改革，为中学生综合实践教育基地的建设提供了理论依据和政策支撑。

1. 首批全国中小学质量教育社会实践基地“出炉”

① 2011 年 5 月 5 日，教育部发布《教育部关于联合相关部委利用社会资源开展中小学社会实践的通知》。通知“三、分批建立各种类型的全国中小学生社会实践基地”，内容如下；为发挥示范引领作用，教育部将和中央相关部委挖掘课程和社会两个资源，牵动学校和社会两个力量，分别建立可开展某一类专题教育的社会实践基地，推动中小学开展社会实践。主要在公共机构、公共设施、国有企事业单位等建设中华传统文化教育、革命传统教育、法制教育、科学技术教育、文化艺术教育、国防教育、保护环境和节约能源资源教育、安全健康教育以及经济建设和社会发展教育等多方面专题教育的社会实践基地。各地教育行政部门应根据通知要求，积极主动地与各有关部门做好各类社会实践基地的建设和配合工作。

② 2011 年 5 月 27 日，教育部举行新闻发布会，教育部相关部门负责人表示，教育部正联合国务院各部委和有关部门，广泛利用各部门的社会资源，

建立更多面向中小学生、推动中小学社会实践的活动基地，构建中小学生社会实践大课堂。新闻发布会后，教育部和有关部门将开展第一批各类中小学社会实践基地的评选。2011 年底前将对第一批国家级的社会实践基地授牌命名。

③教育部、国家质量监督检验检疫总局下发《关于公布首批全国中小学质量教育社会实践基地名单的通知》（教基一函〔2011〕19 号）（以下简称“通知”）。

为贯彻落实《国家中长期教育改革和发展规划纲要（2010—2020 年）》，探索建立充分利用社会资源开展中小学社会实践的机制，教育部、国家质量监督检验检疫总局联合开展了首批全国中小学质量教育社会实践基地的申报工作。经各地教育行政部门和质检部门推荐，教育部和国家质量监督检验检疫总局联合组织专家评审和实地考察验收，确定中国检验检疫科学研究院等 16 家单位为首批全国中小学质量教育社会实践基地，并于 2011 年 12 月 30 日公布。

“通知”希望全国中小学质量教育社会实践基地发挥示范性带头作用，充分利用现有资源，制订中小学生社会实践活动方案和组织工作方案，认真组织好学生实践活动的接待工作。各地教育行政部门和质检部门要探索建立密切合作的长效机制，加强指导，共同推进中小学质量教育社会实践基地的正常运行和健康发展，为各地中小学质量教育社会实践活动的有序开展提供保障和支持。

【示范材料】

首批全国中小学质量教育社会实践基地名单

中国检验检疫科学研究院

比亚迪股份有限公司

三一集团有限公司

上海汽车集团股份有限公司乘用车分公司

上海电气风电设备有限公司

内蒙古伊利实业集团股份有限公司

海尔集团公司

柳州两面针股份有限公司

一汽轿车股份有限公司

联想（北京）有限公司

江苏出入境检验检疫局轻工产品与儿童用品检测中心

长城汽车股份有限公司

重庆华生园食品有限公司

江苏五爱集团有限公司

南车资阳机车有限公司

咀香园健康食品（中山）有限公司

2. 利用中央专项彩票公益金支持全国各地建设150个示范性综合实践基地

2011年，财政部、教育部印发《中央专项彩票公益金支持示范性综合实践基地项目管理办法》（以下简称“办法”）的通知（财综〔2011〕45号）。

“办法”第一章的第二条和第三条内容如下：

第二条：本办法所称中央专项彩票公益金支持示范性综合实践基地项目（以下简称“项目”），是指2011年至2015年由财政部和教育部安排利用中央专项彩票公益金进行的示范性综合实践基地建设。

第三条：本办法所称示范性综合实践基地，是指以推进中小学生素质教育、提高实践能力为目的，具备室内综合实践区、室外劳动实践区、综合训练区、生活区等基本功能区，可容纳集中食宿，开展学工、学农、生命安全教育等综合实践教育活动的公益性场所。

“办法”第二章的第六条和第七条内容如下：

第六条：项目资金用于支持地级市建设示范性综合实践基地和配置设备。

第七条：示范性综合实践基地的建设标准为平均每个基地3000万元，其中，基本建设为2400万元，设备配置为600万元。

“办法”推动了我国示范性综合实践基地的建设和运营步伐，提升了中小学生的综合实践教育质量。

（二）研学旅行基地（营地）隆重“面世”

2016年11月30日教育部等11部门联合发布《关于推进中小学生研学旅行的意见》的文件后，全国范围内研学旅行活动逐渐开展起来，至2019年底，已成爆发式增长之势。

研学旅行的快速发展，研学实践教育活动的重要载体——研学实践教育基地（营地）的建设、运营与健康发展成为重要的保障。全国各地基地（营地）建设和基地（营地）教育形成快速发展势头，许多大型民营企业也将基地（营地）教育当作“朝阳产业”趋之若鹜。

教育部，各省、自治区、直辖市教育厅，各地级市教委和各县级教育局等各级教育行政管理部门相继出台了相应的研学旅行政策和研学旅行实施细则，陆续遴选并初步构建了国家级—省级—地级市级—县级的研学旅行基地（营地）体系；相关行业组织和社会团体尽心制定相关规范，有效推动了研学旅行基地（营地）的正向发展。

1. 国家级基地、营地情况

（1）第一批全国中小学生研学实践教育基地、营地“面世”

2017年12月6日，教育部办公厅公布了第一批全国中小学生研学实践教育基地、营地名单。在《教育部办公厅关于公布第一批全国中小学生研学实践教育基地、营地名单的通知》（以下简称“通知”）中，明确了基地、营地的遴选程序。此次公布的“基地和营地”名单，是根据《教育部办公厅关于商请推荐“全国中小学生研学实践教育基地”的函》（教基厅函〔2017〕24号）和《教育部办公厅关于开展2017年度中央专项彩票公益金支持中小学生研学实践教育项目推荐工作的通知》（教基厅函〔2017〕25号）的精神，在国家有关基地主管部门和各省级教育行政部门推荐基础上，经专家评议、营地实地核查及综合评定而产生的，最终确定并公布204个单位为“全国中小学生研学实践教育基地”，14 个单位为“全国中小学生研学实践教育营地”。

在“通知”中特别强调，国家有关基地主管部门和各省级教育行政部门要高度重视，坚持“谁推荐谁负责”的原则，全面加强预算管理和绩效管理，履行监管责任，指导本地本行业基地、营地做好项目实施工作，加强资金使用与管理，实现项目支出绩效目标；开发一批育人效果突出的研学实践活动课程，打造一批具有影响力的研学实践精品线路，建立一套规范管理、责任清晰、多元筹资、保障安全的研学实践工作机制，构建以营地为枢纽、基地为站点的研学实践教育网络。各省级教育行政部门要指导各地各校充分利用研学实践教育基地、营地，组织开展丰富多彩的研学实践教育活动，帮助广大中小学生感受祖国大好河山，感受中华传统美德，感受革命光荣历史，感受改革开放伟大成就，激发学生对党、对国家、对人民的热爱之情，提高中小学生的社会责任感、创新精神和实践能力。

各中小学校要结合当地实际，把研学实践纳入学校教育教学计划，根据教育教学计划灵活安排研学实践时间，一般安排在小学四到六年级、初中一到二年级、高中一到二年级，尽量错开旅游高峰期。各地要建立健全中小学生参加研学实践的评价机制，把中小学组织学生参加研学实践的情况和成效作为学校综合考评体系的重要内容。学校要在充分尊重个性差异、鼓励多元发展的前提下，对学生参加研学实践的情况和成效进行科学评价，并将评价结果逐步纳入学生学分管理体系和学生综合素质评价体系。

（2）“100 家青少年综合实践基地”为研学旅行助力

2018 年 7 月，由教育部学校规划建设发展中心、长沙市教育局共同举办的“教育创新，创新教育”系列活动在长沙举行，全国部分高校、研究院所、基础教育领域专家、地方行政部门、中小学校长、企业代表参加了此次活动。

教育部学校规划建设发展中心、南通三建控股有限公司、北京中教法育科技有限公司三方在会议期间就在全国范围内共建 100 家青少年综合实践基地签订战略合作协议。教育部学校规划建设发展中心主任陈锋对全国青少年综合实践基地的建设项目高度重视，并表示青少年综合素质的提升事关国家和民族的未来，科学技术的发展对教育的改革提出了新的挑战，一定要将人工智能、大数据、区块链、物联网等科技创新成果融合到综合实践基地建设中去，切实提升青少年学生的综合素质水平。南通三建控股有限公司董事局主席黄裕辉表示将成立100亿元青少年综合实践基地建设基金，为各地青少年综合实践基地建设提供充足的资金支持，采用政府购买社会力量服务的方式，与全国各地级市政府、教育局合作共建与运营100家青少年综合实践基地，为青少年综合素质的提升提供创新性校外学习场所。

青少年综合实践基地旨在打破传统的单一的课堂面授，探索解决教育发展中的一些瓶颈问题，推行因应知识经济、数字经济和网络社会学习需求的新模式。青少年综合实践基地将与时俱进，不断探索，从我国国情出发，顺应潮流，主动积极推进教育模式的创新和改革，为培养更多符合时代要求的合格人才而砥砺前行，为实现中国教育梦增添亮丽的色彩。

（3）2018年全国中小学生研学实践教育基地、营地“出炉”

2018年10月31日，教育部办公厅公布了2018年全国中小学生研学实践教育基地、营地名单。在《教育部办公厅关于公布2018年全国中小学生研学实践教育基地、营地名单的通知》（以下简称《通知》）中，明确了基地、营地的遴选程序。此次公布的“基地和营地”名单，是根据《教育部办公厅关于商请推荐“全国中小学生研学实践教育基地”的函》（教基厅函〔2018〕44号）和《教育部办公厅关于开展“全国中小学生研学实践教育基（营）地”推荐工作的通知》（教基厅函〔2018〕45号）的要求，在中央有关部门和各省级教育行政部门推荐基础上，经专家评议、营地实地核查及综合评定而产生的，最终确定并公布377个单位为“全国中小学生研学实践教育基地”，26个单位为“全国中小学生研学实践教育营地”。

《通知》特别强调，国家有关基地主管部门和各省级教育行政部门要高度重视，坚持“谁推荐谁负责”的原则，全面加强预算管理和绩效管理，履行监管责任，指导本地本行业基地、营地做好项目实施工作，加强资金使用与管理，实现项目支出绩效目标。基地、营地要开发一批育人效果突出的研学实践活动课程，打造一批具有影响力的研学实践精品线路，建立一套管理规范、责任清晰、筹资多元、保障安全的研学实践工作机制，构建以营地为枢纽、基地为站点的研学实践教育网络。各地各校要在当地教育行政部门的指导下充分利用研学实践教育基地、营地，组织开展丰富多彩的研学实践教育活动，着力在坚定理想信念、厚植爱国主义情怀、加强品德修养、增长知识见识、培养奋斗精神、增强综合素质上下功夫，提高中小学生的社会责任感、创新精神和实践能力，促进学生德智体美劳全面发展。

2. 省级基地、营地情况

2016 年 11 月 30 日教育部等 11 部门联合发布《关于推进中小学生研学旅行的意见》的文件后，各省、自治区、直辖市教育行政主管部门在认真学习领会文件精神的基础上，制订省级研学旅行工作实施方案，为各地级和县级教育行政管理部门制订研学旅行工作实施方案提供依据和政策支撑。在一系列的文件中，明确指出进行各地研学旅行基地（营地）建设。

安徽省、江苏省、山东省、四川省、浙江省、河南省等全国多个省份分别评审并推出本省省级研学实践教育基地、营地，用以满足本省省情研学旅行的需求。以山东省为例，2017 年 7 月 4 日，山东省教育厅等 12 个厅级单位正式出台《山东省推进中小学生研学旅行工作实施方案》，在方案的第“四、主要任务”中的“（五）”，明确指出进行研学旅行基地建设内容如下：根据研学旅行育人目标，结合域情、校情、生情，依托自然和文化遗产资源、红色教育资源和综合实践基地、大型公共设施、知名院校、工矿企业、科研机构等，遴选建设一批安全适宜的省、市、县三级中小学生研学旅行基地，开展研学旅行先行示范区和研学旅行基地创建活动，探索建立基地的准入标准、退出机制和评价体系。依托“好客山东”十大文化旅游目的地各类资源，建设一批知识科普型、体验考察型、励志拓展型、自然观赏型、文化康乐型研学旅行基地。以研学旅行基地为重要依托，积极推动资源共享和区域合作，打造一批省、市、县三级示范性研学旅行精品线路，逐步形成布局合理、互联互通的研学旅行网络。认定一批有资质、信誉好的企业或机构，明确委托企业或机构承担学生研学旅行安全责任，委托其协助学校开展研学旅行活动。

2018 年初，山东省教育厅发布了《关于公布第一批全省中小学生研学实践教育基地名单的通知》，经专家评议，65 个单位被评为第一批“全省中小学生研学实践教育基地”。

3. 地级市级

在省级研学实践教育基地、营地评审并公布的基础上，全国多个省份的地级市纷纷评审并公布市级研学实践教育基地，以满足县情市情研学旅行的需求。

（三）我国研学旅行基地（营地）发展现状

截止到目前，我国研学旅行基地（营地）建设和发展已经取得了一定的成绩。研学旅行基地（营地）研学资源丰富多彩，已经形成了传统文化、革命传统、国情教育、国防科工、自然生态五大板块；研学教育实践基地层次不断丰富完善，逐步构建了国家级—省级—市级的研学实践教育基地（营地）体系。

但目前，关于研学旅行基地（营地）的建设、运营与发展，国家尚没有出台统一的规范标准。所以，我国研学基地（营地）也存在着一些需要尽快改进的方面，比如，我国研学基地（营地）地域分布不均匀，现有的基地（营地）在数量上满足不了研学旅行快速发展的要求，部分作为研学实践教育基地的景区在研学旅行活动课程设置上出现了“重游轻学”的现象，部分基地（营地）的安全保障还不能到位，研学旅行基地（营地）的建设、运营还没有形成规模效应，等等。

我国教育部门和相关部门文件的公布和执行，使中小学生研学旅行在基地（营地）的选择方面有了依据和目标；诸多由国家投资或者社会资本介入的研学旅行基地（营地）正在建设或者运营中。各研学旅行基地（营地）应该充分发挥地域资源优势，借鉴和学习国外营地建设、运营经验，为研学旅行提供丰富多彩的项目与活动课程，注重营地氛围的营造与安全措施的落实，重视与政府部门的沟通与合作，保证为广大中小学生的研学旅行提供最好的服务，让中小学生在实践中学习，在快乐中成长，有实实在在的获得感、安全感和幸福感，从而真正实现我国研学旅行的工作目标。

【拓展知识】

营地教育特点

营地教育是“一种在户外以团队生活为形式，并能够达到创造性、娱乐性和教育意义的持续的体验。通过领导力培训以及自然环境的熏陶，帮助每一位营员达到生理、心理、社交能力以及心灵方面的成长”。（1998年，美国营地协会定义）

营地教育的理论基础主要是卢梭、裴斯泰洛齐和福禄贝尔的自然主义教育理论、杜威的经验教育理论（在“做中学”）和皮亚杰的建构主义理论。根据上述理论归纳出营地教育特点，主要有以下几个方面：一是情境性，即营地教育基于真实、开放的学习环境。二是社会性，即营地教育以团队作为学习的组织形式，同学之间、师生之间相互交往、相互影响、相互促进。三是综合性，即营地教育以问题解决为导向，整合多学科知识，整合人与环境的各种要素。四是开放性与生成性，即在营地教育过程中，新的目标不断生成，新的主题不断生成，学生的认识和体验不断加深，创造性的火花不断闪现。五是自主性，即营地教育尊重学生的兴趣、爱好，为学生主体性的充分发挥开辟空间，学生是活动的主体，他们自己选择学习的目标、内容、方式，自己决定活动结果的呈现形式，指导教师仅仅作为协助者给予其必要的指导。六是体验性（实践性），即营地教育是一种体验性学习，具有体验性学习的一般特点，如：它是一种过程，而不是结果；是用辩证方法不断解决冲突的过程；是个体与环境之间连续不断地交互作用的过程；是实现个人知识与社会知识之间转换的过程等。

三、研学旅行基地（营地）建设的基本原则

（一）教育性原则

习近平总书记在2018年的全国教育大会上提出我们的教育要在六个方面

下功夫:“要在坚定理想信念上下功夫，在厚植爱国主义情怀上下功夫，在加强品德修养上下功夫，在增长知识见识上下功夫，在培养奋斗精神上下功夫，在增强综合素质上下功夫”，这是未来教育需要着力去研究和解决的问题，也是教育发展的方向，研学旅行也必须在这六个方面去彰显教育的价值。

研学旅行作为校外教育教学活动，必须要遵循教育规律，突出其教育目的和学生成长指向。通过研学旅行，学生不仅能收获知识和快乐，更重要的是在“六个下功夫”方面培养学生的综合素养。

作为研学旅行活动的基地（营地），要依据自己的资源特点，找准定位，确立基地（营地）的研学实践教育主题。要遵循“教育思维先行”的原则，结合青少年身心特点、接受能力和实际需要，在建设和运营中深挖基地（营地）教育内涵，结合课本知识和校内教育教学情况，提供具有教育性、知识性、趣味性、科学性的课程内容，为青少年的成长提供更为宽广的空间。

（二）实践性原则

研学旅行是区别于常规校内教育的重要教育形式。研学旅行是让学生走出教室，走向大自然和社会，让学生在亲力亲为的实践和体验中增长知识、拓宽视野、了解社会、亲近自然，实现人文素养的内化，因此实践性和体验性是研学旅行的重要特征。

基地（营地）需要针对研学旅行的特点进行建设、规划，在资源点的建设方面要依据考察探究、设计制作、职业体验、社会服务等方面有针对性地设计，充分体现实践性和体验性特征。要精心设计和安排研学实践活动，让学生有动脑、动手和表达的机会，引导学生一起活动，共同体验，相互研讨，培养团队合作能力和社会实践能力，使得基地（营地）教育与校内教育教学真正实现有效互补。

（三）安全性原则

安全是整个研学旅行课程方案实施的保障，没有安全就没有研学旅行。以接待研学旅行业务为主的基地（营地），在建设过程中要远离地质灾害或其他危险区域，排除意外隐患，任何具有一定风险系数的资源点都不适合建设研学旅行基地（营地）。

在运营过程中要制定完整的接待方案和安全应急预案；配备安全保障设施，建立安全保障机制，明确安全保障责任，落实安全保障措施，确保学生安全。

研学旅行基地（营地）在建设、运营和发展的过程中要始终坚持“安全第一”的原则。

（四）公益性原则

公益性是教育的根本原则，研学旅行是校外教育教学活动，是素质教育的一个重要环节，具有公益性质。因此，基地（营地）的建设、运营和发展要充分考虑研学旅行教育活动的公益性特征。

按照建设的资金来源，目前，我国能够开展研学旅行的基地（营地）可以分为两类：一类是由各级政府部门投资建设的基地（营地），这类基地（营地）有相应的运行经费支撑，能够确保研学旅行实践活动的公益性。一类是由社会资本积极介入而建设的基地（营地），社会资本具有逐利性特征，所以，在基地（营地）建设中一定要明确基地（营地）研学实践活动的公益性特征。研学基地（营地）的公益性教育功能大于营利性功能，只有真正有教育情怀的投资人才适合建设并运营研学基地（营地）。

研学旅行基地（营地）在实际运营过程中，应将社会效益放在首位，对经当地相关主管部门核准为贫困家庭的贫困生适当减免费用。

四、基地（营地）研学旅行操作流程及操作技巧

（一）本着“安全第一”的原则，做好基地（营地）全方位安全管理

为研学旅行团队提供服务的基地（营地），一定要本着“安全第一，没有安全就没有研学旅行”的宗旨，做好接待服务所涉及的每个环节的安全管理制度和安全应急预案的制定工作，做好安全检查、意外事故排查等工作，从

以下几个方面强化安全管理：

①参加研学旅行的人员应该全程投保意外保险。

②基地（营地）必须坚持预防高于善后的原则，做好安全预防。制定安全应急预案，做好风险识别，提前排除、提前应对。

③基地（营地）要制定全方位安全管理制度，将每个细节的安全责任落实到人，构建起安全保障体系，更好地提高安全保障的满意度。

④安全小喇叭、安全视频、安全标语、无处不在的安全提示等安全保障措施要精准到位。基地（营地）要采取全封闭式管理。

⑤针对每个具体的研学旅行团队，基地（营地）应该安排专门的安全员，跟研学旅行指导师、研学旅行团队的随队医生、组团公司的研学旅行生活辅导员和学校的带队教师协同联动，确保研学旅行团队人员的安全。

（二）强化基地（营地）研学旅行师资队伍建设

1. 基地（营地）研学旅行师资队伍岗位构成

通常情况下，基地（营地）的业务范围比较宽泛，其中中小学生的研学旅行是其核心业务之一。为此，基地（营地）都会设立专门的研学旅行业务部门（以下统称为研学旅行部）负责研学旅行业务。研学旅行部的工作岗位一般包括部门领导岗位、研学旅行计调师岗位、研学旅行外联岗位、研学旅行指导师岗位和研学旅行专业技术服务师岗位［主要是指研学旅行活动课程实施所需要的基地（营地）供应要素服务人员岗位］。各岗位工作人员在领导和计调师的统一协调下，认真负责，团结协作，共同完成基地（营地）的所有中小学生研学旅行业务。

2. 注重研学旅行活动课程研发、设计师资队伍建设

在基地（营地），研学旅行活动课程研发是一项非常重要的工作，主要由研学旅行计调师承担，研学旅行计调师是整个研学旅行基地（营地）的灵魂人物。目前，有条件的基地（营地）都组建了负责课程研发、设计的计调师队伍，并对研学旅行活动课程推陈出新，使课程丰富多样。没有能力培养研发队伍的基地（营地），可以将研学旅行活动课程的研发、设计以项目形式整

体外包，请社会上专业的研学旅行活动课程研发团队为其量身打造。

3. 加强研学旅行落地执行师资队伍建设

一流的研学旅行活动课程需要优秀的落地执行团队实施。研学旅行指导师是基地（营地）研学旅行活动课程实施的核心人物。目前大部分研学旅行基地（营地）的落地执行师资是由讲解员转变而来，因为讲解员有着对游客服务的“惯性”，这些所谓的“惯性”恰好不适合中小学生的研学旅行。所以，基地（营地）需要加强对即将转做研学旅行指导师的讲解员的培训，转换思维，摒弃传统灌输式讲解方式，使之成为合格的研学旅行指导师。

当然，研学旅行基地（营地）的落地执行师资也可以采用开放式方式招贤纳士，研学旅行部的领导会同基地（营地）的人事部门，在广大社会群体中选择转化研学旅行活动课程的落地执行人才，只要具备与研学旅行活动课程相匹配的专业优势，符合研学旅行活动需要，就可以招纳为兼职研学旅行指导师。

专职研学旅行指导师跟兼职研学旅行指导师共同构成了基地（营地）专兼职融合的落地执行师资团队，这是研学旅行活动课程真正高质量实施的人才保障。

（三）研发、设计研学旅行活动课程，构建基地（营地）活动课程体系

研学旅行活动课程和课程体系是研学旅行基地（营地）的“灵魂”，是其魅力所在。活动课程研发、设计的整体思路要符合本书“第三章　研学旅行活动课程研发”的要求。除此之外，基地（营地）的研学旅行活动课程研发、设计还要具备自身鲜明的特色，主要体现在以下几个方面：

1. 在研学旅行活动课程研发、设计中，对研学旅行指导师的讲解词内容要点和表达方式要进行精心设计

研学旅行指导师的讲解词和基地（营地）讲解员（或称导游员）的讲解词有明显不同。目前，我国部分基地（营地）的研学旅行指导师大多是由讲解员经过培训后转变而来，切忌用对一般游客服务的讲解方式和讲解内容对

待研学旅行团队的学生们；要站在教育的角度，考虑中小学生本身的特点，对讲解内容和讲解方式进行精心设计。

2. 基地（营地）自身研发、设计研学旅行活动课程时，要凸显教育特征

要跟中小学校校内教育课程相衔接；要做到“目标明确，立意高远，主题鲜明，内容合理，极具特色，寓教于乐，实践性强”；还要考虑到是否有利于研学旅行服务单位对学生进行全过程和多主体的研学旅行评价。

3. 基地（营地）自身研发、设计研学旅行活动课程时，要实现一项或多项能力或素养的培养

①学生体能和生存适应能力（可以通过徒步、露营、拓展、生存与自救训练等活动培养）。

②学生自理能力和动手实践能力（可以通过综合实践、生活体验训练、内务整理、手工制作等项目养成）。

③学生爱党、爱国、爱社会、爱人民的情感素养（可以通过各类红色资源点的参观、讲座、诵读、阅读等活动养成）。

④学生的情感表达能力、团结协作能力和纪律约束能力（可以通过思想品德养成教育活动以及角色扮演、情感互动、才艺展示等活动养成）。

⑤学生的科学素养和观察能力（可以通过参观自然生态景观、农业试验田、实验室、专题博物馆、科研机构等形式培育和养成）。

4. 构建基地（营地）研学旅行活动课程体系

基地（营地）的研学旅行资源点丰富多样，且地域特征明显，具备构建课程体系的基础。以济南“天下第一泉”旅游风景区的趵突泉景区为例，趵突泉景区本身具备泉水文化、宋词文化、红色文化、地质环保知识等课程要素，因此趵突泉景区可以构建一套多主题的研学旅行活动课程体系。

基地（营地）自身要研发不同主题的多门特色课程，构建多主题、模块化课程体系。基地（营地）要针对不同年龄段学生的认知能力、学科教育特征，研制统一主题下不同学段的研学旅行活动课程（比如：同一个主题，针对小学生研发认知课程，针对初中生研发引导、探究课程，针对高中生研发深度探索课程），构建全学段活动课程体系。

最终，基地（营地）可以构建起具有自身特色的多主题、全时段研学旅行活动课程体系，提升在业界的竞争力。

（四）设计基地（营地）研学旅行教育线路

基地（营地）研学旅行教育线路包括基地（营地）内部研学旅行教育线路（或称为研学旅行活动课程方案）和内外结合的基地（营地）综合性研学旅行教育线路（或称为研学旅行活动课程方案）。

基地（营地）的研学旅行计调师要广泛了解、认真分析中小学校的研学需求，根据研学旅行目标，从学生的实际需求出发，在基地（营地）课程体系中，选择出最适合、最匹配的多个主题的单门研学旅行活动课程，在充分考虑基地（营地）规划和配套设施实际供给情况的基础上，规划形成针对性、可操作性、安全性较强的基地（营地）内部研学旅行教育线路（或称为研学旅行活动课程方案）。

同时，研学旅行计调师要根据基地（营地）课程研发情况和课程体系构建的实际，结合研学旅行活动课程资源的时间和空间，关注基地（营地）周边资源及环境情况，在保证路线设置便捷、合理，与基地（营地）研学主题协调一致的情况下，进行通盘考虑，整体规划，研发、设计一日、二日、多日等多条内部路线和外部路线相结合的综合性研学旅行教育线路（或称为研学旅行活动课程方案）。

（五）畅通基地（营地）研学旅行业务的运营链条

研学旅行部承担整个基地（营地）的研学旅行业务。研学旅行计调师承担着基地（营地）研学旅行活动运营的协调和调度工作。

①在运营管理中，研学旅行计调师团队研发设计基地（营地）研学旅行活动课程、构建研学旅行活动课程体系、策划研学旅行教育线路。

②研学旅行外联人员负责将研学旅行计调师团队的作品对社会相关单位宣传，让中小学校、同行的基地（营地）和社会研学旅行服务单位深入了解基地（营地）的研学旅行活动课程及研学旅行教育线路，了解落地执行的所

有细节，从而达成合作意向。

③研学旅行计调师跟合作方签订合作合同。

A. 研学旅行计调师支持合作方对于课程的选择使用。研学旅行是行走的课堂，一般情况下，一个独立的研学旅行基地（营地）不会成为中小学校研学旅行活动课程内容的全部，而是作为学校研学旅行活动课程方案的组成部分。中小学校、研学旅行服务单位或同行基地（营地）可能从研学旅行基地（营地）课程体系中选择跟学校研学旅行目标相吻合的几门课，植入到研学旅行活动课程方案中；也可能直接对基地（营地）的课程资源进行整合，开发出适合学校研学旅行目标的研学旅行活动课程。研学旅行计调师要支持合作方对于活动课程的选择要求，满足合作方的需要。

B. 合作双方确定了基地（营地）活动课程事宜后，就接待细节方面进行详细的沟通、交流，接下来，研学旅行计调师跟合作方签订合同。

④研学旅行计调师安排、落实具体负责活动课程实施的研学旅行指导师，协调基地（营地）内（或外）住宿、餐饮、交通和研学点等相关部门，要求各相关部门相关人员详细做好各种接待准备工作。

⑤在每个研学旅行团队到达之前的合理时间段，基地（营地）研学旅行部门负责人要按照研学旅行签订的协议内容，进行针对性的接待前“推演式”培训，找出问题与差距，及时改善和优化。通过培训，研学旅行指导师能够熟悉团队师生情况、团队课程内容的重点难点，熟悉落地执行中的各种管理制度和注意事项，从而准备相应的教学方法；各相关接待部门的工作人员有针对性地做好各种准备，确保研学旅行团队的教育教学质量。

【示范材料】

研学旅行基地（营地）跟研学旅行承办单位或者同行的基地（营地）签订的合作协议

研学旅行服务协议

合同编号：

乙方：××等人（名单可附页，需甲方和乙方代表签字盖章确认）

甲方：

甲方业务经营许可证编号：

合同双方已详细阅读《研学旅行服务协议》，并保证知晓通用条款的有关内容，协议条款未尽事宜按照通用条款有关条款执行。（乙方签字确认：　　）

为保证研学旅行接待服务质量，明确合同当事人的权利义务，根据《中华人民共和国合同法》及《中华人民共和国消费者权益保护法》等有关法律法规的规定，甲、乙双方经友好协商，就学生研学旅行接待服务工作事项达成如下协议：

一、合作内容

1. 甲方为乙方的研学旅行业务提供相应的运营接待服务及教育课程实施服务。

2. 乙方在研学实践活动开始前，需确认参加此次活动的人员名单、基本情况（如学习情况、身体状况、性格特征）等信息，约定活动展开时间等内容。在确定名单信息后，乙方确定行程计划，并将计划的活动时间、项目内容、项目价格、食宿安排等关于服务及安保计划的明细在计划规定研学日期前××个工作日交于甲方确认。

二、合作时间

____年____月____日至____年____月____日

三、双方责任和义务

（一）甲方的责任和义务

1. 甲方是经国家旅游局批准许可经营，工商行政部门注册登记，并缴纳足额旅游质量保证金，具有独立法人资格专门从事旅游业务的企业（等级、诚信度及近三年内是否有重大投诉记录、不良记录、经济纠纷及安全责任事故需要向乙方披露告知）。

2. 甲方在接待期间，必须严格按照相关旅游法律法规执行，并根据乙方的接待要求，适时适当地安排餐饮、住宿、课程实施、研学点参观、研学旅行指导师服务等方面的优质服务。具体接待要求，由乙方以书面形式在合同签订前与甲方进行确认并逐项落实。

3. 甲方所安排的餐厅、住宿、课程实施、研学点、研学旅行指导师等，必须持有或拥有合法的资格证件，符合国家旅游法规和交通法规的相关规定。

4. 接待期间，甲、乙双方的接待内容（包括交通工具、餐饮标准、住宿地点、住宿标准、研学旅行活动课程、研学旅行指导师、驾驶员等）不能随意改动，如遇不可抗力因素变更接待内容的，应争取乙方同意。

（二）乙方的责任和义务

1. 乙方是经国家旅游局批准许可经营，工商行政部门注册登记，并缴纳足额旅游质量保证金，具有独立法人资格专门从事旅游业务的企业（等级、诚信度及近三年内是否有重大投诉记录、不良记录、经济纠纷及安全责任事故需要向乙方披露告知）。

2. 乙方在接待期间，必须严格按照相关旅游法律法规执行，并根据甲方及校方的接待要求，适时适当地安排交通、餐饮、住宿、研学旅行活动课程实施、研学点参观、研学旅行指导师服务等方面的优质服务。具体接待要求，由乙方以书面形式在合同签订前与甲方进行确认并逐项落实。

3. 乙方所安排的交通工具、驾驶员、随行的研学旅行指导师等，必须持有或拥有合法的资格证件，符合国家旅游法规和交通法规的相关规定。

4. 接待期间，甲、乙双方的接待内容（包括交通工具、餐饮标准、住宿地点、住宿标准、研学旅行活动课程、研学旅行指导师、驾驶员等）不能随意改动，如遇不可抗力因素变更接待内容的，应争取乙方同意。学生或者家长擅自离团或主动离团的，乙方应立即通知甲方。

5. 乙方向甲方支付相关服务费用。（费用明细见附件）

四、安全责任

（一）甲方安全责任

1. 甲方负责所有参加研学旅行实践活动的学生及随行人员进入甲方所属范围（研学实践地、课程实施范围、甲方承担的研学点等）后的所有安全工作（包括但不限于住宿、餐饮、课程实施、研学点参观学习等），如若在甲方安全责任范围内发生安全意外事件，甲方应立即送至就近的医疗机构治疗，并垫付相关费用，同时对乙方造成的损失进行安全赔偿。

2. 接待期间，甲方保障参加研学旅行实践人员的人身和财产安全，对研学旅行活动过程中可能危及参加人员人身、财产安全的情况，甲方应事先说明或者明确示警，并采取防止危害发生的措施。

3. 甲方若将研学实践课程接待过程中餐饮、用车、住宿、活动课程实施等相关辅助事宜委托给有资质的第三方具体执行，如出现安全事故，甲方对第三方承担连带责任。

（二）乙方安全责任

1. 乙方负责所有参加研学旅行活动的学生及随行人员自始发地（接到学生）至目的地（学生安全交接到学校或者家长）途中的安全保障，为其购买整个研学旅行活动期间的旅行责任险、旅游伤害意外险及其他相关险别。如若中途发生安全事故：（1）始发地往返目的地途中，由乙方及时送往就近医疗机构，并垫付相关医疗费用。同时启动《旅行社责任保险条例》及《游客意外保险条例》予以垫付。（2）在甲方所属范围（基地、活动课程实施范围、甲方承担的研学点）内，由乙方陪同甲方一同前往就近医疗机构治疗，并协调后期保险事宜。

2. 乙方负责甲方所属范围以外的研学点安全保障工作，如出现安全事故，由乙方全权负责。

3. 乙方负责全部交通安全保障工作，如出现交通事故，由乙方全权负责。

五、结算及付款方式

（一）结算内容：包括但不限于餐费、住宿费、活动课程实施费、研学点门票、研学旅行指导师服务费等，最终结算内容以实际产生费用为准。

（二）结算方式

1. 订金：活动开始预付订金（大写）____元。

2. 费用：除由订金冲抵的活动费用外，每期活动结束后支付到甲方指定账户。

六、违约责任

1. 甲方未按照双方约定的接待标准为学生及随行人员提供服务，或者甲方擅自变更接待内容，造成乙方损失的，由甲方向乙方赔偿全部损失。

2. 因乙方原因未按照双方约定计划执行研学旅行活动方案，给甲方造成损失的（包括但不限于房间预留、门票预订、活动课程费用等），由乙方向甲方赔偿全部损失。

3. 甲方提供不符合国家法律规定的接待人员、交通工具及研学接待项目的，乙方有权提出纠正，造成乙方损失的，乙方可要求甲方赔偿。

4. 乙方在研学旅行计划中的约定人数外擅自增减人数或在计划执行期间强制要求改变计划，给甲方造成损失的，由乙方向甲方赔偿全部损失。

5. 如因不可抗力导致协议无法正常履行的，双方互不承担违约责任，应友好协商予以解决。不可抗力事件发生后，知情方应立即通知另一方。

七、争议的解决方式

本合同履行过程中发生争议，由双方协商解决；亦可向合同签订地的旅游质监执法机构、消费者协会、有关的调解组织等有关部门或者机构申请调解。协商或者调解不成的，按下列第____种方式解决：

1. 提交市（区）仲裁委员会仲裁；

2. 依法向人民法院起诉。

八、其他

1. 本协议一式两份，双方各执一份，具有同等法律效力，自双方当事人签字或者盖章之日起生效，有效期一年，协议期满后双方另行签订协议。协议正件（含附件）和传真件（所有来往文书、资料）具有同等法律效力。

2. 本协议执行期间，双方往来发送的研学旅行活动课程计划、接待计划、接待人员名单、财务单证等，均是本协议的重要组成部分，与本协议具有同等法律效力。

3. 双方依法登记的工商营业执照、税务登记证、经营许可证复印件应作为本协议的附件提供。

4. 协议未尽事宜本着平等互利原则，另行签订补充协议。

5. 本协议履行过程中发生争议，双方应当友好协商解决。

6. 其他约定详见附件。

乙方：（代表人签字）　　　　甲方：（盖章）

经办人：（签字）　　　　经办人：（签字）

____年____月____日　　　　____年____月____日

附件

学生：

1. 餐费：×× 元 / 人 / 餐 *2 正餐
2. 住宿：×× 元 / 人 / 床位（含早餐）
3. 三个单门课程：×× 元 / 人
4. 研学旅行指导师费：×× 元 / 人 *2 天
5. 特殊场馆讲解：×× 元 / 人

合计：×× 元 / 人，打包价：×× 元 / 人

成人：

1. 餐费：×× 元 / 人 / 餐 *2 正餐
2. 住宿：×× 元 / 人 / 床位（含早餐）

合计：×× 元 / 人，打包价：×× 元 / 人

（六）基地（营地）研学旅行活动课程落地执行

前期的准备工作完成，研学旅行团队如期到达，基地（营地）的接待人员（项目组长、研学旅行指导师和安全员）到位，在研学旅行指导师接团后，在基地（营地）的研学旅行活动课程落地执行正式开始。

一般情况下，研学旅行团队以班级为单位，每位研学旅行指导师负责一个班级，在学校带队教师和研学旅行服务单位生活辅导员的协助下，实施基地（营地）的研学旅行活动课程方案，处理突发事件。

在研学旅行指导师接团的同时，研学旅行计调师早已协调、安排的与研学旅行团队接待业务相关的住宿、餐饮、医疗救助、安全管理等多个方面的服务也同时启动，各相关部门按照协议认真落实分管工作，同时又要相互协作，共同完成接待任务，保证研学旅行活动课程的教学质量。

基地（营地）研学旅行活动课程实施过程中，除了按照2016年12月国家旅游局发布的《研学旅行服务规范》要求做好各项服务保障外，还需要在以下方面提供具有基地（营地）特色的规范服务：

1. 交通

①基地（营地）内部交通道路应安全、通畅。研学旅行团队一般是自带车到达基地（营地）；当有特殊需要，要求基地（营地）提供大巴车服务时，研学旅行计调师对于大巴车和司机的选择一般要符合以下要求：大巴车司机驾龄应在10年以上，服务热情，技术过硬；大巴车保证是三年以内用车，车辆手续齐全。

②研学旅行指导师带领学生在基地（营地）内道路上行走，要适时提醒学生注意安全；如果因为活动需要，必须搭乘区间交通工具，要安排好上下车，提醒安全注意事项；区间交通工具要设施完好、整洁卫生。

2. 住宿

①研学旅行指导师要根据接待计划及时跟住宿提供方沟通，核实预订情况。要尽量集中或者相对集中安排研学旅行团队住宿，方便管理。

②宜安排男、女学生分区（片）住宿，女生片区管理员应为女性。

③研学旅行指导师要适时反复强调入住注意事项，宣讲住宿安全知识。

④学生入住宿舍（或者酒店）后，研学旅行指导师和生活辅导员带领学生熟悉逃生通道，并带领学生进行逃生演练。

⑤研学旅行指导师、研学旅行生活辅导员和学校随队教师要及时进行首次查房，帮助学生熟悉房间设施，解决相关问题。

⑥应制定住宿安全管理制度，开展巡查、夜查工作，实行夜间轮流值班制度。

3. 餐饮

①每个人都有不同的身体适应度；各民族的宗教信仰不同，饮食习俗不同，用餐前研学旅行指导师要做好提醒工作，避免出现不必要的麻烦。

②研学旅行指导师按照提前编制的就餐座次表格，组织学生有序就餐。

③研学旅行计调师在预订餐饮时，已经提醒餐饮服务提供方按照有关规定做好食品留样工作。用餐时，研学旅行指导师要再次督促餐饮服务提供方做好食品留样工作。

④在学生用餐过程中，基地（营地）的研学旅行指导师和研学旅行服务单位的生活辅导员要做好巡查工作，解决用餐过程中出现的问题，确保餐饮服务质量。

⑤学生团队属于特殊群体，要提前落实有无特殊的用餐要求，特别注意学生团队不吃鱼。

⑥对于某些特色菜肴，研学旅行指导师要适时讲解菜肴的美感特点、制作过程和菜肴背后的文化故事，提升学生的饮食文化素养。

4. 专业技术服务师

基地（营地）除了在一线直接为研学旅行学生服务的师资队伍，还有与学生数量相匹配的、在各个资源点为学生提供各类研学旅行相关配套服务的专业技术服务师队伍，这支队伍也是研学旅行顺利进行的“幕后”保障。专业技术服务师队伍应该做好以下几个方面工作，为研学旅行活动课程的顺利实施助力：

①遵守服务时间，坚守岗位，举止文明，热情服务。

②具备相关专业的医学知识与灾害应急常识，熟悉基地（营地）内的医疗服务点、紧急避险通道等。

③有遇突发情况能够自救和帮助研学旅行团队成员进行避险逃离的能力。

④掌握基本的法律常识、宗教信仰和民族习惯等方面的知识。

⑤自觉参加岗位培训，熟练掌握本岗位业务知识和技能的变化情况以及本行业最新发展态势。

5. 课程评价

基地（营地）的研学旅行评价，请按照“第五章 研学旅行评价”中的相关内容执行。

（七）总结提升，完成后续工作

研学旅行活动课程结束后，研学旅行基地（营地）应做好以下工作：

1. 总结提升

基地（营地）每次研学旅行活动结束后，研学旅行部都要召开相关部门人员总结会，总结活动经验，找出问题和不足，对研学旅行活动课程进行优化、提升，为下一次的研学旅行提供更好的经验支持。

2. 完成后续工作

①处理账目。送走研学旅行团队，基地（营地）的研学旅行活动结束，研学旅行计调师要尽早清账。

②上交物品、资料。派团的研学旅行计调师督促研学旅行指导师做好物品归还；请研学旅行指导师上交相关资料，以备建档和处理人际关系时用。

③做好回访工作。研学旅行计调师或者部门领导应主动、及时回访送团的校方或者同行，诚恳征询其对基地（营地）研学旅行活动安排的意见和建议，表达期盼继续合作的愿望。

④处理好表扬与投诉。基地（营地）要正确、及时处理表扬和投诉，有利于员工在工作中扬长避短，不断提高单位接待工作的管理和服务质量。

⑤写出团队总结。基地（营地）研学旅行指导师要写出出团日志和出团总结。研学旅行计调师也应根据团队情况写出团队总结，找出不足，总结经验教训，以改进工作。

⑥做好文件归档工作。基地（营地）研学旅行计调师要将服务协议、管理制度、问题处理等接待资料作为原始资料归档收存，同时要保存研学旅行服务单位、同行的基地（营地）或者中小学校的资料，以便于处理公共关系之用。

【示范材料】

基地（营地）研学旅行活动课程示范一

“金声玉振　走近韶乐”（研学旅行单门活动课程）

一、课程对象

高中一年级学生

二、课程时长

2.5 小时

三、课程地点

孔子博物馆

四、课程目标

（一）知识与技能

1. 了解古代乐器的分类、音乐性能及礼乐功能。

2. 了解乐悬制度，理解“乐”与“礼”的关系。

3. 初步理解孔子礼乐思想和礼乐文化的内涵与意义。

（二）过程与方法

1. 通过箫韶雅乐体验活动，学会欣赏韶乐和古代乐器，拓展音乐视野，提高审美能力。

2. 通过文物赏析、任务通关、知识互动，初步学会利用博物馆资源进行主动探究式学习的方法，提高思考、探索与创造能力。

（三）情感、态度与价值观

通过孔子博物馆特色韶乐欣赏和对孔子礼乐思想特有的文化内涵和儒家思想精髓的理解，激发民族自豪感和认同感，增强文化自信，培养继承和发扬中华优秀传统文化的兴趣。

五、课程内容

（一）音乐课堂

1. 导入：分享《论语》中“子在齐闻韶”的故事。引导学生思考孔子为什么对韶乐发出“三月不知肉味”的审美感叹，提出了“尽善尽美”的审美评价。

2. 欣赏箫韶雅乐现场表演。

3. 依托箫韶雅乐中的使用乐器，讲述乐的内涵和演变、韶乐的相关知识，讲述古代乐器的分类、音乐性能及礼乐文化的内涵与意义，引导学生探究西周礼乐制度及对孔子礼乐思想的影响。

（二）展厅教学

1. 参观“孔子的一生”展厅，通过任务通关的形式，让学生在明代彩绘版和明代木雕板《孔子圣迹图》中寻找孔子习乐、教乐的事迹典故，引导学生探究孔子六艺中“乐”的内涵、孔子对周代礼乐文化的继承和发扬。

2. 参观“孔子的智慧”展厅，引导学生仔细观察文物“清康熙五十二年八卦纹錾金铜编钟”，认识编钟的纹饰、规格、使用场合。讲述编钟的“礼”“乐”功能及发展趋势，讲述编钟在“礼乐制度”中的体现。引导学生对编钟“礼”“乐”功能的了解，引导学生理解“乐”与“礼”两者的关系。体验：鼓瑟击磬。

（三）体验课堂

1. “乐”知识大闯关游戏。以《论语》及儒家经典为基础，以游戏的形式，加深学生对孔子礼乐思想的理解。

2. 八音体验。学生在社教人员的指导下，学习用复仿的古代乐器演奏简单音律，并鼓励有音乐才艺的学生与古乐演奏者互动合奏。

3. 思考并交流。分享你所感知的“礼”“乐”的精髓。你认为“有序”“和谐”的中国传统文化精神对当今的影响和意义是什么。

六、课程评价

“金声玉振　走近韶乐”课程评价表

评价项目	评价内容	自我评价			他人评价		
		优秀	良好	加油	优秀	良好	加油
参与态度	能够文明、有序参观博物馆						
	认真专注，主动参与，表现积极						

续表

评价项目	评价内容	自我评价			他人评价		
		优秀	良好	加油	优秀	良好	加油
学习意识	具有积极的学习态度和浓厚的学习兴趣						
	具有探究意识，善于发现问题、提出问题、解决问题						
合作精神	具有团队意识和互助精神						
	认真听取他人的观点和意见						
	积极参与讨论，善于分享						
能力发展	善于思考，能够有条理地表达自己的想法						
	具备观察、欣赏、总结、评价的能力						

（备注：本课程由孔子博物馆提供）

【示范材料】

基地（营地）研学旅行活动课程示范二

台儿庄爱国主义教育研学旅行活动课程方案

一、研学类型

爱国主义教育

二、课程主题

重温抗战历史，立志强国之梦

三、课程对象

初中学生

四、课程目标

重温抗战历史，了解台儿庄大战的历史经过，体验战争之残酷，感悟英雄之精神，思考和平之幸福；培养学生民族精神、爱国主义精神，增强民族自信，树立民族自豪感。

五、课时安排

一天（本地）、二天一晚（外地）（课程实施时间325分钟）

六、课程内容

1. 学习李宗仁将军与贺敬之、柯岩等人的爱国行为与爱国精神。

2. 了解台儿庄大战发生的背景、在抗战史中的地位以及抗战英雄集体形象。

3. 参观古城内台儿庄大战遗迹，激发学生爱国主义热情。

4. 参与血战台儿庄CS馆体验，追思抗战英雄，放飞和平鸽，珍惜当下生活。

七、研学地点

李宗仁史料馆、贺敬之柯岩文学馆、无名英雄墓、台儿庄大战纪念馆、台儿庄古城内无名英雄遗骸处、大战遗址等。

八、研学形式

聆听研学旅行指导师讲解、参观浏览、场景体验、游戏比赛、线上互动等。

九、研学旅行活动课程方案

资源类型	地点	内容	形式	目标	时长	备注
爱国主义教育	李宗仁史料馆	了解李宗仁将军的爱国之举	聆听讲解、参观、浏览图片、文史资料、文物遗迹，在老火车站拍照留念	开展爱国主义教育，增进民族自信心	60分钟	
	贺敬之柯岩文学馆	了解贺敬之、柯岩的人生经历，学习其爱国主义文学作品	参观、浏览图片、文字、实物、场景、影视资料	学习中国文化人士在抗战中表现出的爱国主义精神和民族气节	30分钟	
	无名英雄墓	瞻仰抗战英雄墓	敬献花篮，诵读《台儿庄大战无名英雄公祭祭文》	传承民族精神，培育英雄气节	30分钟	
	台儿庄大战纪念馆	了解台儿庄大战发生的背景、在抗战史中的地位以及抗战英雄集体形象	聆听讲解、参观照片、实物、影像、文字、复原场景等	学习爱国主义精神，体会战争的残酷性，要珍惜当下，热爱和平	60分钟	

续表

资源类型	地点	内容	形式	目标	时长	备注
爱国主义教育	台儿庄古城内无名英雄遗骸处、久和客栈战地照片、台儿庄驿战地照片、月河街巷战遗址、大战遗址公园、关帝庙、血战台儿庄体验馆、清真寺	了解台儿庄大战，怀念感知英雄事迹，体验CS枪战游戏	聆听讲解，参观古城内战争遗迹和老照片，观看《血战台儿庄》老电影，敬献花篮，诵读《少年中国说》，抄写战地家书，聆听牺牲女学生刘守玫、敢死队、兄弟连长等故事，喂食放飞和平鸽，血战台儿庄体验馆体验CS游戏	激发学生爱国主义热情，树立民族自豪感	145分钟	

十、推荐课时安排及实施方案

（一）课时1

1. 课程内容：了解李宗仁爱国之举；了解贺敬之、柯岩的人生经历、爱国主义文学作品。

2. 研学地点：李宗仁史料馆、贺敬之柯岩文学馆。

3. 研学形式：聆听讲解、参观、体悟。

4. 对研学旅行指导师要求：熟知抗战文化；李宗仁爱国之举，贺敬之、柯岩作品、人生经历。

5. 研学旅行活动课程方案

流程	内容	形式	目标	学习思考	时长
李宗仁史料馆	了解李宗仁将军的爱国之举	聆听讲解、参观、浏览图片、文史资料、文物遗迹，在老火车站拍照留念	开展爱国主义教育，增进民族自信心	1. 李宗仁的爱国之举主要表现在哪些方面？ 2. 贺敬之、柯岩有哪些文学作品？	60分钟
贺敬之柯岩文学馆	了解贺敬之、柯岩的人生经历，学习其爱国主义文学作品	参观、浏览图片、文字、实物、场景、影视资料朗诵《周总理你在哪里》《回延安》等经典文学作品	了解抗战与人文精神		30分钟

（二）课时2

1. 课程内容：悼念无名英雄，参观台儿庄大战纪念馆。

2. 研学地点：无名英雄墓、台儿庄大战纪念馆。

3. 研学形式：参观、浏览、团队讨论。

4. 对研学旅行指导师要求：熟知台儿庄大战历史，具备正确的核心价值观。

5. 研学旅行活动课程方案

流程	内容	形式	目标	学习思考	时长
无名英雄墓	由班长或学生代表领读《台儿庄大战无名英雄公祭祭文》，由学生代表献上花篮，向抗战英雄行三鞠躬以寄托哀思，之后全体人员按顺序依次瞻仰无名英雄墓	敬献花篮，诵读《台儿庄大战无名英雄公祭祭文》，默哀	传承民族精神，培育英雄气节	解析台儿庄战役经过，探究胜利原因及历史意义和对今天海峡两岸关系发展和祖国统一的启示	30 分钟
台儿庄大战纪念馆	参观全国百家爱国主义教育基地台儿庄大战纪念馆，参观后拍照留念	聆听讲解、参观照片、实物、影像、文字、复原场景等	学习爱国主义精神，体会战争的残酷性，要珍惜当下，热爱和平		60 分钟

（三）课时 3

1. 课程内容：讲敢死队故事，找寻古城内的战争遗迹，了解战争给人类带来的灾难。

2. 研学地点：台儿庄古城内。

3. 研学形式：讲座、参观、浏览、综合体验。

4. 对研学旅行指导师要求：熟知台儿庄大战历史，具备正确的核心价值观。

5. 研学旅行活动课程方案

流程	内容	形式	目标	学习思考	时长
画舫船	乘坐景区画舫游船近距离体验运河文化、感受世界文化遗产——古驳岸。	聆听讲解	了解大运河文化	世界旅游组织为何称这段运河是“活着的运河”？	15 分钟
古城内无名英雄遗骸处	聆听敢死队的故事，悼念台儿庄大战中牺牲的中国军人	讲故事，默哀，敬献花篮	学习无名英雄抗战精神	我们今天的幸福生活是由无数先烈用鲜血和生命换来的，抒发一下你此时的感悟	15 分钟
古城内其他抗战遗址	找寻古城内的战争遗迹，找寻卡帕纪念馆。聆听战争故事	聆听讲解，参观，讲故事	通过讲解，让同学们深入了解台儿庄大战事迹	结合自己看到的史料，讨论一下台儿庄古城作为“二战”纪念城市而重建，在维护世界和平上有什么重要意义？	120 分钟

（四）课时 4

1. 课程内容：朗诵《少年中国说》，抄写《战地家书》，聆听女学生刘守玟的故事，放飞和平鸽，体验血战台儿庄真人 CS 游戏，发表感言。

2. 研学地点：台儿庄古城内。

3. 研学形式：讲座、参观、综合体验。

4. 对研学旅行指导师要求：熟知台儿庄大战历史，具备正确的核心价值观。

5. 研学旅行活动课程方案

流程	内容	形式	目标	学习思考	时长
大战遗址公园	分小组，在大战遗址公园弹孔墙前朗诵《少年中国说》，抄写《战地家书》	诵读、抄写	激发学生爱国热情	如何正确看待国共两党合作在抗战中起到的作用？中国共产党在抗战中的作用和抗战精神是什么？	20 分钟
	集体肃立，聆听研学旅行指导师讲述牺牲女学生刘守玟的故事	讲故事	学习女学生刘守玟的爱国精神	讲述一个台儿庄大战中的英雄故事以及你的感悟	10 分钟
	喂食、放飞和平鸽；在一片祥和中，让同学们谈谈感想	喂食、放飞和平鸽，讨论	树立民族自豪感	少年强则国强，为了祖国的繁荣昌盛，你该怎么做？	10 分钟
大战遗址公园	每小组选出一个代表，用约 5 分钟的时间来讲述一个与战争有关的故事，同时发表感言《英烈我想对您说》（500 字以内）。研学旅行指导师评议	发表感想	悼念英烈，传承民族精神		15 分钟

十一、课程内容延展

研学地点	学习思考内容
李宗仁史料馆	李宗仁是抗日英雄，他为抗日战争做出了哪些贡献？
贺敬之柯岩文学馆	贺敬之、柯岩文学作品是一个时代的缩影，朗诵贺敬之爱国诗歌
无名英雄墓	你心目中的英雄是什么样子的，你崇拜的英雄是谁，为什么？
台儿庄大战纪念馆	1. 如果你是大战的指挥者，你将如何做？ 2. 台儿庄大战中体现了哪些抗战精神？台儿庄大战为什么能够取胜？

续表

研学地点	学习思考内容
台儿庄古城	1. 我们的民族精神有哪些？ 2. 台湾是什么时间从中国被强行割让出去的？为什么？历史上，日本侵略中国多少次？ 3. 你了解甲午中日战争吗？阐述一下

十二、课程成果汇报（可任选）

序列	内容	备注
1	摄影比赛	优秀奖可在台儿庄古城官方微信发布，并由台儿庄古城收藏展出
2	演讲比赛	
3	朗读比赛	
4	讲刘守玟故事、小敢死队员故事比赛	
5	作文比赛，文题为《英烈我想对您说》	优秀作文可以在台儿庄古城官方微信发布、在古城报刊出

十三、课程评价

在思想上让同学们得到深刻的认知，历史长河中，落后的中国经历无数次战争，当年战争的惨烈，给我们的民族留下了难以磨灭的记忆。通过对台儿庄大战的深入了解，体悟战争的残酷，激发学生爱国主义热情，树立维护和平的意识。

（1）过程性评价

过程性评价由研学旅行指导师完成，研学旅行指导师按要求将评价结果提交各班负责老师。主要观察、评估学生在整个实践活动过程中的如下行为，评价表如下：

（以下项目由研学旅行指导师记录，评价标准为：优秀、良好、待提高）

项目	守时	爱护环境	纪律性	专注性	参与性
细则	按时集合，有事跟带队老师请假	不乱扔垃圾，不在景区乱刻乱画，不随地吐痰，文明研学	公共场所不大声喧哗，不追逐打闹，听带队老师的话，不擅自行动	不做与研学课程无关的事，如玩手机、玩电子产品等	研学过程中，不偷懒，积极完成各项任务，参与小组与个人讨论活动
评价					

（研学类型评价，评价标准为：优秀、良好、加油）

项目	健身项目	健脑项目	健手项目	健心项目
细则	研学过程中参加的活动拓展表现出的生存适应能力	参观游览古城、聆听研学旅行指导师讲座、朗诵过程中表现的观察、学习能力	敬献花篮、默哀、综合实践过程中表现出的动手能力	团队互动、爱国主义思想培养过程中所表现出的情感能力和践行能力
评价				

（2）自我评价

（3）小组评价

（4）研学旅行指导师评价

附件：本方案研学课程资料

材料 1：主要事件

台儿庄大捷，又称“台儿庄战役”“台儿庄会战”或“血战台儿庄”。1938 年 1 月中旬，徐州会战打响。台儿庄既是陇海、津浦两条铁路的一个据点，又扼守运河，是徐州的北门户。日军由于前阶段在津浦路南北的侵犯都无法进展，便改谋先攻下台儿庄，再围取徐州。在历时近半个月的激战中，中国军队付出了巨大牺牲，三万将士为国捐躯，歼灭日军 1 万余人。它沉重打击了日本侵略者的嚣张气焰，极大地鼓舞了全国军民坚持抗战的必胜信心。

名人评价：

毛泽东在《论持久战》中说：“每个月打一个较大的胜仗，振起我军的士气，号召世界的声援。”

周恩来说：“这次战役，虽然在一个地方，但它的意义却在影响战斗全局、影响全国、影响敌人、影响世界！”

材料 2：主要资源

李宗仁史料馆。国家 AA 级旅游景区。该馆位于台儿庄老火车站旧址，于 1999 年 4 月建成开放，占地面积 18000 平方米，建筑面积 1200 平方米，展区面积800平方米，由四个展览厅和一个影视厅组成。该馆以李宗仁先生一生“青春戎马，晚节黄花”和他指挥的著名的台儿庄大战这一重大历史事件为主线，以大量翔实、珍贵的历史资料，全面展示了李宗仁先生曲折的爱国人生。史料馆现藏有李宗仁先生各个历史时期的照片230余幅、文史资料1100余份、遗物66件、珍贵录像带数盘，大部分具有国家一、二级文物保护和研究价值。

贺敬之柯岩文学馆。国家AAA级旅游景区。馆内设有展览厅、影视厅、书库、书画厅、多功能厅等，以珍贵图片、文物、录像、声、光、电、绘画、塑形等手段，全面地介绍了贺敬之的人生历程。馆内陈列了贺敬之藏书1万余册、实物展品300余件、珍贵图片200余幅，并展出了200余幅名人墨宝真迹。

无名英雄墓。墓区占地面积3500平方米，其中雕塑占地30平方米，祭拜广场占地600平方米。雕塑主要展示了残垣断壁和年轻战士的形象，表现了中国军人摧不垮的忠魂热血和铁骨豪情。

台儿庄大战纪念馆。台儿庄大战纪念馆是全国百家爱国主义教育示范基地、全国中小学爱国主义教育基地、中国侨联爱国主义教育基地、国家首批国防教育示范基地、国家AAAA级旅游景区、国家级抗战纪念设施、山东省精神文明单位。纪念馆占地面积96亩，建筑面积1.2万平方米，展室面积8000平方米，主展线长1000余米，展出文物史料2000多件。全景再现了台儿庄大战中爱国将士浴血奋战报效祖国的壮举，对弘扬民族精神、促进两岸文化交流具有重要的意义及很高的传承价值。

台儿庄古城。位于台儿庄古城西门里的“无名英雄遗骸处”，是2011年在台儿庄古城重建开挖地基时发现的，成为日军侵华的又一见证。台儿庄大战遗址公园保存了十多处“二战”遗迹，是全世界唯一一座以战争遗迹为依托的“二战”纪念公园。遗址公园的弹孔墙不仅是无声的“历史见证者”，更是中国军民抗战精神的真实写照。清真古寺是台儿庄大战后保留下来的最为完整的一处战斗遗迹，连同关帝庙、火车站等台儿庄大战遗址一并被列为国家重点文物保护单位。

材料3：主要人物

李宗仁（1891—1969）：字德邻，广西临桂人，汉族。中国国民革命军陆军一级上将，中国国民党内桂系首领，曾任中华民国首任副总统、代总统。抗日战争爆发后，李宗仁任第五战区司令长官，指挥取得台儿庄大捷。

贺敬之（1924—）：现代著名诗人、剧作家，山东台儿庄人。15岁参加抗日救亡运动。16岁到延安入鲁迅艺术学院文学系。17岁入党。1945年和丁毅执笔集体创作了我国第一部新歌剧《白毛女》，获1951年斯大林文学奖。他以其杰出的诗歌成就，创下了中国诗歌时代的又一个高峰。他的作品一直传诵至今，影响了几代人，被称为“时代的歌手、人民的诗人”。

柯岩（1929—2011）：原名冯恺，女，满族，出生于河南郑州，当代著名作家，女诗人，是现代著名诗人、剧作家贺敬之的妻子。二人相濡以沫半个多世纪，在中国当代文坛上堪称是一对志趣相投、患难与共、成就卓越的模范夫妻。

刘守玟（1920—1938）：女，湖南汉寿人，1935年考取长沙周南女中，1937年加入22军谭道源部丁玲所带领的女学生卫生队，赶赴上海淞沪战役前线救护伤员。后因卫生队伤亡惨重，所部回湖南后被整编到五十师卫生队。1938年春，中日台儿庄大战爆发后，五十师奉命到台儿庄东南18里处的禹王山一带阻击日军，掩护主力部队转移。在禹王山阻击战中，刘守玟多次冒着生命危险，到阵地救护伤员。在救助一位受伤的连长时，刘守玟抓起地上的一块石头砸向日军军官，但不幸被一颗子弹击中背部，当场昏迷。战事结束后，刘守玟被民工救走，送到陈塘村伤兵所。但终因伤重，不治而亡，葬于村东乱葬岗。2004年7月，刘守玟的遗骸迁返故土，安葬在湖南革命陵园艺术墓园。

材料4：相关文献

《台儿庄大战无名英雄公祭祭文》

维公元××××年四月八日，台儿庄大战胜利××周年之际，谨以虔诚之心，沉痛之情，敬致黄花清酌，公祭于台儿庄大战无名英雄墓前。悼曰：

台儿庄者，中华民族扬威不屈之地也！徐邳之北，邹鲁之南。津浦在望，陇海相连。扼守彭城之门户，堪作兵家之重藩。

当夫东瀛入关，亡我之心正盛；龙裔慷慨，报国之士当前。于是卫我乡园，乃有一战。

至若城垣之守，枪弹摧骨，炮火扑面。赤血奔流，黄云黯淡。怀壮志而赴死，聚士卒以争先。街巷之争，表丹心我当敌忾，挥白刃谁肯息肩？健儿逞忠勇，杀声惊乎疆场；人民御外侮，兵威动于昊天。

苦战十六日，铁血布满阵地，碎尸遍陈街巷。古寺墙上，弹痕累累；北城门下，火海茫茫。终战之末，城野满疮。千年古镇化焦土，三万壮士作国殇。九千英名垂后世，两万忠骨映荣光。

台儿庄破敌之功，刑天多猛志；李德邻得意之作，青史映鸿篇。破日军不可战胜之神话，争国际正义力量之奥援。茫茫血雨，书写历史；烈烈征师，开辟乾元。

追思当年，何其壮哉！却看今朝，何其荣哉！于是重建古城，再续前篇。扬抗战精神，承先烈遗愿。越台海以共勉，展宏图而无边。

噫乎！朴守其贞，冥冥灭灭。魂如有灵，以鉴我心。保我河山，佑我中华！神明不灭，其志恒常！黄花一束，清酌一觞。呜呼痛哉，伏惟尚飨！

《少年中国说》

故今日之责任，不在他人，而全在我少年。少年智则国智，少年富则国富，少年强则国强，少年独立则国独立，少年自由则国自由，少年进步则国进步，少年胜于欧洲，则国胜于欧洲，少年雄于地球，则国雄于地球。红日初升，其道大光；河出伏流，一泻汪洋；潜龙腾渊，鳞爪飞扬；乳虎啸谷，百兽震惶；鹰隼试翼，风尘翕张；奇花初胎，矞矞皇皇；干将发硎，有作其芒；天戴其苍，地履其黄；纵有千古，横有八荒；前途似海，来日方长。美哉，我少年中国，与天不老！壮哉，我中国少年，与国无疆！

邹绍孟的《战地家书》

宁儿如晤：日前接得汝外祖父手谕，藉悉汝去岁下学期成绩甚坏，名列丙等。想汝天资不甚坏，只要稍为勤奋，最优等虽不可得，优等谅必可能。今竟名列丙等，真使我增加无限的忧思。回想汝前次来函云，准定受外祖父母教训不再贪耍，勤奋读书，于乎因功课甚多，正准备试验，均是一派假话，益令我愈觉忧气。幼时均一味说诳，长成亦必无所成就，对国家社会无补。国家何须有此国民，家庭何须有此子弟。望汝凡事立志向上，存极盛竞争心，不可一味贪玩，不温功课以致每事均落人后，不知羞奋。因我身属军人，刻在前线抗战，万一不幸以身殉战，完我军人天职，则今后捍卫国家与复兴中华民族责任端在汝辈。而是否能肩此重任，则视汝等幼时之修养造诣如何为然。望汝细味此旨，不晓处请汝外祖父与汝解说。牢记勿忘，见函后汝之思想如何，及汝外祖父家老幼情形如何与汝今年入校经过，统盼函报，手此顺询。

（备注：本课程方案由“首批全国中小学生研学实践教育基地——台儿庄古城景区”提供）

【思考与练习】

1. 假如你是初中二年级的班主任，在班级的研学旅行活动中担任带队老师，请问在行前、行中和行后，你应该做哪些工作？

2. 假如你是某基地的一名研学旅行指导师，你认为怎样才能出色完成研学旅行活动课程的落地执行？

3. 举例说明：研学旅行服务单位对于中小学校某一次具体的研学旅行活动的服务流程和服务技巧。

第五章 研学旅行评价

【引言】

研学旅行作为广大中小学生的“必修课程”，是校内教育和校外教育有效衔接的创新形式，是对校内教育教学的有益补充，需要建立和校内课程评价相融合的科学的评价机制。

本章阐述了研学旅行评价的重要性，论述了研学旅行中对学生进行评价的基本原则、标准和方法，并对研学旅行服务质量评价进行了体系构建和评价方法示范。

【学习目标】

1. 了解研学旅行评价的重要性
2. 掌握研学旅行活动中对学生进行评价的基本原则、标准和方法
3. 能够对学生进行全时段、全过程的发展性评价
4. 能够对研学旅行服务质量进行总结性评价并进行反思、提升

第一节　研学旅行评价的重要性

研学旅行作为广大中小学生的“必修课程”，是校内教育和校外教育有

效衔接的创新形式，是对校内教育教学的有益补充，需要建立和校内课程评价相融合的科学的评价机制。2016 年 11 月 30 日，教育部等 11 部门联合印发的《关于推进中小学生研学旅行的意见》已明确指出“学校要在充分尊重个性差异、鼓励多元发展的前提下，对学生参加研学旅行的情况和成效进行科学评价，并将评价结果逐步纳入学生学分管理体系和学生综合素质评价体系”。

建立健全中小学生参加研学旅行的评价机制，把中小学校组织学生参加研学旅行的情况和成效作为学校综合考评体系的重要内容，可以促使中小学校、研学旅行服务单位重视研学旅行质量，让研学旅行活动事前准备工作更合理、更规范，活动过程更注重实效，从而保障研学旅行高质量发展。

一、研学旅行评价体系

研学旅行是综合性活动课程，整个活动课程的实施需要各方面的紧密配合，需要教育行政主管部门的指导，需要文化和旅游等行政主管部门协助，需要学校的缜密组织、学生的积极主动参与、研学旅行服务单位的完美衔接与落实、研学基地（营地）（景区）的细致安排，等等，每个方面都需要进行科学评价。

因此，研学旅行评价体系是一个复杂的生态系统，宏观上讲包括三个层面：一是学校层面制订研学旅行评价方案，将评价结果纳入学生学分管理体系和学生综合素质评价体系；二是教育行政主管部门制定对学校开展研学旅行情况的评价办法，将评价结果纳入学校年度教育质量考核体系；三是教育行政主管部门、文化和旅游主管部门等建立对社会上提供研学旅行服务所有单位的评价机制，确保研学旅行安全以及活动质量。

本书重点是介绍研学旅行执业人的执业实务，因此本章所讲的研学旅行评价只是这个生态系统中的关键部分，主要是对学生的评价和对研学旅行服务质量（基于学校和研学旅行社会服务商）的评价。

二、研学旅行评价的重要作用

（一）研学旅行评价是实现“立德树人”教育目标的有效保障

通过研学旅行评价，搭建师生之间、学生之间、家校之间互相沟通的桥梁。能够在综合评价的基础上，更加关注学生个体进步和多方面潜能的发展，帮助学生树立正确的世界观、人生观和价值观，调动学生的积极性和创造性，使研学旅行活动课程不断完善，从而有效助力并达成“德智体美劳全面发展的社会主义建设者和接班人”的教育目标。

（二）研学旅行评价对研学旅行活动的实施效果有着重要的导向和质量监控作用

评价的目的、标准、指标体系和方式方法等诸多方面都直接影响研学旅行活动课程目标的实现，影响着研学旅行活动课程功能的转向和落实。

（三）研学旅行评价对研学旅行活动课程具有诊断和调控作用

研学旅行评价就像一面镜子，可以折射出学生、老师、课程内容、课程保障等各个方面的优势和不足。根据折射出的问题，研学旅行服务单位和学校可以有效地进行弥补和提升，促进研学旅行的高质量发展。

（四）研学旅行评价本身也是研学旅行活动课程的重要组成部分

研学旅行活动课程实施方案除了包括主题、目标、组织方式、实施过程、活动保障和注意事项等内容，研学旅行评价也是必不可少的重要组成部分，并且具有全时段、全方位和多主体的特点。做好研学旅行评价对于提升研学旅行品质至关重要，研学旅行评价也是当下研学旅行高质量发展的痛点和难点所在。

三、研学旅行评价的目的

（一）关注学生发展

学生是研学旅行的主角，研学旅行要建立促进学生全面发展的评价体系，激发学生参加研学旅行活动的兴趣，充分发挥评价对学生的激励作用、引导作用和自我警示作用。同时，也要关注学生知识与技能以及情感态度与价值观的获得情况，了解学生的发展状况及发展中的需求；发现和发展学生多方面的潜能，帮助学生认识自我、建立自信，促进学生在原有水平上的发展，从而提高整体素质。

（二）关注研学旅行执业人的发展

研学旅行执业人是研学旅行活动实施的关键，要建立促进研学旅行执业人不断发展的评价体系，帮助研学旅行执业人转变角色，补齐作为研学旅行执业人的素养“短板”，不断提升研学旅行执业人的综合素养。

第二节　研学旅行对学生进行评价的基本原则

研学旅行是寓教于乐、激发学生学习兴趣的新课堂，是在“路上”的开放课堂，课程时空是流动的。因此，研学旅行评价应该注重体验与实践、注重过程、注重激励，进行全过程、全时段的科学评价，促进学生健康成长，促进研学旅行事业持续健康发展。

一、过程性原则

研学旅行活动是一门学生亲身经历的课程，需要重视对学生在过程中表现的评价。只要学生经历活动课程，对自然、社会和自我形成一定的认识，获得了实际的体验和经验，就有必要肯定其活动价值，并给予积极的评价。

二、发展性原则

研学旅行是一个流动的课堂，需要突出发展导向，通过对学生成长过程的观察、记录、分析，促进学校及教师把握学生的成长规律，了解学生的个性与特长，不断激发学生的潜能，为学生更好地成长提供依据。评价的首要功能是让学生及时获得关于学习过程的反馈，改进后续活动。要避免评价过程中只重结果、不重过程的现象。要对学生的作品进行深入分析和研究，挖掘其背后蕴藏的学生思想、创意和体验，杜绝对学生作品进行随意打分或简单排名的功利性做法。要坚持评价的方向性、指导性、客观性和公正性，同时做好活动记录，利用好研学旅行手册，为综合性评价提供必要依据。

三、激励性原则

有人说："人的潜能犹如一座有待开发的金矿，蕴藏丰富，价值连城。"每个学生都有闪光点，在研学旅行活动评价中，要注意从学生原有的基础出发，尊重学生的个性特点，充分发挥评价的积极引导作用，多鼓励、多激励、多点赞。针对学生研学旅行途中表现出来的优点有针对性地进行表扬，并"广而告之"，帮助学生认识到自己的长处，增强自信心，从而形成乐观豁达的人生态度。

四、多元性原则

研学旅行活动是一个动态的生态系统，呈现出"姹紫嫣红"的多样化特征，需要注意评价标准和评价主体的多元性原则。因此，实施评价中要尊重学生富有个性的自我表现方式，如表演、绘画、制作、演讲等；同时也要避免评价只有教师为主的惯性思维，要通过讨论、协商、交流等多种形式，将学生的自我评价、同学互评与教师或社会、家庭及相关专业人员的评价结合起来。

五、反思性原则

在研学旅行评价中，要充分发挥评价的教育、改善和促进功能，引导学生反思自己的实践活动。要培养学生对活动流程做好记录的习惯（注重细节），要通过活动过程的交流和活动成果的汇报，让学生学会提出问题、讨论问题、方法交流、成果分享与思考，达到自我反思、自我改进、自我提升的教育目的。

六、多样化原则

科学评价学生参加研学旅行的情况和成效，需要采用多样化的评价方式。将日常观察的即时评价、成果评价、项目评价、阶段性评价及研学旅行手册记录评价结合使用，构建以定性为主、量化为辅，自评与他评相结合的多维评价方法，从而对学生参与研学旅行过程中的学习态度、合作精神、探究与学习能力、收获与反思情况等进行综合性评价。

第三节 研学旅行中对学生进行评价的标准和方法

研学旅行要求学生积极参与到各项活动中，在行中学，在做中学，在“考察、调查、实验、研究、服务、劳动”等一系列活动中发现和解决问题，体验和感受生活，体现对所学知识的综合运用能力，培养其创新精神和实践能力，使学生“学会认知，学会做事，学会生存，学会合作”。可见，研学旅行活动课程的教育目标重点在于培养学生的态度和能力。研学旅行活动课程目标一般包括知识与技能、过程与方法、情感态度与价值观三个维度。因此，研学旅行中对学生发展状况的评价，不可以仅仅把书本知识和技能的掌握作为指标，应当重视学生在实践中的态度、兴趣、情感以及解决问题方法的应用、各种实践表现，通过肯定他们的活动价值来营造体验成功的自豪感和成就感。因此，对学生的评价建议采用以下几个方面标准和方法：

一、研学旅行中对学生进行评价的标准

（一）参加研学旅行活动的态度

参加研学旅行活动的态度可以通过学生在活动过程中许多外显行为表现

出来。首先将学生参与活动的时间、次数、认真程度以及是否认真思考问题、积极动手动脑、主动提出设想或建议、认真查找资料、按时完成计划和学习任务作为评价依据。其次是学生在活动中的合作精神，主要是根据学生参与小组及班级活动中的合作态度和行为表现来进行评价，如：是否积极参与小组活动，是否主动帮助他人或寻求他人帮助，是否认真倾听同学意见，是否乐于与他人一起分享成果等。

（二）实践创新能力的发展情况

实践创新能力的发展情况可以通过学生在研学旅行全过程中表现出来的劳动意识、问题解决和技术运用等方面来评价。可以根据学生在研究性学习过程和结果中的实际表现给予全面和客观的评价，也可以根据比较学生参与研究性学习活动前后的状态和几次活动中的表现来评价其发展状态。

（三）学习方法和研究方法的掌握情况

主要评价学生关于查阅资料、实地观察记录、调查研究、整理材料、处理数据、运用工具等方面的技能方法的掌握和运用水平。

（四）情感体验与品格塑造情况

主要评价学生与同学、师长的感情交流情况，对自然和社会的热爱情况，是否有责任担当意识和集体观念，是否能够吃苦受累，抗挫能力如何，等等。

概括来说，每次研学旅行活动对学生的评价都需要坚持全过程、全时段的多样化、多元化评价原则，并根据活动课程目标，结合活动课程主题确立评价标准。评价标准的选择建议以中国学生发展核心素养提出的“6 大素养、18 个基本点”为参照，针对学生年龄特点再细化提出各学段的具体要求。

二、研学旅行中对学生进行评价的方法

研学旅行评价的目标是激发学生对研学旅行的热情，促进学生综合素质的提升。建议运用过程性评价和多元化评价，多采用柔性评价方法，发挥评

价的激励作用。常用的评价方法如下：

（一）自我评价

学生自我评价是学习过程中的一个重要组成部分，要引导学生采用一系列的方式对自己的进度、成果以及不足进行记录。自我评价有助于学生正确认识研学旅行活动目标，进行适当的自我调控，增强学习的自信心和责任感，提升“学会学习”的核心素养。

表 5–1 学生自我评价示范表

研学旅行活动课程名称		填写人	
研学旅行时间		日期	
班级		人数	
活动总次数及参加次数		缺席原因	
所在小组		指导老师	
评价内容		**评价标准**	**评价结果**
1. 你认为本小组活动组织得如何？		A. 很好　B. 一般　C. 较差	
2. 你与同学的合作情况		A. 很好　B. 一般　C. 较差	
3. 你在小组中完成承担的任务情况		A. 很好　B. 一般　C. 较差	
4. 你完成任务时的态度		A. 主动完成　B. 催促下完成　C. 未完成	
5. 小组讨论中你的发言情况		A. 经常　B. 有时　C. 不发言	
6. 你提出了哪些积极性的建议？			
7. 你查阅了哪些书籍和资料？如何获得的？			
8. 你在活动中遇到了哪些困难，是如何克服的？			
9. 活动中你印象最深的事情是什么？			
10. 你认为小组活动中，最认真和贡献最大的人分别是谁？			
11. 你对自己在活动中的表现最满意的是什么？			
12. 你本次活动最大的收获是什么？			

（二）小组评价

研学旅行活动是集体行动，突出学生团队合作意识和互助精神的养成教育，小组活动结果是集体智慧的结晶。小组评价主要包括组员的自我评价、组员互评、小组整体评价等。不同学校、不同年级、不同的研学旅行活动，其目标都不尽相同，所以小组评价的项目和评价指标也不尽相同。在此，仅对小组的整体评价进行示范。

表 5-2　学生小组整体评价示范表

研学旅行活动课程名称		填写人	
研学旅行时间		日期	
小组项目		人数	
活动次数		活动时间和地点	
小组成员		指导老师	
评价内容		**评价标准**	**评价结果**
1. 你们认为本小组活动组织得如何？		A. 很好　B. 一般　C. 较差	
2. 你们认为小组的合作情况如何？		A. 很好　B. 一般　C. 较差	
3. 你们认为小组完成的任务情况如何？		A. 很好　B. 一般 C. 较差	
4. 你们小组完成任务时的态度如何？		A. 主动完成　B. 催促下完成　C. 未完成	
5. 小组讨论时的发言情况如何？		A. 积极　B. 消极　C. 不发言	
6. 你们认为小组活动中，最认真和贡献最大的人分别是谁？			
7. 你们查阅了哪些书籍和资料？是如何获得的？			
8. 你们在活动中遇到了哪些困难，是如何克服的？			
9. 你们对小组活动中的表现最满意的是什么？			
10. 小组本次活动最大的收获是什么？			

（三）带队教师和研学旅行指导师的评价

学校带队教师和研学旅行指导师（或者生活辅导员）是全程陪伴学生进行研学旅行活动的人，是学生完成研学旅行活动课程的组织者和指导者。带队教师和研学旅行指导师（或者生活辅导员）要根据学生的实际情况，坚持发展性评价原则，给予学生客观公正的科学评价。带队教师和研学旅行指导师（或者生活辅导员）的评价要有正式评价，如填写评价表，通常采用等级评价（见表 5–3　学校的整体评价示范表一）或描述性评价（见表 5–4　学校的整体评价示范表二），但更重要的是非正式评价，如一句激励性的话语或一个点赞的手势等。

（四）家长和社会的评价

研学旅行是跨学科、跨行业的活动。通过家长和社会人士的评价，可以给予更深入和更客观的过程活动指导，家长和社会的评价目的不是分等级，也不是看结果，而是重在对后续活动的指导和激励。因此，家长和社会的评价宜多采用以鼓励为主的描述性评价（见表 5–4　学校的整体评价示范表二）。

（五）学校的整体评价

研学旅行是学校教育教学的一部分，需要纳入学校的整体评价体系。基于研学旅行活动的特性，宜采用表格式评价，放入学生的学习档案中。如下二表：

表 5–3　学校的整体评价示范表一

研学旅行活动课程名称		填写人		评价主体		
课程时间		填写日期				
评价项目	**评价内容**	**评价标准**		**自评**	**互评**	**师评**
学会做人	善于沟通，乐于助人	A. 优秀　B. 良好　C. 待提高				
	对小组做出贡献	A. 优秀　B. 良好　C. 待提高				
学会学习	活动方案构思新颖	A. 优秀　B. 良好　C. 待提高				
	活动方案周全可行	A. 优秀　B. 良好　C. 待提高				
	实践方式多样	A. 优秀　B. 良好　C. 待提高				

续表

学会做事	吃苦耐劳	A. 优秀　B. 良好　C. 待提高			
	积极动脑、动口、动手参与实践	A. 优秀　B. 良好　C. 待提高			
学会生活	生活自理能力提升，无丢三落四现象	A. 优秀　B. 良好　C. 待提高			
	财务管理能力提升	A. 优秀　B. 良好　C. 待提高			
研学成果	完成研学旅行活动课程内容	A. 优秀　B. 良好　C. 待提高			
	研学成果展示和分享	A. 优秀　B. 良好　C. 待提高			
	研学特别收获	A. 优秀　B. 良好　C. 待提高			

表 5–4　学校的整体评价示范表二

学生姓名	
评价人	评价记录
自我评价	年　月　日
小组评价	小组长（签名）　年　月　日
社区或其他社会机构评价	社区（盖章）　年　月　日
家长评价	家长（签名）　年　月　日
研学旅行指导师评价	研学旅行指导师（签名）　年　月　日
教师评价	指导教师（签名）　年　月　日

第四节　研学旅行服务质量评价

研学旅行服务质量评价主要是基于学校和研学旅行服务单位的工作评价。

一、学校的评价

学校是研学旅行的主要组织方，为了更好地实现研学旅行目标，提高教师、学生研学旅行的主动性和积极性，学校在评价过程中应当把握整体性和教育性评价原则，进行全方位的总结和反思，不断积累研学旅行经验，有效提高研学旅行质量。学校的评价主要包括以下四个方面：

（一）学校整体研学旅行组织的自我评价

表 5-5　学校整体研学旅行组织的自我评价示范表

研学旅行活动课程名称		填写人	
研学旅行时间		日期	
班级		人数	
评价项目	**评价内容**	**评价标准**	**评价结果**
课程内容	符合学生接受度	A. 优秀　B. 良好　C. 待提高	
	校本课程符合度	A. 优秀　B. 良好　C. 待提高	
	是否具有教育意义 内容是否新颖、合理 是否具有实操性	A. 优秀　B. 良好　C. 待提高	
课程实施	行前课堂组织指导情况	A. 优秀　B. 良好　C. 待提高	
	活动方案细致、周全、可行情况 实践方式多样化程度	A. 优秀　B. 良好　C. 待提高	
	教学指南和教具运用情况 教学方法和教材配套情况	A. 优秀　B. 良好　C. 待提高	
	安全预案、应急处理情况	A. 优秀　B. 良好　C. 待提高	

续表

课程成果总结	教师引导学生完成并分享课程成果情况	A. 优秀　B. 良好　C. 待提高	
	课程提升应用情况	A. 优秀　B. 良好　C. 待提高	
执行老师	团队管理能力情况	A. 优秀　B. 良好　C. 待提高	
	课程指导能力情况	A. 优秀　B. 良好　C. 待提高	
课程研发及执行小组	课程方案设计情况	A. 优秀　B. 良好　C. 待提高	
	团队执行管理能力情况	A. 优秀　B. 良好　C. 待提高	
	和家长的沟通交流情况	A. 优秀　B. 良好　C. 待提高	
整体效果评价	A. 优秀　B. 良好　C. 待提高		
研学特别收获			

（二）学校对学生的整体评价（见第三节内容）

（三）学校对带队教师的评价

带队教师是研学旅行活动的重要工作人员，对学生有着不可估量的榜样作用，其综合素养和执业能力至关重要，也需要进行科学的评价。

表 5–6　学校对带队教师的评价示范表

研学旅行活动课程名称		填写人	
研学时间		日期	
学校		人数	
学校带队教师姓名			
评价项目	**评价内容**	**评价标准**	**评价结果**
教学方案	符合学生年龄、心理特征情况	A. 优秀　B. 良好　C. 待提高	
	符合教育性、合理性、实践性特征情况	A. 优秀　B. 良好　C. 待提高	

续表

评价项目	评价内容	评价标准	评价结果
课程实施	知识储备度情况	A. 优秀　B. 良好　C. 待提高	
	教学方法的应用情况	A. 优秀　B. 良好　C. 待提高	
	课程执行方案细致、周全、可行，实践方式多样化情况	A. 优秀　B. 良好　C. 待提高	
	流程规范、安排合理情况	A. 优秀　B. 良好　C. 待提高	
	交流沟通、执行力情况	A. 优秀　B. 良好　C. 待提高	
服务态度	对待学生的服务质量情况	A. 优秀　B. 良好　C. 待提高	
	以身示范情况	A. 优秀　B. 良好　C. 待提高	
应急处理	安全预案的学习和执行情况	A. 优秀　B. 良好　C. 待提高	
	应急情况的处理情况	A. 优秀　B. 良好　C. 待提高	
整体评价	A. 优秀　B. 良好　C. 待提高		
意见反馈			

（四）学校对研学旅行服务单位的评价

研学旅行服务单位是接受中小学校的委托，在整个研学旅行过程中承接服务的单位。学校对研学旅行服务单位的评价，应当通过多维度进行，做到公平公正。一是通过对参与研学旅行的学校带队教师和学生的抽样调查及他们的打分、评优等方式进行评价反馈；二是通过整体研学旅行效果进行评价反馈。这样既可以为研学旅行服务单位进行有效总结，同时，也为中小学校下一步选择更好的研学旅行服务单位奠定基础。

表 5–7　学校对研学旅行服务单位的评价示范表

研学旅行活动课程名称		填写人	
研学时间		日期	
班级		人数	
研学旅行服务方（公司名称）			

续表

评价项目	评价内容	评价标准	评价结果
课程方案	符合学生接受度	A. 优秀　B. 良好　C. 待提高	
	符合教育性、合理性、实践性的情况	A. 优秀　B. 良好　C. 待提高	
	课程目标明确情况、课程资源选择到位情况、课程体例完整情况	A. 优秀　B. 良好　C. 待提高	
课程实施	行前课堂组织指导情况	A. 优秀　B. 良好　C. 待提高	
	活动方案细致、周全、可行情况，实践方式多样情况	A. 优秀　B. 良好　C. 待提高	
	教学指南、教学方法和教学环境情况	A. 优秀　B. 良好　C. 待提高	
	应急处理情况	A. 优秀　B. 良好　C. 待提高	
教育保障	研学旅行指导师是否具备基本素养和能力	A. 优秀　B. 良好　C. 待提高	
	研学读本、研学旅行手册，教学教具等配备和使用情况	A. 优秀　B. 良好　C. 待提高	
管理团队	流程规范、安排合理情况	A. 优秀　B. 良好　C. 待提高	
	交流沟通和执行力情况	A. 优秀　B. 良好　C. 待提高	
安全方案	安全预案情况	A. 优秀　B. 良好　C. 待提高	
	安全指南和措施情况	A. 优秀　B. 良好　C. 待提高	
	安全紧急应变能力情况	A. 优秀　B. 良好　C. 待提高	
生活服务保障	交通安排情况	A. 优秀　B. 良好　C. 待提高	
	住宿安排情况	A. 优秀　B. 良好　C. 待提高	
	餐饮安排情况	A. 优秀　B. 良好　C. 待提高	
整体效果评价	A. 优秀　B. 良好　C. 待提高		
意见反馈			

二、研学旅行服务单位评价

（一）研学旅行服务单位的自我评价

研学旅行服务单位衔接社会各方资源为研学旅行提供有效服务。在研学旅行过程中需要选派优秀的研学旅行指导师，选择合适的研学旅行基地（营地）或其他资源点，合理安排饮食、住宿和交通等后勤保障服务。如果研学旅行教育线路跨区域，研学旅行服务单位还需要对接异地的研学旅行服务单位。因此，研学旅行服务单位在完成每一次研学旅行活动后需要进行有效梳理、总结、评价，这样才能总结经验和教训，提升研学旅行服务水平，更好地开展研学旅行服务。

表 5–8　研学旅行服务单位的自我评价示范表

研学旅行活动课程名称		填写人	
研学时间		日期	
中小学校名称		人数	
评价项目	**评价内容**	**评价标准**	**评价结果**
课程方案	符合学生年龄和心理特征情况	A. 优秀　B. 良好　C. 待提高	
	符合教育性、合理性、实践性等特征情况	A. 优秀　B. 良好　C. 待提高	
	课程目标明确、课程资源选择到位、课程体例完整等情况	A. 优秀　B. 良好　C. 待提高	
课程实施	行前课堂组织指导情况	A. 优秀　B. 良好　C. 待提高	
	活动方案细致、周全、可行，实践方式多样等情况	A. 优秀　B. 良好　C. 待提高	
	教学指南、教学方法、教学环境情况	A. 优秀　B. 良好　C. 待提高	
	应急处理情况	A. 优秀　B. 良好　C. 待提高	
执行团队	课程方案设计合理情况	A. 优秀　B. 良好　C. 待提高	
	流程规范、安排合理情况	A. 优秀　B. 良好　C. 待提高	
	交流沟通、执行力情况	A. 优秀　B. 良好　C. 待提高	
安全方案	安全预案情况	A. 优秀　B. 良好　C. 待提高	
	安全指南和措施情况	A. 优秀　B. 良好　C. 待提高	
	安全紧急应变能力情况	A. 优秀　B. 良好　C. 待提高	
研学安全保障	交通安排情况	A. 优秀　B. 良好　C. 待提高	
	住宿安排情况	A. 优秀　B. 良好　C. 待提高	
	餐饮安排情况	A. 优秀　B. 良好　C. 待提高	

续表

行后服务	学校延伸服务情况	A. 优秀　B. 良好　C. 待提高	
	问责机制情况	A. 优秀　B. 良好　C. 待提高	
整体评价	A. 优秀　B. 良好　C. 待提高		

（二）研学旅行服务单位对研学旅行指导师和生活辅导员的评价

研学旅行服务单位中，研学旅行指导师和生活辅导员是直接面对研学旅行团队成员的岗位，其综合素养和执业能力至关重要，是研学旅行服务质量的代言人。

表 5–9　对研学旅行指导师和生活辅导员的评价示范表

研学旅行活动课程名称		填写人	
研学时间		日期	
学校		人数	
研学旅行指导师或者生活辅导员姓名			
评价项目	**评价内容**	**评价标准**	**评价结果**
教学方案	符合学生年龄和心理特征情况	A. 优秀　B. 良好　C. 待提高	
	符合教育性、合理性、实践性特征情况	A. 优秀　B. 良好　C. 待提高	
课程实施	知识储备度情况	A. 优秀　B. 良好　C. 待提高	
	教学方法的应用情况	A. 优秀　B. 良好　C. 待提高	
	课程执行方案细致、周全、可行，实践方式多样化情况	A. 优秀　B. 良好　C. 待提高	
	流程规范、安排合理情况	A. 优秀　B. 良好　C. 待提高	
	交流沟通、执行力情况	A. 优秀　B. 良好　C. 待提高	
服务态度	对待学生和带队教师服务质量情况	A. 优秀　B. 良好　C. 待提高	
	以身示范情况	A. 优秀　B. 良好　C. 待提高	
应急处理	安全预案的学习和执行情况	A. 优秀　B. 良好　C. 待提高	
	应急的处理情况	A. 优秀　B. 良好　C. 待提高	
整体评价	A. 优秀　B. 良好　C. 待提高		
意见反馈			

（三）研学旅行服务单位对针对性接待方的评价

针对性接待方包含研学旅行异地地接服务单位、研学基地、营地或者其他研学旅行资源点。

表 5-10　研学旅行服务单位对针对性接待方的评价示范表

研学旅行活动课程名称		填写人	
研学时间		日期	
研学旅行地接服务单位、研学基地、营地或其他资源点名称			
评价项目	**评价内容**	**评价标准**	**评价结果**
课程方案	符合学生接受度情况	A. 优秀　B. 良好　C. 待提高	
	符合教育性、合理性、实践性等特征情况	A. 优秀　B. 良好　C. 待提高	
	课程目标明确、课程资源选择到位、课程体例完整情况	A. 优秀　B. 良好　C. 待提高	
课程实施	活动方案细致、周全、可行，实践方式多样情况	A. 优秀　B. 良好　C. 待提高	
	教学指南、教学方法、教学环境情况	A. 优秀　B. 良好　C. 待提高	
	应急处理情况	A. 优秀　B. 良好　C. 待提高	
教育保障	研学旅行指导师是否具备基本素养和能力情况	A. 优秀　B. 良好　C. 待提高	
	研学读本、研学旅行手册、教学教具等配备和使用情况	A. 优秀　B. 良好　C. 待提高	
管理团队	流程规范、安排合理情况	A. 优秀　B. 良好　C. 待提高	
	交流沟通、执行力情况	A. 优秀　B. 良好　C. 待提高	
安全方案	安全预案情况	A. 优秀　B. 良好　C. 待提高	
	安全指南和措施情况	A. 优秀　B. 良好　C. 待提高	
	安全紧急应变能力情况	A. 优秀　B. 良好　C. 待提高	
生活服务保障	交通安排情况	A. 优秀　B. 良好　C. 待提高	
	住宿安排情况	A. 优秀　B. 良好　C. 待提高	
	餐饮安排情况	A. 优秀　B. 良好　C. 待提高	
整体效果评价	A. 优秀　B. 良好　C. 待提高		
意见反馈			

（四）研学旅行基地、营地或者其他研学资源点的自我评价

研学旅行基地、营地或者其他研学资源点是整个研学旅行的重要承接载体，只有基地、营地或者其他研学资源点的课程水平以及服务质量不断提升，研学旅行才能取得更好的效果。

表 5-11 研学旅行基地、营地或者其他研学资源点的自我评价示范表

研学旅行活动课程名称		填写人	
研学时间		日期	
研学旅行基地、营地或其他研学旅行资源点名称			
评价项目	**评价内容**	**评价标准**	**评价结果**
课程方案	符合学生接受度情况	A. 优秀 B. 良好 C. 待提高	
	符合教育性、合理性、实践性等特性情况	A. 优秀 B. 良好 C. 待提高	
	课程内容丰富、课程实践多样化情况	A. 优秀 B. 良好 C. 待提高	
课程实施	活动方案细致、周全、可行，实践方式多样化情况	A. 优秀 B. 良好 C. 待提高	
	教学指南、教学方法、教学环境情况	A. 优秀 B. 良好 C. 待提高	
	应急处理情况	A. 优秀 B. 良好 C. 待提高	
教育保障	研学旅行指导师的基本素养和能力情况	A. 优秀 B. 良好 C. 待提高	
	研学读本、研学旅行手册、教学教具等配备和使用情况	A. 优秀 B. 良好 C. 待提高	
管理执行团队	流程规范、安排合理情况	A. 优秀 B. 良好 C. 待提高	
	交流沟通、执行力情况	A. 优秀 B. 良好 C. 待提高	
安全方案	安全预案情况	A. 优秀 B. 良好 C. 待提高	
	安全指南和措施情况	A. 优秀 B. 良好 C. 待提高	
	安全紧急应变能力情况	A. 优秀 B. 良好 C. 待提高	
营地服务	硬件设施齐全情况	A. 优秀 B. 良好 C. 待提高	
	软件提供充分度情况	A. 优秀 B. 良好 C. 待提高	
整体效果评价	A. 优秀 B. 良好 C. 待提高		
意见反馈			

三、学生和家长对研学旅行活动的整体评价

研学旅行能够顺利进行，需要学生的积极参与，更是离不开家长的大力支持，在做研学旅行评价时，往往忽视了学生和家长评价这个重要的环节。

每一位家长对孩子的成长和进步都倾注了无数的心血，家长们都希望能通过研学旅行让自己的孩子获得不同程度的成长和历练。所以在研学旅行的评价环节，应当注重家长的评价，不再让家长只是研学旅行的看客和买单者；重视家长评价，不仅让家长在研学过程中有参与感，而且能够调动家长的积极性和能动性。

同时，也要注意及时倾听学生的意见，从而更有针对性地改进研学旅行服务的不足之处，提升服务质量，最终让孩子们乐于去研学，并收到“行有所获，研有所得”的积极效果。

表 5–12　家长评价示范表

研学旅行活动课程名称		研学时间	
学生姓名		家长姓名	
评价项目	**评价内容**	**评价标准**	**评价结果**
课程方案	符合学生接受度和喜欢度情况	A. 优秀　B. 良好　C. 待提高	
研学收获	知识收获情况	A. 优秀　B. 良好　C. 待提高	
	生活习惯改变情况	A. 优秀　B. 良好　C. 待提高	
	生活自理能力提升情况	A. 优秀　B. 良好　C. 待提高	
	沟通交际能力提升情况	A. 优秀　B. 良好　C. 待提高	
	研学成果情况	A. 优秀　B. 良好　C. 待提高	
	眼界开阔情况	A. 优秀　B. 良好　C. 待提高	
生活服务保障	交通安排情况	A. 优秀　B. 良好　C. 待提高	
	住宿安排情况	A. 优秀　B. 良好　C. 待提高	
	餐饮安排情况	A. 优秀　B. 良好　C. 待提高	
整体效果评价	A. 优秀　B. 良好　C. 待提高		
意见反馈			

表 5-13　学生评价示范表

研学旅行活动课程名称		研学时间	
班级		学生姓名	
评价项目	**评价内容**	**评价标准**	**评价结果**
课程方案	课程内容的难易程度	A. 优秀　B. 良好　C. 待提高	
	对课程的喜欢程度	A. 优秀　B. 良好　C. 待提高	
	课程的体验度	A. 优秀　B. 良好　C. 待提高	
研学收获	知识技能收获情况	A. 优秀　B. 良好　C. 待提高	
	研学旅行过程的纪律情况	A. 优秀　B. 良好　C. 待提高	
	生活自理能力提升情况	A. 优秀　B. 良好　C. 待提高	
	个人表达和同学沟通交际能力提升情况	A. 优秀　B. 良好　C. 待提高	
	研学成果汇报情况	A. 优秀　B. 良好　C. 待提高	
生活服务保障	交通安排情况	A. 优秀　B. 良好　C. 待提高	
	住宿安排情况	A. 优秀　B. 良好　C. 待提高	
	餐饮安排情况	A. 优秀　B. 良好　C. 待提高	
研学旅行指导师或生活辅导员服务	研学旅行活动课程执行与实践情况	A. 优秀　B. 良好　C. 待提高	
	研学旅行的整体服务情况	A. 优秀　B. 良好　C. 待提高	
整体效果评价	A. 优秀　B. 良好　C. 待提高		
意见反馈			

研学旅行区别于传统教育教学活动，其复杂性、实践性等特点决定了研学旅行评价具有复杂的多样性特征。中小学校、研学旅行服务单位、研学旅行基地（营地）或者其他研学旅行资源点采用的评价方式都不尽相同。只要在进行评价过程中，遵循教育规律，根据各年龄段学生心理特点以及课程方案内容，选择有效的科学的评价方法，客观、公正、真实地反映研学旅行效果，就能够更好地调动学生、教师、学校研学旅行的积极性和主动性，实现既定的研学旅行目标，有效助力完成“立德树人，培养人才”的教育目标。

【拓展知识】

研学旅行活动课程中如何进行评价？
——以体验式学习活动课程为例

研学旅行课程由于突破了传统课程的时空束缚，发展出自身的课程特征。其本质在于，让学生亲历知识产生与形成的过程；使学生学会独立运用其脑力劳动；追求“知识”发现、“方法”习得与“态度”形成的有机结合与高度统一。其特征有三个：其一，实践性强；其二，强调知识间的联系与运用；其三，需充分调动学生的积极性与兴趣。因此，针对此课程的评价应具有多元性、过程性、开放性评价特点。

“工欲善其事，必先利其器”，教学评价工具是伴随着教学评价的发展而发展的，评价工具与评价方法本身不可截然分开。教学评价的方法是指评价的程序和角度，教学评价的工具则是指对评价对象进行测定时所采取的方式和手段。评价主体，评价内容，评价的程序、角度、方式和手段综合应用，构建专业化的评价标准。研学旅行课程评价需要就评价工具和方法进行深入研究。研学旅行课程评价需要构建完整的系统的评价体系。从对事和对人的角度上包括教师评价、学生评价和课程评价。其中研学旅行课程的主要实现载体是活动，因此活动设计与实施的质量很大程度上决定了研学旅行课程的品质。体验式学习活动是研学旅行课程的最主要的实现方式，因此，接下来重点剖析体验式学习活动课程如何进行评价。

一、研学旅行中体验式课程的基本内容

体验式学习的内涵，是“直接经验＋反思”，美国教育家杜威认为其是以直接经验和反思为基础的学习，是一种综合的学习。有学者认为体验式学习的内涵是“记录过程＋解释过程”，或认为是“感知＋感悟”“直接经验＋情意体验”。总之，体验式学习是相对接受式学习而言的两种学习形式之一，具有真实性、基础性和自然性，具有情意体验、真实情境、互动学习的特征。关于体验式学习的过程，组织心理学家库伯提出了著名的“体验式学习循环模式”，认为体验式学习要经历四个阶段：1）具体体验。学习者在真实情境中活动，获得各种知识，产生相应感悟。2）观察、反思。学习者回顾自己的经历，对体验进行分析、反思。3）抽象的概念化。学习者把感性认识上升到理性认识，建构一种理论或模型。4）主动检验。四个阶段循环交替进行。

与传统的接受式学习相比，体验式学习的优势在于它更多地涉及情节记忆、情绪记忆、默会知识、实用智力以及学习过程中的自我决定性，因而能够用更多的信息线索帮助学习者存储和激活记忆，使记忆更加丰富和全面；改善课堂学习的去情境化和抽象化，增强学生学习的动机和学习互动；以学习者为中心，使学习具有更强的自主性和个性化。

研学旅行课程，由于时空的变化，课程活动化是其基本开展范式，尤其是体验式学习比重大。研学旅行中的体验式学习不应是蜻蜓点水式的走马观花，更多的是综合性质的主题体验活动，并且应该贯穿研学旅行的行前课、行中课、行后课和后续发展四个阶段，并应该具备体验式学习的“具体体验—观察反思—抽象概念化—主动检验”的基本环节（不同的学段可根据学情适当降低难度）。

二、研学旅行课程的评价标准建构

对应体验式学习的四个阶段，将研学旅行中体验式学习评价分为“行前、行中、行后和应用”四个阶段。行前阶段为获取间接经验阶段，行中阶段为获取直接经验阶段，行后为整理经验阶段，应用为检验经验阶段。不管是课堂上的教学还是校外的研学旅行，各个阶段贯穿的仍是教与学的过程，在研学旅行的过程中教师的教更多地体现为隐性的指导，学生的学更多地体现为学习的主动建构。因此，将评价焦点也主要对准“教师的指导”和“学生的学习”两个领域。鉴于以上的横纵框架，“研学旅行中体验式学习的评价标准”参见下表。

<table>
<tr><th colspan="2">评价阶段</th><th>教师指导</th><th>学生学习</th><th>学生学习评价方式</th></tr>
<tr><td colspan="2">行前
获取间接
经验阶段</td><td>方式多元，如通过讲座、视频、网站、学生作品等方式了解知识及知识的形成过程。方式能够调动学生积极性</td><td>了解知识要点
知道知识脉络及形成过程
明确自身需要关注的重点知识</td><td>可以通过学生的听课状态、学案学习、学习任务规划等进行评价</td></tr>
<tr><td colspan="2">行中
获取直接
经验阶段</td><td>活动形式与场馆资源和环境契合，活动内容指向目标，活动方式有趣。能够观察学生状态，适时进行指导</td><td>多感官观察、感知情境
识别和辨析情境中的多种信息
理解情境中的各种信息及关系，提出问题</td><td>可以通过学生的体验状态、参与程度、是否提出有价值的问题、学案学习等进行评价</td></tr>
<tr><td rowspan="2">行后
整理
经验
阶段</td><td>对经验本身进行概括与提升</td><td>用适当的形式激活学生的体验，组织不同经验的深度交流，诊断并指导学生完善自己的经验</td><td>对信息进行梳理，形成观点和作品；分享自己的观点和作品；吸纳他人观点和作品，完善自己的经验</td><td>可以通过学生的作品、交流表达、参与程度和学案学习等进行评价</td></tr>
<tr><td>对学习过程和结果进行评价</td><td>构建学习过程与结果的评价标准；比较不同价值观并做出归纳和总结，适切指导学生的评价</td><td>依据标准对自己和他人做出适切评价，对评价标准能够提出个人见解</td><td>可以通过学生的交流表达、参与程度、对标准修改完善的重要贡献度进行评价</td></tr>
<tr><td colspan="2">应用
检验经验阶段</td><td>适时指导学生的应用</td><td>将自己的经验应用于新的情境；有意识地进行思考，进一步完善自己的经验</td><td>可以通过学生的实践参与、交流表达、学生作品等进行评价</td></tr>
</table>

（一）行前阶段

目的：行前阶段主要是组织学生对研学旅行目的地的资源和文化的了解阶段，需要重点考虑信息提供的多样性和趣味性的问题，以调动学生在有限的时间内能够真正了解资源地的知识、特点和文化内涵。

教师指导评价要点：主要围绕指导方式和内容进行评价。要求方式多元，如通过讲座、视频、网站、学生作品等方式了解知识及知识的形成过程。方式能够调动学生积极性。

学生学习评价要点：了解知识要点，知道知识脉络及形成过程，明确自身需要关注的重点知识。

学生学习的评价方式：可以通过学生的听课状态、学案学习、学习任务规划等进行评价。

（二）行中阶段

目的：行中阶段主要是以学生为主体开展多种多样的活动（以体验式活动为主），在活动中体验，在活动中建构，在活动中育人。

教师指导评价要点：活动形式与场馆资源和环境契合，活动内容指向目标，活动方式有趣。能够观察学生状态，适时进行指导。

学生学习评价要点：多感官观察、感知情境；识别和辨析情境中的多种信息；理解情境中的各种信息及关系，提出问题，并探索解决问题的相关信息。

学生学习的评价方式：可以通过学生的体验状态、参与程度、是否提出有价值的问题、学案学习等进行评价。

（三）行后阶段

目的：行后阶段主要是依托学校课堂教学对体验进行整理形成经验，建构概念、观点的阶段，要对研学旅行进行回顾、梳理和反思，是深度学习，使研学旅行的价值深化提升，将课内外两个课堂贯通。包括两个部分：对经验本身进行概括与提升、对学习过程与结果进行评价。

教师指导评价要点：用适当的形式激活学生的体验；组织不同经验的深度交流；诊断并指导学生完善自己的经验；构建学习过程与结果的评价标准；比较不同价值观做出归纳和总结，适切指导学生的评价。

学生学习评价要点：对信息进行梳理，形成观点和作品；分享自己的观点和作品；吸纳他人观点和作品，完善自己的经验；依据标准对自己和他人做出适切评价；对评价标准能够提出个人见解。

学生学习的评价方式：可以通过学生的作品、交流表达、参与程度和学案学习等进行评价；可以通过学生的交流表达、参与程度、对标准修改完善的重要贡献度进行评价。

（四）应用阶段

目的：应用阶段主要是学生将所学对接生活实践的尝试阶段，在尝试过程中，学生会进一步丰富和完善自身的经验和知识图式。

教师指导评价要点：适时指导学生的应用。

学生学习评价要点：将自己的经验应用于新的情境；有意识地进行思考，进一步完善自己的经验。

学生学习的评价方式：可以通过学生的实践参与、交流表达、学生作品等进行评价。

三、研学旅行课程评价标准的案例应用

我们以“茶园中的知与行”的活动设计来例解一下研学旅行体验式学习评价标准的应用。

（一）案例介绍

课程名称：茶园中的知与行

课程目标：能够说出绿茶的相关知识（起源、分类、功能），并能掌握茶叶采摘的正确方法与技巧；学会采茶、选茶，通过观摩制茶，掌握制茶的三个步骤（杀青、揉捻、整形和烘干）。通过实际练习增进对家乡茶叶文化的理解和对家乡的热爱，对雨花茶和中国茶文化产生兴趣。

课程内容：

1. 获取间接经验阶段——活动方式：集中学习知识，讲解关于茶叶的相关知识，包括茶叶的起源、茶叶的种类、茶叶的栽种、茶叶的维护、茶叶的季节变化和茶叶的采摘过程等。

2. 获取直接经验阶段——活动方式：先分组学习，后集中学习。放大镜观察茶叶样态，采摘茶叶实践劳动。成果收集、称重，教师小结。

3. 整理经验阶段——活动方式：集中学习。

专题（一） 食品安全与健康、绿色环保

学习路径：提出问题—头脑风暴—设计—分享—深度研究—再分享

探讨问题：

茶叶上的小黑点是什么？（茶茸毒蛾，属鳞翅目，毒蛾科）如果你是茶农，你怎么办？（药物消毒）这是否涉及食品安全问题？如何做到绿色环保有机茶叶？你有什么办法？（引进鸟雀进行治虫）

专题（二） 工作态度学习路径

数据事实：采摘 1 万个茶头是 1 斤，3 斤新鲜的叶子能够炒制 1 斤干茶。

在称重量时有的小组 8 个人，四十多分钟才采摘 430 个茶头，1 个人 1 分钟才采摘约 14 个茶头。正常的成年人一个上午 4 个小时，能采摘 1 斤茶叶。

谈感受：有的同学说天气很热，很晒，我采了一会儿，腰很疼。茶农采摘一上午，四个小时就这样重复着这种机械工作。有的同学说农民一个人采摘比我们四十几个人采得都多，也说明我们的工作效率很低。我们在采摘的时候有时喝水、上厕所，有时我们在追逐玩耍，没有茶农工作认真。有的学生说之前的课程我们也说茶农不容易，比较空洞，没有事实的依据。现在有了直接的数字对比，能够亲身体会到采茶的不容易。

专题（三）传统工艺与中国茶文化学习路径

探讨的话题：中日茶制作工艺对比；中国传统茶艺的精妙；茶艺的美

4. 应用阶段——活动范式：自由学习

布置任务：请结合采茶课程，任选以上三个主题，写一篇研究性学习报告。

（二）案例分析

本案例基本体现了研学旅行中体验式学习的特点，有情境性的茶园现场，有学生茶园采摘和观察、称重的直接体验，有交互式的学生互动，有深刻的情感体验，是对“直接经验 + 反思”这一体验式学习本质的较好诠释，体现了体验式学习的综合性质。

本案例比较完整地体现了研学旅行体验式学习的过程。尤其是经验整理阶段，能够围绕三个主题，或通过问题链，或通过认知对比，或通过主题探讨等方式，融生物、数学、语文、历史等学科要素为一体，在深刻的互动中达到了知识的综合运用，真正建构了知识体系，与生活实际建立了联系，合作沟通、表达能力得到锤炼，情感得到启发与激励。

本案例教师的指导方式多样，符合体验式学习组织交流、分享经验的内在要求，内容与课程目的关联紧密，与资源契合度高，能够引领学生进行深度学习。学生的学习效果明显，体验了学习方式的多样性，包括观察、查阅证据信息、问题发现、问题探究、动手操作、对比感悟、自主建构观点、分享表达等。同时也体现了学习的深度，学生的探究是针对性很强的困惑解决、问题解决，学生的体悟是非常真切感人的。

建构研学旅行中体验式学习评价标准，一方面是尝试弥补研学旅行课程评价缺失环节，使课程要素更加完备，指导教师们更加规范、积极地思考研学旅行课程中教师、学生评价的问题；另一方面也期望基于评价，引领教师们在开展研学旅行课程实践当中能够有所参照，不断持续对研学旅行课程中诸多问题进行深入思考，尤其是研学旅行课程由于时空的变化，对传统课堂教学策略的变革甚至是颠覆的问题。

体验式学习是研学旅行课程的主要学习方式，并不是像有的教师所理解的带着学生去旅游，穿插一些知识讲座、动手操作、看一看、游一游的肤浅的体验，而是要遵循体验学习的特点，完成体验式学习的四环节，使研学旅行课程价值得到真正彰显，使学生一辈子记得曾经经历过的那次高级的、有趣的旅行。

（备注：本资料来源于《中小学教师培训》2018 年刘继玲老师的《研学旅行中体验式学习评价标准开发与应用》一文）

【思考与练习】

1. 研学旅行对学生评价具有重要意义，主要有哪些评价标准和方法？

2. 某个小学五年级学生要到博物馆和科技馆开展为期一天的“从过去走向未来”研学之旅，请你根据本次研学主题和可能产生的研学成果，制订一份对学生学习成果的评价方案，方案中应包括必要的评价量表。

3. 对研学旅行服务质量的评价应该包含哪些内容？如何使用得到的评价结果？

第六章
研学旅行安全保障

【引言】

近几年，随着我国研学旅行事业的快速发展，研学旅行的安全事故也呈现增长趋势，引起了社会各界对研学旅行安全问题的高度重视。为了贯彻落实“安全第一，预防为主”的安全工作方针，切实保障研学旅行的健康有序发展，有必要构建研学旅行安全保障体系。

本章首先阐述了研学旅行安全的概念、中国研学旅行安全法律法规（含部门规章）建设，其次从研学旅行承办方及基地（营地）等角度讲述了研学旅行安全管理，然后详述了研学旅行中的突发事件及其防范应对，最后概述了研学旅行中的危机公关。

【学习目标】

1. 了解我国研学旅行安全法律法规（含部门规章）建设
2. 掌握研学旅行安全预案的制定和演练
3. 能够根据研学旅行突发事件类型制定针对性的防范应对措施
4. 掌握研学旅行危机公关的原则与策略

第一节　研学旅行安全概述

当代中小学生是朝气蓬勃、接受新事物能力很强的特殊人群，他们对研学旅行有着浓厚的兴趣和强烈的参与欲望。但是通常年龄较低，行为观念不太成熟，群体活动可控性较弱。近年来，一系列的突发事件使处于此环境中的中小学生研学旅行亦不可避免地面临诸多风险。因此，切实做好研学旅行的安全管理工作是保障其顺利进行的必要条件。

一、研学旅行安全概念界定

研学旅行安全是指中小学校和相关研学旅行服务单位在组织研学旅行过程中，因各种原因导致的人身及财物安全问题及应对。

研学旅行安全是一个综合的概念，既涉及参与者（学生是主体，还有为学生提供服务的教师和相关工作人员）的安全，又涉及应对各种突发事件、化解风险、抵御各种灾害的能力。研学旅行安全是保障研学旅行活动顺利进行及可持续发展的基础。

二、中国研学旅行安全法律法规（含部门规章）建设情况

研学旅行属于校外集体性综合实践活动，其安全风险从一般性的活动风险扩大到餐饮、交通、住宿等更为复杂的安全问题。要顺利推进中小学研学旅行，必须完善相关法律，明确安全责任的法律划分。但是目前我国研学旅行安全法律法规建设仍处于起步阶段，研学旅行所涉及的部门和层面跟旅游业有很多融合之处，鉴于此，下面以旅游安全法律法规（含部门规章）为主线，梳理相关法律法规的发展、演进脉络。

（一）发展阶段

1. 1949—1978 年：空白阶段

与国外相比，我国旅游立法起步较晚，新中国建立以后一直到改革开放前近 30 年的时间里，我国的旅游工作主要以接待一些社会主义国家的友好人士和少数外国旅游者为主，旅游法制建设基本上是一片空白，仅以国家的一些基础性法规和文件间接地对我国旅游接待工作提供根本性依据，主要集中在政策性很强的行政管理法规方面。在此阶段基本没有旅游安全方面的规范。

2. 1979—1989 年：单项法律规范形成阶段

这一阶段是我国旅游业作为产业开始起步并逐渐发展的时期，国家必须从宏观调控的高度为旅游业的发展理顺关系，并从各个具体环节对旅游业进行扶持，同时旅游业的发展态势也要求必须以单项立法的形式对旅游活动的具体行为准则进行规制。1985 年国务院发布了我国第一个旅游业单项法规——《旅行社管理暂行条例》，这是我国旅游法制建设的新突破。旅游管理部门则开始制定旅游行业的行政法规，规范旅游活动的具体行为。

由于旅游业是综合性较强的经济产业，与其他相关行业联系密切，因此，一些法规如《中华人民共和国环境保护法》《中华人民共和国文物保护法》《风景名胜区管理暂行条例》《旅游业治安管理办法》等涉及旅游业的法律法规，已成为了对旅游业发展起着重要协调、制约、保障作用的旅游活动依据。尤其是《旅游业治安管理办法》更是涉及旅游安全层面，在保障旅游业规范发展过程中发挥了重大作用。

3. 1990—1994 年：综合性法律规范形成阶段

经过前一阶段的努力实践，中国旅游业已经逐步完成基础建设，进入快速发展时期。相关法律法规在短期内初步形成了旅游法律体系，出台了《旅游安全管理暂行办法》《旅游安全管理暂行办法实施细则》《重大旅游安全事故报告制度试行办法》《重大旅游安全事故处理程序试行办法》等。在国际国内形势的影响下，旅游法制建设在更为广泛的领域取得进展，依法治旅、依法兴旅已经成为时代发展的需要。但当时的旅游法规立法层次偏低，法规的效力有限。

4. 1995—2004 年：专项法律规范的创设阶段

这个阶段发布了《旅行社管理条例》《漂流旅游安全管理暂行办法》《旅行社投保旅行社责任保险规定》等专项法律规范，从范围来看，已涉及旅游业的方方面面，这些法规的出台与实施对中国旅游业的健康快速发展起到了很大的促进作用。同时，各地制定的一些专项旅游安全管理办法，为地方旅游业的发展起到保驾护航的作用。

5. 2005—2012 年：旅游安全法律规制逐步完善阶段

经过 20 多年的探索和努力，一条符合中国国情的旅游业发展道路已经基本形成。随着中国加入世界贸易组织、社会主义市场经济体制的不断完善以及旅游业作为国民经济新增长点地位的确定，旅游业走上了理性、科学的发展轨道。旅游立法和执法工作成效显著，旅游法制体系基本形成，中国旅游安全法制建设正逐步走向健康完善的新时期。为了兑现加入 WTO 的承诺，于 2001 年又先后相继修订了《旅行社管理条例》《中外合资旅行社管理暂行规定》等，力图进一步适应国际旅游发展的需要。2009 年，随着旅游业的入境游、国内游和出境游三大市场的逐步发展，原有法规的修改呼声愈发强烈，原国家旅游局在多方调研的基础上，大力度修改了原有法规，出台了新的《旅行社条例》及其细则，相关的质量保证金与旅游保险的内容也在之后两年做了调整。同时，之前的一些安全规定被废止或者修改。

6. 2013 年至今："研学旅行"首提、旅游法出台

2013 年 2 月 2 日，国务院办公厅印发了《国民旅游休闲纲要（2013—2020 年）》，纲要中提出"逐步推行中小学生研学旅行"，首次从国家层面提出"研学旅行"一词。

《中华人民共和国旅游法》（以下简称《旅游法》）由全国人民代表大会常务委员会于 2013 年 4 月 25 日发布，自 2013 年 10 月 1 日起施行。《旅游法》是为保障旅游者和旅游经营者的合法权益，规范旅游市场秩序，保护和合理利用旅游资源，促进旅游业持续健康发展而制定。《旅游法》包含了旅游安全一章的内容，使旅游安全管理规范日趋完善。

此后,《景区最大承载量核定导则》(2014)、《旅游安全管理办法》(2016)、《关于推进中小学生研学旅行的意见》(2016)、《研学旅行服务规范》(2017)、《研学旅行指导师(中小学)专业标准》和《研学旅行基地设施与服务规范》(2019)等研学旅行安全相关法律法规陆续密集发布，更好地促进和规范了旅游和研学旅行的安全、健康发展。

(二)我国研学旅行安全具体法律法规(含部门规章)举例——参考《研学旅行服务规范》(LB/T 054–2016)

《研学旅行服务规范》(LB/T 054–2016)由原国家旅游局于2016年12月19日发布，于2017年5月1日起正式实施。该规范对服务提供方、人员配置、研学旅行教育线路、服务项目以及安全管理等11大类内容进行了详细规定。研学旅行服务单位或学校可以针对此文件中关于安全的规定查漏补缺，及时调整各自单位的研学旅行服务规范和安全管理制度。以下是《研学旅行服务规范》(LB/T 054–2016)中涉及安全的条款。

1　范围

本标准规定了研学旅行服务的术语和定义、总则、服务提供方基本要求、人员配置、研学旅行课程方案、研学旅行服务项目、安全管理、服务改进和投诉处理。

4　总则

4.1　研学旅行活动的主办方、承办方和供应方应遵循安全第一的原则，全程进行安全防控工作，确保活动安全进行。

5　服务提供方基本要求

5.1　主办方

5.1.1　应具备法人资质。

5.1.3　应有明确的安全防控措施、教育培训计划。

5.2　承办方

5.2.3　连续三年内无重大质量投诉、不良诚信记录、经济纠纷及重大安全责任事故。

6 人员配置

6.2.2 应至少为每个研学旅行团队配置一名安全员，安全员在研学旅行过程中随团开展安全教育和防控工作。

7 研学旅行（课程）方案

7.3 （课程）方案说明书

研学旅行服务企业或者机构应制作并提供研学旅行（课程）方案说明书，此说明书除应符合《中华人民共和国旅游法》和《旅行社服务通则》（LB/T008）中有关规定外，还应包括以下内容：

a 研学旅行安全防控措施；

c 未成年人监护办法。

8 研学旅行服务项目

8.2 交通服务

8.2.1 应按照以下要求选择交通方式：

a 单次路程在 400 km 以上的，不宜选择汽车，应优先选择铁路、航空等交通方式；

b 选择水运交通方式的，水运交通工具应符合 GB/T 16890 的要求，不宜选择木船、划艇、快艇；

c 选择汽车客运交通方式的，行驶道路不宜低于省级公路等级，驾驶人连续驾车不得超过 2h，停车休息时间不得少于 20 min。

8.2.2 应提前告知学生及家长相关交通信息，以便其掌握乘坐交通工具的类型、时间、地点以及需准备的有关证件。

8.2.3 宜提前与相应交通部门取得工作联系，组织绿色通道或开辟专门的候乘区域。

8.2.4 应加强交通服务环节的安全防范，向学生宣讲交通安全知识和紧急疏散要求，组织学生安全有序乘坐交通工具。

8.2.5 应在承运全程随机开展安全巡查工作，并在学生上、下交通工具时清点人数，防范出现滞留或走失。

8.2.6 遭遇恶劣天气时，应认真研判安全风险，及时调整研学旅行行程和交通方式。

8.3　住宿服务

8.3.1　应以安全、卫生和舒适为基本要求，提前对住宿营地进行实地考察，主要要求如下：

a 应便于集中管理；

b 应方便承运汽车安全进出、停靠；

c 应有健全的公共信息导向标识，并符合《标志用公共信息图形符号》（GB/T 10001）的要求；

d 应有安全逃生通道。

8.3.2　应提前将住宿营地相关信息告知学生和家长，以便做好相关准备工作。

8.3.3　应详细告知学生入住注意事项，宣讲住宿安全知识，带领学生熟悉逃生通道。

8.3.4　应在学生入住后及时进行首次查房，帮助学生熟悉房间设施，解决相关问题。

8.3.5　宜安排男、女学生分区（片）住宿，女生片区管理员应为女性。

8.3.6　应制定住宿安全管理制度，开展巡查、夜查工作。

8.3.7　选择在露营地住宿时还应达到以下要求：

a 露营地应符合《休闲露营地建设与服务规范》（GB/T 31710）的要求；

b 应在实地考察的基础上，对露营地进行安全评估，并充分评价露营接待条件、周边环境和可能发生的自然灾害对学生造成的影响；

c 应制定露营安全防控专项措施，加强值班、巡查和夜查工作。

8.4　餐饮服务

8.4.1　应以食品卫生安全为前提，选择餐饮服务提供方。

8.4.3　应督促餐饮服务提供方按照有关规定，做好食品留样工作。

8.4.4　应在学生用餐时做好巡查工作，确保餐饮服务质量。

8.5　讲解服务

8.5.2　应将安全知识、文明礼仪作为讲解服务的重要内容。

8.6　医疗及救助服务

8.6.1　应提前调研和掌握研学营地周边的医疗及救助资源状况。

8.6.2　学生生病或受伤，应及时送往医院或急救中心治疗，妥善保管就诊医疗记录。返程后，应将就诊医疗记录复印并转交家长或带队教师。

8.6.3　宜聘请具有职业资格的医护人员随团提供医疗及救助服务。

9　安全管理

9.1　安全管理制度

主办方、承办方及供应方应针对研学旅行活动，分别制定安全管理制度，构建完善有效的安全防控机制。研学旅行安全管理制度体系包括但不限于以下内容：

a 研学旅行安全管理工作方案；

b 研学旅行应急预案及操作手册；

c 研学旅行方案安全评估制度；

d 研学旅行安全教育培训制度。

9.2　安全管理人员

承办方和主办方应根据各项安全管理制度的要求，明确安全管理责任人员及其工作职责，在研学旅行活动过程中安排安全管理人员随团开展安全管理工作。

9.3　安全教育

9.3.1　工作人员安全教育

应制订安全教育和安全培训专项工作计划，定期对参与研学旅行活动的工作人员进行培训。培训内容包括：安全管理工作制度、工作职责与要求、应急处置规范与流程等。

9.3.2　学生安全教育

学生安全教育要求如下：

a 应对参加研学旅行活动的学生进行多种形式的安全教育；

b 应提供安全防控教育知识读本；

c 应召开行前说明会，对学生进行行前安全教育；

d 应在研学旅行过程中对学生进行安全知识教育，根据行程安排及具体情况及时进行安全提示与警示，强化学生安全防范意识。

9.4　应急预案

主办方、承办方及供应方应制定和完善包括地震、火灾、食品卫生、治安事件、设施设备突发故障等在内的各项突发事件应急预案，并定期组织演练。

【拓展知识】

研学旅行安全风险及成因

作为一个较为宽泛的概念，研学旅行安全风险可以简单分为内部性风险和外部性风险。

一、内部性风险

内部性风险主要是指参与者自身的旅行安全意识淡薄甚或缺乏引致的不确定性。作为一个特殊的社会群体，学生是在家庭的呵护和教师的关心下成长起来的，从小学、中学到大学，没有多少安全防范意识，旅行安全意识更是淡薄，具有一定的盲目性和随意性。再加上他们的知识结构不太合理，知识面相对狭窄，思维模式比较单一，且缺少旅行经验，故面临风险时常常不知所措，出现紧张、恐惧和逃避现象，更易造成一定的安全事故。

二、外部性风险

（一）研学旅行安全教育风险

研学旅行安全教育风险是指由于学生研学旅行安全教育缺失造成的不确定性。对于学生而言，无论是学校教育、家庭教育、社会教育，都缺乏专业的旅行安全教育，对学生安全素质教育和培养的忽视使得学生的旅行安全危机应对技能非常欠缺，危机应对心理极易失衡。因此，一旦遇到旅行安全危机往往无法正确应对，易于出现安全问题。

（二）研学旅行安全管理风险

鉴于研学旅行属于校外集体活动，具有集体性、实践性特征，学生参与数量多，校外环境不可控，相对而言，参与学生的管理难度会增加，安全风险亦会成几何增大，法律责任也随之增加，但是学校安全责任边界的划分却不清晰。即便是外包给第三方具体承办，并不导致校外活动性质的变化，也不因此减轻或免除学校管理、保护学生的法定义务。但目前绝大多数学校在研学旅行方面，并未制定相应的管理制度和预案，缺乏对研学旅行组织者和学生的监督管理和技术指导，且无专业性的研学旅行教师，存在极大的安全管理风险，极易产生安全事故。基于此，在现行评价机制下，最终学校多以牺牲学生的全面发展为代价来规避研学风险确保安全。

（三）研学旅行安全保障体系风险

研学旅行安全保障体系风险是指由于研学旅行安全保障体系缺乏引致的不确定性。完善的研学旅行安全保障体系是确保研学旅行安全的重要环节，对于研学旅行安全事故前中后阶段的预警、救援和保险善后等具有重要作用，因而必须进一步健全和完善研学旅行预警机制、救援机制及保险机制。但从目前我国实际情况来看，仍未建立起科学、规范、高效的研学旅行安全保障体系，学生旅行安全保障能力仍有待提升。

（四）市场介入产生的逐利风险

作为一种高效的资源配置机制，市场机制具有竞争性、差异性和选择性的优势。鉴于此，21 世纪以来，依靠非政府力量尤其是市场力量解决教育资源配置的复杂问题成为主流趋势。市场机制参与研学旅行的确可以提供更为多元和优质的研学旅行活动课程方案，但亦须面对公益性与营利性之间的矛盾与冲突，市场介入产生的逐利风险即是直接表现。鉴于研学旅行事业的蓬勃发展，更多企业与组织的进入使得研学旅行极易产生“柠檬市场”；同时，为了吸引、招徕、接待更多的团队、赚取更多的利润，参与研学旅行服务的社会企业与组织可能会在实践中有意或无意地降低安全保障，通过牺牲安全来降低经营成本，极大地增加了研学旅行的安全风险。

第二节 研学旅行安全管理

一、研学旅行安全管理概况

安全是研学旅行的生命线，没有安全就没有研学旅行。

研学旅行安全管理是指面向研学旅行行业，通过提高研学旅行行业的安全管理水平，预防和减少研学旅行安全突发事件，以保障中小学生和研学旅行从业人员的人身、财产安全，保障研学旅行服务企业或机构安全运营为目标的各项工作的统称。

自 2016 年以来，随着研学旅行的快速发展，研学旅行安全管理呈现出以下特点和趋势：

（一）从“安全第一，预防为主”向“以人为本，安全第一，预防为主，综合治理”转变，更加注重以人为本的立法理念，体现综合治理手段

“安全第一”体现了“以人为本”的重要思想，强调把人身安全放在第一位；“预防为主”，就是要在事前做好安全工作，“防患于未然”，依靠科技进步，加强安全科学管理，搞好科学预测与分析工作，把工伤事故和职业危害消灭在萌芽状态中。“安全第一，预防为主”两者是相辅相成、相互促进的。“预防为主”，是实现“安全第一”的基础。要做到安全第一，首先要搞好预防措施。预防工作做好了，就可以尽最大可能保证安全，实现安全第一，这是经实践证明的重要经验。“综合治理”是一种新的安全管理模式，它是保证“安全第一，预防为主”的安全管理目标实现的重要手段。

（二）从“重监管”向“监管、协调、服务并重”转变，更加注重相关部门的协调职能和提供研学旅行安全公共服务

融服务于监管之中，以监管促规范，以服务促发展，实现研学旅行安全

与发展共赢。

（三）从“重事中”向“事前、事中、事后并重”转变，事前的安全风险提示和预警，事后的应急处置、救援和报告被更加重视

抓好事前控制，重在预警，要做到事前有计划，抓好源头控制；抓事中控制，重点在于对研学旅行过程进行控制，做到事中有执行；抓事后控制，重点在吸取研学旅行事故教训，定期进行案例警示教育，杜绝类似事故发生。

（四）从“重政府、企业”向“政府、学校、企业、社会、学生个人并重”转变，研学旅行安全服务社会化、学生自身承担研学旅行安全义务成为新规范内容

教育行政部门负责督促学校落实安全责任，审核学校报送的研学旅行活动课程方案（含保单信息）、研学基地相关信息、学校预案、企业或者研学旅行机构的服务标准和资质等信息、接待单位的研学旅行预案（包含使用的司机、出车的检验合格单），等等。旅游行政部门负责监督提供涉旅研学资源对中小学生的优惠政策。公安、交通、市场监督管理等部门加强对研学旅行涉及的住宿、餐饮等公共经营场所的安全监督，依法查处运送学生车辆的交通违法行为，杜绝使用不符合国家标准的车辆和驾驶人接送研学旅行学生，完善研学旅行基地周边的道路标志标识设施，为研学旅行提供安全畅通的道路环境。保险监督管理机构负责指导保险行业提供并优化校方责任险、企业或者研学旅行机构责任险等。学校（主办方）应加强安全教育，提高师生安全意识；要制定研学旅行安全保障方案和应急预案，做好行前安全教育工作，并对学生进行研学旅行应急演练；负责确认出行师生购买意外险，必须投保校方责任险，与家长签订安全责任书，与委托开展研学旅行的企业或机构签订安全责任书，明确各方安全责任；研学旅行企业或机构组织和操作研学旅行活动应该坚持安全优先的原则，防止过度降低成本、使用劣质的供应要素等不良现象；要做好研学旅行活动方案的安全风险评估，强化日常风

险预防，建立应急管理体系，做好应急处置工作，提升服务操作人员的安全意识和安全应急能力；要做到研学旅行活动方案质量与安全并重，研学旅行服务人员安全意识与能力共有，全面保障研学旅行组织过程中的各要素安全和活动组织安全。学生在提高自身安全意识、安全技能的前提下，不单独离队。

二、研学旅行中各方的安全管理

（一）学校研学旅行安全管理组织与职责

学校作为研学旅行的组织方，是研学旅行的安全责任主体，对参加研学旅行活动的学生具有教育、管理和保护义务。研学旅行的主要对象是小学、初中、高中等未成年学生，这一群体的安全意识与安全素质较为欠缺，学校的安全教育是增强学生安全意识、提高其安全能力的主要途径，学校应以防患于未然的姿态加强安全教育的力度与强度。学生也应加强自身安全知识的提升和培养，了解旅行过程中的潜在风险，加强对风险的关注，提升风险应对能力。学校科学的安全组织保障体系可以保障研学旅行的顺利进行，确保研学旅行朝着安全化方向发展。

具体组织及职责分工如下：

1. 领导组：组长、副组长、安全员

领导组负责统一领导和协调研学旅行活动中的安全工作，制定安全预案和安全措施，安排安全工作，处置突发事件。抓好研学旅行活动各类安全事故预防和应急准备工作，督促检查各年级各班研学旅行活动中安全工作的执行情况。

其中，组长负责活动中各项安全工作的安排与实施，负责车辆的安排与安全检查及各种安全设备的准备，制定每个环节的安全措施，组织处置突发安全事件。副组长协助组长做好活动中的各项安全工作，并检查督促各种安全措施的落实情况及安全设备的准备情况，做好安全员的组织与分工，对有关车辆和学生活动中出现的不安全因素或违规行为要及时发现、制止，做好掉队学生的安排和意外安全事故的组织处置工作。

需要特别指出的是安全员这一岗位，可以分为学校安全员和班级安全员两类，学校的安全员负责整个活动过程中安全工作具体的实施与监督、检查，班级的安全员负责本班活动中各项安全工作的落实与监督、各种突发安全事故的处置与报告。

2. 安全工作具体分组情况及相应职责

（1）人员点名组

负责汇总人数，确保人员齐整。

（2）交通安全组

组织学生有序上下车，提醒同学途中注意事项，保障行车途中安全。每次上车前要清点人数。

（3）食品安全组

积极应对各种突发的食品安全事件，提醒同学们注意饮食卫生。

（4）学生住宿安全组

安排好学生整理被褥，教育学生不起哄、不打闹、不乱摸电器和电源插头，沐浴、如厕讲文明，讲卫生，守秩序。

（5）学生活动安全组

防止学生体验活动中受到意外伤害。

（6）抢救小组

积极应对各种突发性的安全事故，做好伤员的救治和转移工作。

（7）宣传组

负责照相、摄影、文字报道等工作，并协调各新闻媒体的有关工作。

（二）企业或者研学旅行机构安全管理组织与职责

企业或研学旅行机构应设置各级各类专业部门和专职人员开展安全教育和防控工作，为学生提供研学旅行教育服务和安全保障服务。具体如下：

图 6-1 企业或研学旅行机构安全管理组织图

1. 安全工作委员会

安全工作委员会是指企业或研学旅行机构成立的对组织的安全职能进行监督的机构。主要负责安全保障重大事项的决策，牵头运用先进的管理方法和高科技手段建立健全安全保障机制，统筹协调学生安全方面的重大问题。

2. 安全总监

安全总监指的是在企业或研学旅行机构中负责安全运营工作的中层领导。其在研学旅行的安全管理活动中处于非常关键的地位，承上启下，分解安全工作委员会对于安全的政策和使命，管理、控制具体的安全运行和建设维护。负责安全体系的构建，制订接待期安全工作规划，对安全工作执行情况进行监察，并负责学生意外事件纠纷的处理。

3. 各模块安全负责人

各模块安全负责人根据各个研学旅行团队的活动特点，以及来团学生的基本信息，事先排查、及时发现接待资源、接待服务过程中的安全隐患。

4. 各（课程）方案安全负责人

各（课程）方案安全负责人制定（课程）方案接待安全工作手册，识别接待过程中的所有安全风险，并与安全中心、各模块安全负责人一起排除隐患，确保接待顺畅。重大意外事件，要第一时间赶赴现场处理。

5. 突发应急事件负责人

突发应急事件负责人制订突发事件应急处理方案，负责突发安全事件处理、上传下达等工作。

（三）研学旅行组织实施安全管理

1. 制定安全管理制度

研学旅行组织方应针对研学旅行活动制定安全管理制度，构建完善有效的安全防控机制。研学旅行安全管理制度体系包括但不限于以下内容：

①研学旅行安全管理工作方案；

②研学旅行应急预案及操作手册；

③研学旅行（课程）方案安全评估制度；

④研学旅行安全教育培训制度。

2. 设置安全管理人员

研学旅行组织方应根据各项安全管理制度的要求，明确安全管理责任人员及其工作职责，在研学旅行活动过程中安排安全管理人员随团开展安全管理工作。

3. 安全教育

（1）工作人员安全教育

研学旅行组织方应制订安全教育和安全培训专项工作计划，定期对参与研学旅行活动的工作人员进行培训。培训内容包括：安全管理工作制度、工作职责与要求及应急处置规范与流程等。

（2）学生安全教育

学生安全教育要求如下：

①应对参加研学旅行活动的学生进行多种形式的安全教育；

②应提供安全防控教育知识读本；

③应召开行前说明会，对学生进行行前安全教育；

④应在研学旅行过程中对学生进行安全知识教育，根据研学日程安排及具体情况及时进行安全提示与警示，强化学生安全防范意识。

（3）应急预案

研学旅行组织方应制定和完善包括地震、火灾、食品卫生、治安事件、设施设备突发故障等在内的各项突发事件应急预案，并定期组织演练。

（4）服务改进

研学旅行组织方应对各方面反馈的质量信息及时进行汇总分析，明确研学旅行（课程）方案中的主要缺陷，找准发生质量问题的具体原因，通过健全制度、加强培训、调整供应方、优化研学旅行（课程）方案设计、完善服务要素和运行环节等措施，持续提升研学旅行服务质量。

三、研学旅行基地（营地）的安全管理

（一）研学旅行基地（营地）安全问题特点

1. 复杂性

大量存在的人流、物流和信息流造成研学旅行基地（营地）安全问题的复杂性，这种复杂性使得研学旅行基地（营地）具有安全管理上的复杂性与综合性——既要防火防盗，保证学生的生命与财产安全，又要保障学生在景区内的交通和进行活动课程时的安全，还要应付突发性的安全事件与危机等问题。

2. 突发性

研学旅行基地（营地）内的各种安全事故往往是在很短时间内发生的，如自然灾害、火灾、抢劫以及爆炸等。而这些突发事件若在短时间内无法得到有效控制，必将对学生生命、财产和研学旅行基地（营地）的声誉、发展造成极大的危害。

3. 全过程性

研学旅行基地（营地）的安全管理贯穿研学旅行师生在景区内活动的整个过程，无论是在基地（营地）内上课、就餐，还是在基地（营地）内乘坐交通工具，都属于基地（营地）安全管理的范畴。其间任何环节出现问题，都需要基地（营地）进行及时的处置与管理。

4. 可预防性

尽管引起研学旅行基地（营地）安全事故的因素很多，但只要加强管理，并注重提高人们的安全意识，注重提升基地（营地）的安全分析、监测和应急能力，基地（营地）的大部分安全事故是可以预防的。

（二）研学旅行基地（营地）安全管理任务

建立安全责任机制，与参加研学旅行学生家长和开展研学旅行的相关企业或机构签订安全责任书，明确各方安全责任。为学生创造安全的研学旅行环境，保障研学旅行实践项目的安全。禁止学生在未开发或无安全保障区域活动。向学生提供准确、规范的关于地质灾害、天气变化、洪涝情况、交通路况等方面的安全信息。完善基地（营地）解说系统与安全标志系统。建立结构合理的专职、兼职、志愿者等相结合的基地（营地）安全管理队伍。完善基地（营地）内线路的道路交通条件，加强基地（营地）设施设备的安全管理，加强基地（营地）的食品安全及住宿安全管理工作。

建立基地（营地）安全教育培训制度，定期对员工进行安全教育和操作演练，新聘员工应接受安全教育培训；不定期对参与研学旅行的师生进行安全教育与培训，帮助其了解有关安全规章制度，掌握自护、自救和互救知识及技能。

坚持基地（营地）日常安全检查工作，建立安全事故排查制度，及时发现并消除安全隐患。根据各类预案配备必要的应急救援物资，为研学旅行学生购买在基地（营地）活动的公共责任险，并可根据特色活动需求建议或者协助学生购买相应特色保险。协助有关部门做好基地（营地）安全事故的现场处置与善后工作，及时向上级部门报告安全事故等。

（三）研学旅行基地（营地）安全管理模式

研学旅行基地（营地）必须建立预防为主、防控管相结合的安全管理模式。强调基地（营地）安全预警、安全控制和安全保障的有机结合。其中，基地（营地）的安全预警是前提、基础，基地（营地）安全控制是管理关键，基地（营地）安全保障是管理支撑。

1. 安全预警

设置安全宣传栏，发放安全宣传手册，设置安全告示牌，进行普法宣传，进行反向营销宣传，制订安全宣传计划。

2. 安全控制

推动政府相关部门在基地（营地）建立公安局、派出所的办事处或者分支机构，防控、管理基地（营地）刑事治安问题；推动建立“联合执法组”“综合执法队”等形式的基地（营地）联合治安执法队伍，加强对偏远基地（营地）的安全控制管理；监督管理基地（营地）各种经营活动，防止控制基地（营地）出现违法事件；防控管理基地（营地）研学资源、设施设备，防控、监督、管理基地（营地）住宿、饮食、环境卫生安全。

3. 安全保障

制定基地（营地）安全管理制度和条例，并组织实施；建立基地（营地）安全救援系统；建立基地（营地）研学旅行安全辅助设施系统；收集、整理基地（营地）安全相关资料，并进行归档；引导、提倡学生购买基地（营地）研学保险。

（四）研学旅行基地（营地）安全管理机构

1. 研学旅行基地（营地）日常安全管理机构

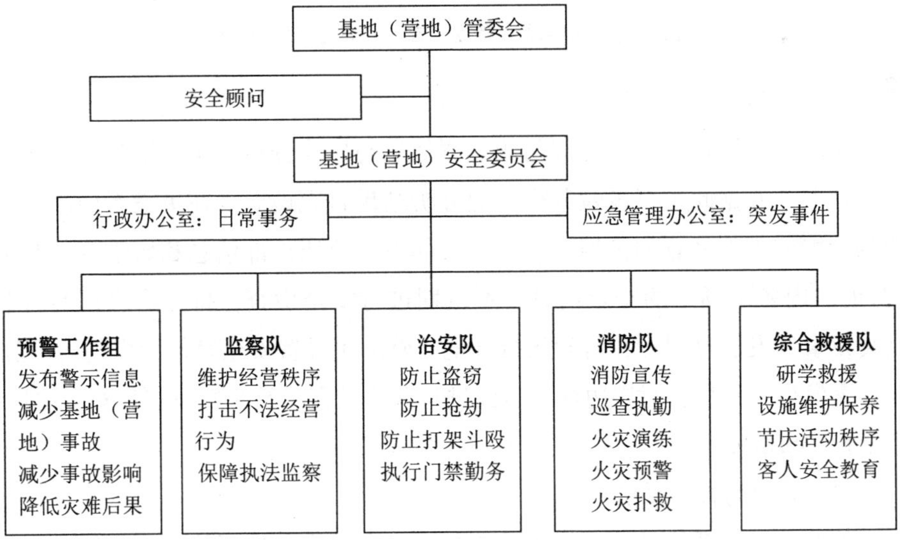

图 6-2　研学旅行基地（营地）日常安全管理机构

研学旅行基地（营地）安全管理机构是指研学旅行基地（营地）设立的负责基地（营地）内安全事务的工作机构。作为安全管理的全职机构，它负有贯彻实施法律法规，承担基地（营地）日常安全管理，基地（营地）前期预防、监测、预警、突发事件处置等安全任务的职责。

2. 研学旅行基地（营地）应急管理体系

研学旅行基地（营地）应急管理体系是研学旅行基地（营地）为应对和处理突发事件而形成的系统性的紧急管理体系。一般而言，研学旅行基地（营地）应急管理体系由预警与监测、救援与应急处置、影响消除与恢复等应急机制所组成，它们分别对应于应急前期、应急中期和应急后期等不同应急周期的管理任务。

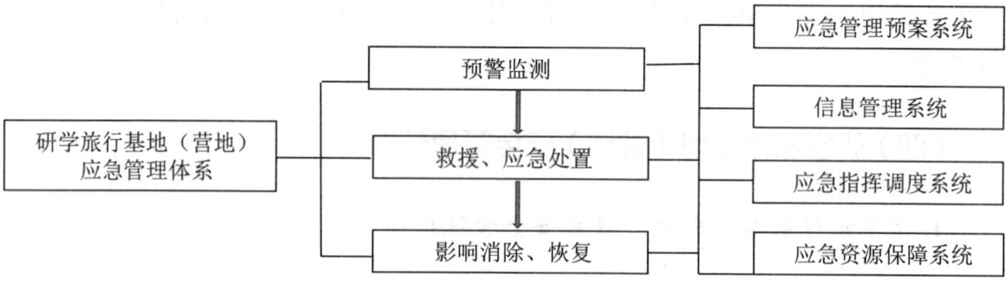

图 6–3　研学旅行基地（营地）应急管理体系

（1）监测与预警系统

监测与预警系统实现各部门的监测信息与风险分析结果的汇集、相关信息的抽取，并据此进行风险分析，把分析结果直观地展现在决策者面前作为预测预警或事件处置的依据。具体职责如下：监测外部信息和研学旅行基地（营地）内各个场所的安全信息；不定期进行安全检查，排除隐患；实时监测突发事件发展过程；在研学旅行基地（营地）设置安全宣传橱窗与告示牌；发布突发事件信息；对周边社区居民进行普法教育；及时发布应急安全信息，警示预防事故发生。

（2）处置与救援系统

处置与救援系统是适用于研学旅行突发事故应急处理的一个比较稳定的组织网络，目的在于事故发生后，将人员伤亡和财产损失降到最低。具体职责如下：应急资源管理与调度；应急组织与协调；紧急处置与救援；事故分析与调查。

（3）影响消除与恢复系统

影响消除与恢复系统是指为消除事故后果、恢复正常生产和生活秩序而通过干预手段使业务能力或系统性能回复到事故发生前的状态。具体职责如下：安抚工作；事件评估工作；舆论引导工作；营销宣传工作；资源补充工作。

3. 研学旅行基地（营地）应急管理机构

（1）研学旅行基地（营地）常设性应急管理机构为研学旅行基地（营地）应急管理办公室

其工作职责可分为三个阶段，具体如下：

第一，事发前。应急预案的编定、演练；安全知识宣传；收集研学旅行安全信息；制定应急管理制度。

第二，事发时。突发事件预警；辅助决策；传达指令调度资源；与研学旅行基地（营地）外专业救援部门联动。

第三，事发后。处理索赔；补充资源；与媒体沟通；向上级汇报。

（2）研学旅行基地（营地）临时性应急管理机构为研学旅行基地（营地）应急指挥小组

研学旅行基地（营地）应急指挥小组是研学旅行基地（营地）负责应急管理的最高指挥机构，属于临时成立的紧急管理机构，需要依托常设机构来运行，紧急任务一结束，应急指挥小组也宣告解散，其他常设机构成员的工作转为处置日常的安全管理业务。

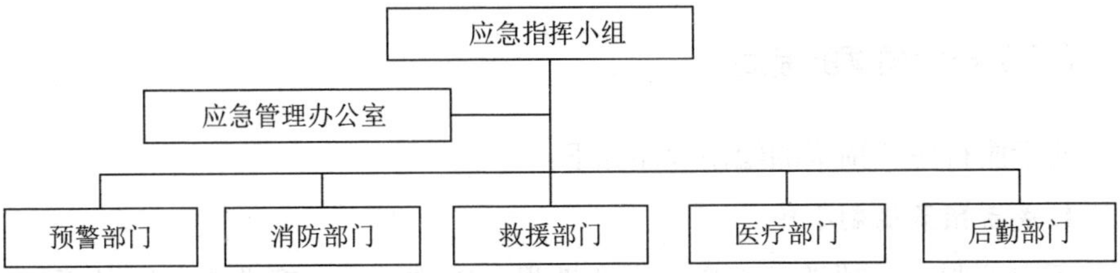

图 6–4　研学旅行基地（营地）应急指挥小组结构

四、研学旅行安全预案和演练

根据中华人民共和国行业标准《生产经营单位安全生产事故应急预案编制导则》（AQ/T 9002–2006），企事业单位的应急预案应该形成体系，针对各级各类可能发生的事故和所有危险源制定专项应急预案和现场处置方案，并确定事前、事中、事后的各个过程中相关部门和有关人员的职责。生产规模小、危险因素少的生产经营单位，综合应急预案和专项应急预案可以合并制定。

（一）安全预案的分类

1. 综合应急预案

从总体上阐述处理事故的应急方针、政策，应急组织机构及相关应急职责，应急行动、措施和保障等基本要求和程序，是应对各类事故的综合性文件。

2. 专项应急预案

针对具体事故类别、危险源和应急保障而制订的计划或方案，是综合应急预案的组成部分，应按照综合应急预案的程序和要求组织制定，并作为综合应急预案的附件。

3. 现场处置方案

针对具体的装置、场所或设施、岗位所制定的应急处置措施。现场处置方案应具体、简单、针对性强，根据风险评估及危险性控制措施逐一编制，做到事故相关人员应知应会、熟练掌握，并通过应急演练，做到迅速反应、正确处置。

（二）安全预案的制定

研学旅行应急预案的编制程序如下：

1. 成立预案编制小组

预案编制是一项涉及面广、专业性强的工作，是一项非常复杂的系统工程，需要安全、工程技术、组织管理、医疗急救等各方面的知识，要求编制人员由各职能部门专业人员、上级指导人员、外部专家等组成，熟悉所负责的各项内容。

2. 风险识别与风险评估

通常应考虑下列因素：

（1）历史情况

本机构及其他兄弟机构、所在社区或目的地以往发生过的紧急情况，包括火灾、危险物质泄漏、极端天气、交通事故、地震、飓风、龙卷风等。

（2）地理因素

研学旅行机构或目的地所处地理位置，如邻近洪水区域、地震断裂带和大坝；邻近危险化学品的生产、贮存、使用和运输企业；邻近重大交通干线和机场等。

（3）技术问题

研学旅行某环节出现故障可能产生的后果，包括火灾、爆炸和危险品事故，安全系统失灵，通信系统失灵，计算机系统失灵，电力故障，加热和冷却系统故障等。

（4）人的因素

人的失误可能是因为下列原因造成的：培训不足、工作没有连续性、粗心大意、错误操作、疲劳等。

（5）物理因素

考虑设施建设的物理条件、易燃品的贮存、设备的布置、照明、紧急通道与出口、避难场所邻近区域等。

（6）管制因素

彻底分析紧急情况，考虑如下情况的后果：出入禁区、电力故障、通信电缆中断、燃气管道破裂、空气或水污染、爆炸、建筑物倒塌、化学品泄漏等。

3. 分类分级

根据评估后的风险制定不同类型和不同级别的预案，并据此分类管理、分级处理。

4. 策略的制定

根据处理突发事件的经验，结合应急资源状况，制定应对突发事件的具体措施。

5. 应急部门人员职责的确定

明确人员职责是成功实行应急救援活动的重要保证。

6. 应急能力评估

依据危险分析结果，评估应急能力，明确救援的需求和不足。

7. 评审与实施

评审由本单位主要负责人组织有关部门和人员进行。外部评审由上级主管部门或地方政府负责安全管理的部门组织审查。评审后，按规定报有关部门备案，并由研学旅行机构负责人签署发布。

（三）安全预案的内容

1. 总则

说明编制预案的目的、原则、编制依据、适用范围等。

2. 组织指挥体系及职责

明确各组织机构的职责、权利和义务，以突发事故应急响应全过程为主线，明确事故发生、报警、响应、结束、善后处理处置等环节的主管部门与协作部门；以应急准备及保障机构为支线，明确各参与部门的职责。

3. 预警和预防机制

包括信息监测与报告、预警预防行动、预警支持系统、预警级别及发布。

4. 应急响应

包括分级响应程序（原则上按一般、较大、重大、特别重大四级启动相应预案），信息共享和处理，通信，指挥和协调，紧急处置，应急人员的安全防护，群众的安全防护，社会力量动员与参与，事故调查分析、监测与后果评估，新闻报道，应急结束 11 个要素。

5. 后期处置

包括善后工作、社会救助、保险、事故调查报告、经验教训总结、改进建议等。

6. 保障措施

通信与信息保障、应急支援与装备保障、技术储备与保障、宣传培训和演习、监督检查等。

7. 附则

包括有关术语、定义，预案管理与更新，国际沟通与协作，奖励与责任，制定与解释部门，预案实施或生效时间等。

8. 附录

包括相关的应急预案、预案总体目录、分预案目录、各种规范化格式文本，相关机构和人员通信录等。

（四）安全预案应急演练

1. 总则

根据《中华人民共和国突发事件应对法》《国家突发公共事件总体应急预案》和国务院有关规定，应加强对应对演练工作的指导，促进应急演练规范、安全、节约、有序地开展。

（1）应急演练定义

应急演练是指各级人民政府及其部门、企事业单位、社会团体等（以下统称演练组织单位）组织相关单位及人员，依据有关应急预案，模拟应对突发事件的活动。

（2）应急演练目的

①检验预案。通过开展应急演练，查找应急预案中存在的问题，进而完善应急预案，提高应急预案的实用性和可操作性。

②完善准备。通过开展应急演练，检查应对突发事件所需应急队伍、物资、装备、技术等方面的准备情况，发现不足及时予以调整补充，做好应急准备工作。

③锻炼队伍。通过开展应急演练，增强演练组织单位、参与单位和人员等对应急预案的熟悉程度，提高其应急处置能力。

④磨合机制。通过开展应急演练，进一步明确相关单位和人员的职责任务，理顺工作关系，完善应急机制。

⑤科普宣教。通过开展应急演练，普及应急知识，提高公众风险防范意识和自救互救等灾害应对能力。

（3）应急演练原则

①结合实际，合理定位。紧密结合应急管理工作实际，明确演练目的，根据资源条件确定演练方式和规模。

②着眼实战，讲求实效。以提高应急指挥人员的指挥协调能力、应急队伍的实战能力为着眼点。重视对演练效果及组织工作的评估、考核，总结推广好经验，及时整改存在的问题。

③精心组织，确保安全。围绕演练目的，精心策划演练内容，科学设计演练方案，周密组织演练活动，制定并严格遵守有关安全措施，确保演练参与人员及演练装备设施的安全。

④统筹规划，厉行节约。统筹规划应急演练活动，适当开展跨地区、跨部门、跨行业的综合性演练，充分利用现有资源，努力提高应急演练效益。

（4）应急演练分类

①按组织形式划分，应急演练可分为桌面演练和实战演练。

第一，桌面演练是指参演人员利用地图、沙盘、流程图、计算机模拟、视频会议等辅助手段，针对事先假定的演练情景，讨论和推演应急决策及现场处置的过程，从而促进相关人员掌握应急预案中所规定的职责和程序，提高指挥决策和协同配合能力。桌面演练通常在室内完成。

第二，实战演练是指参演人员利用应急处置涉及的设备和物资，针对事先设置的突发事件情景及其后续的发展情景，通过实际决策、行动和操作，完成真实应急响应的过程，从而检验和提高相关人员的临场组织指挥、队伍调动、应急处置技能和后勤保障等应急能力。实战演练通常要在特定场所完成。

②按内容划分，应急演练可分为单项演练和综合演练。

第一，单项演练是指只涉及应急预案中特定应急响应功能或现场处置方案中一系列应急响应功能的演练活动。注重针对一个或少数几个参与单位（岗位）的特定环节和功能进行检验。

第二，综合演练是指涉及应急预案中多项或全部应急响应功能的演练活动，注重对多个环节和功能进行检验，特别是对不同单位之间应急机制和联合应对能力的检验。

③按目的与作用划分，应急演练可分为检验性演练、示范性演练和研究性演练。

第一，检验性演练是指为检验应急预案的可行性、应急准备的充分性、应急机制的协调性及相关人员的应急处置能力而组织的演练。

第二，示范性演练是指为向观摩人员展示应急能力或提供示范教学，严格按照应急预案规定开展的表演性演练。

第三，研究性演练是指为研究和解决突发事件应急处置的重点、难点问题，试验新方案、新技术、新装备而组织的演练。

不同类型的演练相互结合，可以形成单项桌面演练、综合桌面演练、单项实战演练、综合实战演练、示范性单项演练、示范性综合演练等。

（5）应急演练规划

演练组织单位要根据实际情况，并依据相关法律法规和应急预案的规定，制订年度应急演练规划，按照“先单项后综合，先桌面后实战，循序渐进，时空有序”等原则，合理规划应急演练的频次、规模、形式、时间、地点等。

2. 应急演练组织机构

演练应在相关预案确定的应急领导机构或指挥机构领导下组织开展。演练组织单位要成立由相关单位领导组成的演练领导小组，通常下设策划部、保障部和评估组；对于不同类型和规模的演练活动，其组织机构和职能可以适当调整，根据需要，可成立现场指挥部。

（1）演练领导小组

演练领导小组负责应急演练活动全过程的组织领导，审批决定演练的重大事项。演练领导小组组长一般由演练组织单位或其上级单位的负责人担任；副组长一般由演练组织单位或主要协办单位负责人担任；小组其他成员一般由各演练参与单位相关负责人担任。在演练实施阶段，演练领导小组组长、副组长通常分别担任演练总指挥、副总指挥。

（2）策划部

策划部负责应急演练策划、演练方案设计、演练实施的组织协调、演练评估总结等工作。策划部设总策划、副总策划，下设文案组、协调组、控制组、宣传组等。

①总策划。总策划是演练准备、演练实施、演练总结等阶段各项工作的主要组织者，一般由演练组织单位具有应急演练组织经验和突发事件应急处置经验的人员担任；副总策划协助总策划开展工作，一般由演练组织单位或参与单位的有关人员担任。

②文案组。在总策划的直接领导下，负责制订演练计划、设计演练方案、编写演练总结报告以及演练文档归档与备案等；其成员应具有一定的演练组织经验和突发事件应急处置经验。

③协调组。负责与演练涉及的相关单位以及本单位有关部门之间的沟通、协调，其成员一般为演练组织单位及参与单位的行政、外事等部门人员。

④控制组。在演练实施过程中，在总策划的直接指挥下，负责向演练人员传送各类控制消息，引导应急演练进程按计划进行。其成员最好有一定的演练经验，也可以从文案组和协调组抽调，常称为演练控制人员。

⑤宣传组。负责编制演练宣传方案、整理演练信息、组织新闻媒体和开展新闻发布等。其成员一般是演练组织单位及参与单位宣传部门的人员。

（3）保障部

保障部负责调集演练所需物资装备，购置和制作演练模型、道具、场景，准备演练场地，维持演练现场秩序，保障运输车辆，保障人员生活和安全保卫等。其成员一般是演练组织单位及参与单位后勤、财务、办公等部门人员，常称为后勤保障人员。

（4）评估组

评估组负责设计演练评估方案和编写演练评估报告，对演练准备、组织、实施及其安全事项等进行全过程、全方位评估，及时向演练领导小组、策划部和保障部提出意见、建议。其成员一般是应急管理专家、具有一定演练评估经验和突发事件应急处置经验专业人员，常称为演练评估人员。评估组可由上级部门组织，也可由演练组织单位自行组织。

（5）参演队伍和人员

参演人员包括应急预案规定的有关应急管理部门（单位）工作人员、各类专兼职应急救援队伍以及志愿者队伍等。

参演人员承担具体演练任务，针对模拟事件场景作出应急响应行动。有时也可使用模拟人员替代未现场参加演练的单位人员，或模拟事故的发生过程，如释放烟雾、模拟泄漏等。

3. 应急演练准备

（1）制订演练计划

演练计划由文案组编制，经策划部审查后报演练领导小组批准。主要内容包括：

①确定演练目的，明确举办应急演练的原因、演练要解决的问题和期望达到的效果等。

②分析演练需求，在对事先设定事件的风险及应急预案进行认真分析的基础上，确定需调整的演练人员、需锻炼的技能、需检验的设备、需完善的应急处置流程和需进一步明确的职责等。

③确定演练范围，根据演练需求、经费、资源和时间等条件的限制，确定演练事件类型、等级、地域、参演机构及人数、演练方式等。演练需求和演练范围往往互为影响。

④安排演练准备与实施的日程计划，包括各种演练文件编写与审定的期限、物资器材准备的期限、演练实施的日期等。

⑤编制演练经费预算，明确演练经费筹措渠道。

（2）设计演练方案

演练方案由文案组编写，通过评审后由演练领导小组批准，必要时还需报有关主管单位同意并备案。主要内容包括：

①确定演练目标。

演练目标是需完成的主要演练任务及其达到的效果，一般说明“由谁在什么条件下完成什么任务，依据什么标准，取得什么效果”。演练目标应简单、具体、可量化、可实现。一次演练一般有若干项演练目标，每项演练目标都要在演练方案中有相应的事件和演练活动予以实现，并在演练评估中有相应的评估项目判断该目标的实现情况。

②设计演练情景与实施步骤。

演练情景要为演练活动提供初始条件，还要通过一系列的情景事件引导演练活动继续，直至演练完成。演练情景包括演练场景概述和演练场景清单。

第一，演练场景概述。是对每一处演练场景的概要说明，主要说明事件类别、发生的时间地点、发展速度、强度与危险性、受影响范围、人员和物资分布、已造成的损失、后续发展预测、气象及其他环境条件等。

第二，演练场景清单。要明确演练过程中各场景的时间顺序列表和空间分布情况。演练场景之间的逻辑关联依赖于事件发展规律、控制消息和演练人员收到控制消息后应采取的行动。

③设计评估标准与方法。

演练评估是通过观察、体验和记录演练活动，比较演练实际效果与目标之间的差异，总结演练成效和不足的过程。演练评估应以演练目标为基础，每项演练目标都要设计合理的评估项目方法、标准。根据演练目标的不同，可以用选择项（如：是/否判断、多项选择）、主观评分（如：1—差、3—合格、5—优秀）、定量测量（如：响应时间、被困人数、获救人数）等方法进行评估。

为便于演练评估操作，通常事先设计好评估表格，包括演练目标、评估方法、评估标准和相关记录项等。有条件时还可以采用专业评估软件等工具。

④编写演练方案文件。

第一，演练方案文件是指导演练实施的详细工作文件。根据演练类别和规模的不同，演练方案可以编为一个或多个文件。编为多个文件时可包括演练人员手册、演练控制指南、演练评估指南、演练宣传方案、演练脚本等，分别发给相关人员。对涉密应急预案的演练或不宜公开的演练内容，还要制定保密措施。

第二，演练人员手册。内容主要包括演练概述、组织机构、时间、地点、参演单位、演练目的、演练情景概述、演练现场标识、演练后勤保障、演练规则、安全注意事项、通信联系方式等，但不包括演练细节。演练人员手册可发放给所有参加演练的人员。

第三，演练控制指南。内容主要包括演练情景概述、演练事件清单、演练场景说明、参演人员及其位置、演练控制规则、控制人员组织结构与职责、通信联系方式等。演练控制指南主要供演练控制人员使用。

第四，演练评估指南。内容主要包括演练情况概述、演练事件清单、演练目标、演练场景说明、参演人员及其位置、评估人员组织结构与职责、评估人员位置、评估表格及相关工具、通信联系方式等。演练评估指南主要供演练评估人员使用。

第五，演练宣传方案。内容主要包括宣传目标、宣传方式、传播途径、主要任务及分工、技术支持、通信联系方式等。

第六，演练脚本。对于重大综合性示范演练，演练组织单位要编写演练脚本，描述演练事件场景、处置行动、执行人员、指令与对白、视频背景与字幕、解说词等。

⑤演练方案评审。

对综合性较强、风险较大的应急演练，评估组要对文案组制订的演练方案进行评审，确保演练方案科学可行和应急演练工作的顺利进行。

（3）演练动员与培训

在演练开始前要进行演练动员和培训，确保所有演练参与人员掌握演练规则、演练情景和各自在演练中的任务。

所有演练参与人员都要经过应急基本知识、演练基本概念、演练现场规则等方面的培训。对控制人员要进行岗位职责、演练过程控制和管理等方面的培训；对评估人员要进行岗位职责、演练评估方法、工具使用等方面的培训；对参演人员要进行应急预案、应急技能及个体防护装备使用等方面的培训。

（4）应急演练保障

①人员保障。

演练参与人员一般包括演练领导小组、演练总指挥、总策划、文案人员、控制人员、评估人员、保障人员、参演人员、模拟人员等，有时还会有观摩人员等其他人员。在演练的准备过程中，演练组织单位和参与单位应合理安排工作，保证相关人员参与演练活动的时间；通过组织观摩学习和培训，提高演练人员素质和技能。

②经费保障。

演练组织单位每年要根据应急演练规划编制应急演练经费预算，纳入该单位的年度财政（财务）预算，并按照演练需要及时拨付经费。对经费使用情况要进行监督检查，确保演练经费专款专用、节约高效。

③场地保障。

根据演练方式和内容，经现场勘察后选择合适的演练场地。桌面演练一般可选择会议室或应急指挥中心等；实战演练应选择与实际情况相似的地点，并根据需要设置指挥部、集结点、接待站、供应站、救护站、停车场等设施。演练场地应有足够的空间，良好的交通、生活、卫生和安全条件，尽量避免干扰公众生产生活。

④物资和器材保障。

根据需要，准备必要的演练材料、物资和器材，制作必要的模型设施等，主要包括如下：

信息材料：主要包括应急预案和演练方案的纸质文本、演示文档、图表、地图、软件等。

物资设备：主要包括各种应急抢险物资、特种装备、办公设备、录音摄像设备、信息显示设备等。

通信器材：主要包括固定电话、移动电话、对讲机、海事电话、传真机、计算机、无线局域网、视频通信器材和其他配套器材，尽可能使用已有通信器材。

演练情景模型：搭建必要的模拟场景及装置设施。

⑤通信保障。

应急演练过程中应急指挥机构、总策划、控制人员、参演人员、模拟人员等之间要有及时可靠的信息传递渠道。根据演练需要，可以采用多种公用或专用通信系统，必要时可组建演练专用通信与信息网络，确保演练控制信息的快速传递。

⑥安全保障。

演练组织单位要高度重视演练组织与实施全过程的安全保障工作。大型或高风险演练活动要按规定制定专门应急预案，采取预防措施，并对关键部位和环节可能出现的突发事件进行针对性演练。根据需要为演练人员配备个体防护装备，购买商业保险。对可能影响公众生活、易于引起公众误解和恐慌的应急演练，应提前向社会发布公告，告示演练内容、时间、地点和组织单位，并做好应对方案，避免造成负面影响。

演练现场要有必要的安保措施，必要时对演练现场进行封闭或管制，保证演练安全进行。演练出现意外情况时，演练总指挥与其他领导小组成员会商后可提前终止演练。

4. 应急演练实施

（1）演练启动

演练正式启动前一般要举行简短仪式，由演练总指挥宣布演练开始并启动演练活动。

（2）演练执行

①演练指挥与行动。

演练总指挥负责演练实施全过程的指挥控制。当演练总指挥不兼任总策划时，一般由总指挥授权总策划对演练过程进行控制。

按照演练方案要求，应急指挥机构指挥各参演队伍和人员，开展对模拟演练事件的应急处置行动，完成各项演练活动。

演练控制人员应充分掌握演练方案，按总策划的要求，熟练发布控制信息，协调参演人员完成各项演练任务。

参演人员根据控制信息和指令，按照演练方案规定的程序开展应急处置行动，完成各项演练活动。

模拟人员按照演练方案要求，模拟未参加演练的单位或人员的行动，并作出信息反馈。

②演练过程控制。

总策划负责按演练方案控制演练过程。

第一，桌面演练过程控制

在讨论桌面演练中，演练活动主要是围绕对所提出问题进行讨论。由总策划以口头或书面形式，部署引入一个或若干个问题。参演人员根据应急预案及有关规定，讨论应采取的行动。

在角色扮演或推演式桌面演练中，由总策划按照演练方案发出控制信息，参演人员接收到事件信息后，通过角色扮演或模拟操作，完成应急处置活动。

第二，实战演练过程控制

在实战演练中，要通过传递控制信息来控制演练进程。总策划按照演练方案发出控制信息，控制人员向参演人员和模拟人员传递控制信息。参演人员和模拟人员接收到信息后，按照发生真实事件时的应急处置程序，或根据应急行动方案，采取相应的应急处置行动。

控制信息可由人工传递，也可以用对讲机、电话、手机、传真机、网络等方式传送，或者通过特定的声音、标志、视频等呈现。演练过程中，控制人员应随时掌握演练进展情况，并向总策划报告演练中出现的各种问题。

③演练解说。

在演练实施过程中，演练组织单位可以安排专人对演练过程进行解说。解说内容一般包括演练背景描述、进程讲解、案例介绍、环境渲染等。对于有演练脚本的大型综合性示范演练，可按照脚本中的解说词进行讲解。

④演练记录。

演练实施过程中，一般要安排专门人员，采用文字、照片和音像等手段记录演练过程。文字记录一般可由评估人员完成，主要包括演练实际开始与结束时间、演练过程控制情况、各项演练活动中参演人员的表现、意外情况及其处置等内容，尤其是要详细记录可能出现的人员“伤亡”（如进入“危险”场所而无安全防护、在规定的时间内不能完成疏散等）及财产“损失”等情况。

照片和音像记录可安排专业人员和宣传人员在不同现场、不同角度进行拍摄，尽可能全方位反映演练实施过程。

⑤演练宣传报道。

演练宣传组按照演练宣传方案做好演练宣传报道工作。认真做好信息采集、媒体组织、广播电视节目现场采编和播报等工作，扩大演练的宣传教育效果。对涉密应急演练要做好相关保密工作。

（3）演练结束与终止

演练完毕，由总策划发出结束信号，演练总指挥宣布演练结束。演练结束后所有人员停止演练活动，按预定方案集合进行现场总结讲评或者组织疏散。保障部负责组织人员对演练现场进行清理和恢复。

演练实施过程中出现下列情况，经演练领导小组决定，由演练总指挥按照事先规定的程序和指令终止演练：出现真实突发事件，需要参演人员参与应急处置时，要终止演练，使参演人员迅速回归其工作岗位，履行应急处置职责；出现特殊或意外情况，短时间内不能妥善处理或解决时，可提前终止演练。

5. 应急演练评估与总结

（1）演练评估

演练评估是在全面分析演练记录及相关资料的基础上，对比参演人员表现与演练目标要求，对演练活动及其组织过程作出客观评价，并编写演练评估报告的过程。所有应急演练活动都应进行演练评估。

演练结束后可通过组织评估会议、填写演练评价表和对参演人员进行访谈等方式，也可要求参演单位提供自我评估总结材料，进一步收集演练组织实施的情况。

演练评估报告的主要内容一般包括演练执行情况、预案的合理性与可操作性、应急指挥人员的指挥协调能力、参演人员的处置能力、演练所用设备装备的适用性、演练目标的实现情况、演练的成本效益分析、对完善预案的建议等。

（2）演练总结

演练总结可分为现场总结和事后总结。

①现场总结。在演练的一个或所有阶段结束后，由演练总指挥、总策划、专家评估组长等在演练现场有针对性地进行讲评和总结，内容主要包括本阶段的演练目标、参演队伍及人员的表现、演练中暴露的问题、解决问题的办法等。

②事后总结。在演练结束后，由文案组根据演练记录、演练评估报告、应急预案、现场总结等材料，对演练进行系统和全面的总结，并形成演练总结报告。演练参与单位也可对本单位的演练情况进行总结。

演练总结报告的内容包括：演练目的、时间和地点、参演单位和人员、演练方案概要、发现的问题与原因、经验和教训，以及改进有关工作的建议等。

（3）成果运用

对演练暴露出来的问题，演练单位应当及时采取措施予以改进，包括修改完善应急预案、有针对性地加强应急人员的教育和培训、对应急物资装备有计划地更新等，并建立改进任务表，按规定时间对改进情况进行监督检查。

（4）文件归档与备案

演练组织单位在演练结束后应将演练计划、演练方案、演练评估报告、演练总结报告等资料归档保存。

对于由上级有关部门布置或参与组织的演练，或者法律、法规、规章要求备案的演练，演练组织单位应当将相应资料报有关部门备案。

（5）考核与奖惩

演练组织单位要注重对演练参与单位及人员进行考核。对在演练中表现突出的单位及个人，可给予表彰和奖励；对不按要求参加演练，或影响演练正常开展的，可给予相应批评。

第三节　研学旅行突发事件及防范应对

一、研学旅行突发事件界定

研学旅行突发事件是指在研学旅行过程中突然发生的，造成或者可能造成严重社会危害，需要采取应急处置措施予以应对的自然灾害、事故灾难、公共卫生事件和社会安全事件。

研学旅行突发事件的构成条件包括：具有明显的公共性和社会性；具有突发性和紧迫性；具有危害性和破坏性；必须借助公权力的介入和动用社会人力、物力才能解决。

二、研学旅行突发事件分类

（一）自然灾害

自然灾害是指给研学旅行带来危害或损害人类生活环境的自然现象，包括台风暴雨、冰雹风雪、高温等气象灾害；地震、山体崩塌、滑坡、泥石流等地质灾害；风暴潮、海啸等海洋灾害；生物灾害。

（二）事故灾难

事故灾难是指由于事故的行为人出于故意或过失的行为，违反治安管理法规和有关安全管理的规章制度，造成物质损失或者人员伤亡，并在一定程度上对研学旅行秩序和公共安全造成危害的事故。包括交通运输事故、设施设备事故、环境污染、火灾事故、学生走失等。

（三）公共卫生事件

公共卫生事件是指在研学旅行过程中突然发生的，造成或者可能造成社会公众健康严重损害的重大传染病疫情、群体性不明原因疾病、重大食物和职业中毒以及其他严重影响公众健康的事件。包括传染性疾病、群体性不明原因疾病（过敏）、食品安全和职业危害、动物疫情等。

（四）社会安全事件

社会安全事件是指违反法律、法规，公开实施扰乱和破坏社会治安秩序、妨碍公共安全、造成严重后果和社会影响，并发生人员伤亡和物质损失的灾祸。主要包括恐怖袭击事件、涉外突发事件、重大刑事案件、大型群体性事件等。

三、研学旅行安全事故界定

（一）定义

研学旅行安全事故是指在研学旅行过程中发生的，由自然或人为原因引起，造成学生人身或财产损失，并由此导致相关当事人相应法律责任的事件。

（二）分类

1. 按事故发生的性质

按事故发生的性质，研学旅行安全事故可以分为责任事故与非责任事故两种类型。责任事故的发生是可以预防和避免的，但却因为没有及时预防而造成了伤害事故。非责任事故主要包括自然灾害事故和技术事故。

2. 按照事故特点

按照事故特点，研学旅行安全事故可以划分为突发性和非突发性事故。

3. 按照事故伤害发生的程度

如果按照事故伤害发生的程度，研学旅行安全事故可分为一般事故、重大事故、特大事故和特别重大事故四个等级。

（三）研学旅行安全事故处理的一般程序

1. 上报主管部门及归口管理部门

研学旅行安全事故发生后，研学旅行指导师应立即向所属研学旅行服务单位，当地教育、旅游等行政主管部门及当地人民政府报告。当地教育、旅游等行政主管部门接到一般、重大、特大事故报告后，要及时上报国家教育和旅游行政管理部门。

2. 会同事故发生地有关单位严格保护现场

一旦发生研学旅行安全事故，现场有关人员一定要配合公安机关或其他有关方面，严格保护事故发生地现场。

3. 协助有关部门进行抢救、侦查

当研学旅行安全事故发生后，地方教育、旅游等行政主管部门以及有关经营单位和人员要积极配合公安、交通救护等工作人员，查清事故原因，组织对受害人进行紧急救援并采取有效措施，妥善处理善后事宜。

4. 有关单位负责人应及时赶赴事故现场处理问题

研学旅行安全事故发生后，有关研学旅行经营单位和当地教育、旅游等行政主管部门的负责人，应及时赶赴现场，组织指挥，并采取适当的处理措施。

5. 写出事故调查报告

写出详细的事故调查报告，报告要写明案件的性质、采取的应急措施、侦破情况等内容。

四、研学旅行突发事件防范与应对

（一）社会安全事件

1. 社会安全事件的防范

研学旅行指导师在接待工作中要时刻提高警惕，采取一切有效的措施防止事件的发生。

①入住酒店时，研学旅行指导师应建议学生将贵重的财物存入酒店保险柜，不要随身携带大量现金或将大量的现金放在客房内。

②提醒学生不要将自己的房号随便告诉陌生人；晚上按时就寝，查房后，锁好房间门，不要让陌生人进入房间，不得擅自离开营地。出入房间一定要锁好门。

③住宿时，切勿贪图一时的凉快用冷水洗澡，如需帮助应及时打电话给研学旅行指导师或酒店前台。如有问题，研学旅行指导师查房时要及时反映。洗澡时，注意防滑，不要嬉戏，调好水温，防止烫伤。年龄较小的同学，随团教师或研学旅行指导师协助料理日常生活。

④每当离开大巴车等交通工具时，研学旅行指导师都要提醒学生不要将证件或贵重物品遗留在车内。学生下车后，研学旅行指导师要提醒司机锁好车门，关好车窗，尽量不要走远。

⑤在研学旅行活动（课程）实施过程中，研学旅行指导师要始终和学生在一起，随时注意观察周围环境，发现可疑的人或在人多拥挤的地方，提醒学生看管好自己的财物，如不要在公共场合拿出钱包，不买小贩的东西。并随时清点人数。

⑥汽车行驶途中，不得停车让非本车人员上车、搭车；若遇不明身份者拦车，研学旅行指导师提醒司机不要停车。加强营地安全工作，阻止外来人员进入。

2. 社会安全事件的应对

此类事件一旦发生，轻则损失钱财，重则殃及其生命。因此，研学旅行指导师在组织研学旅行活动过程中，遇到此类事件的发生，绝不能置身事外，更不能临阵脱逃。

（1）保护好学生的人身安全和财产安全

遇到歹徒向学生行凶、抢劫，研学旅行指导师应该做到临危不惧，勇敢地保护学生。同时，立即与随团教师一起将学生转移到安全地点，力争在在场的群众和公安人员的协助下缉拿罪犯，追回钱物。但切不可鲁莽行事，要以学生和自身的生命安全为重。

（2）迅速抢救

如果有学生受伤，应立即组织抢救，或送伤者去医院。

（3）立即报警

事件发生后，研学旅行指导师应立即向公安局报警，如果罪犯已逃脱，研学旅行指导师可积极协助公安局破案，把案件发生的时间、地点、经过和作案人的特征，以及受害人的姓名、性别、国籍、伤势及损失物品的名称、数量、型号、特征等向公安部门报告清楚。

（4）迅速与研学旅行服务单位联系

研学旅行指导师在向公安部门报警的同时要向研学旅行承办方领导及有关人员联系，详细汇报情况，听取领导的意见和指示。如情况严重，请求领导前来指挥处理。

（5）做好学生的安抚工作

事件发生后，研学旅行指导师要与随团教师一起做好学生的安抚工作，稳定他们的不安情绪，努力安排好后面的研学旅行活动。

（6）写出事故报告

写出详细的事故报告，报告要写明案件的性质、采取的应急措施、侦破情况等内容。

（7）协助领导做好善后工作

在领导的指挥下，准备好必要的证明、资料等，处理好受害者的补偿、索赔等各项善后事宜。

（二）事故灾害

1. 交通事故

（1）交通事故的概念与分类

交通事故习惯上是指汽车等机动车辆或非机动车辆造成的人员死、伤或物损事件。但在广义上还包括铁路机车车辆、船舶、飞机造成的事故。

按照交通工具形式，研学旅行交通事故分为三个类型：道路交通事故、航空交通事故、水运交通事故。

道路交通事故又分为汽车交通事故和火车交通事故。

（2）交通事故的防范

①研学旅行承办方车辆部门负责安排资质齐全、10 年以上驾龄的司机驾驶的车辆提供全程服务。

②研学旅行指导师在接待工作中应该具有安全意识，与司机提前沟通，确认接站、行程、入住等交通信息；在安排活动日程的时间上要留有余地，不要催促司机为抢时间赶日程而违章行驶。遇有天气不好、交通拥挤、路况不好等情况，要主动提醒司机注意安全，谨慎驾驶。用餐时要提醒司机不要饮酒。

③研学旅行指导师应提醒司机每日检查车辆，车辆部门负责抽查车辆检查记录，发现事故隐患应及时提出更换车辆的建议。

④研学旅行承办方和车辆调度中心适时通过电话、定位系统等方式对车辆行驶、安全等情况进行监控，储备足够应急车辆，用于应急事件调配。

（3）交通事故的处理

只要研学旅行指导师没负重伤、神志还清楚就应立即采取措施，冷静、果断地处理交通事故，并做好善后工作。

①立即组织抢救。

发生交通事故出现伤亡时，研学旅行指导师应立即组织现场人员迅速抢救受伤者，特别是抢救重伤者，并尽快让学生离开事故车辆。如不能就地抢救，立即打电话叫救护车或拦车将伤者送往距出事地点最近的医院抢救。在冬季，伤者易因天气寒冷而发生休克，可用毛毯、衣服包裹御寒；同时准备应付休克，必要时，伤者采取休克处理体位（仰卧中凹位：头、躯干抬高 20°~30°，利于通气，改善缺氧；下肢抬高 15°~20°，促进静脉回流，增加心排血量）。

②保护现场，立即报案。

事故发生后，要沉着冷静，不要在忙乱中破坏了现场，为避免尾随车辆撞来，再发生事故，必须采取安全措施，如用灯照明现场或竖立三角板之类。

应指定专人保护现场，并尽快通知交通、公安部门，请求支援。

③迅速向研学旅行承办方汇报。

将受伤者送往医院后，研学旅行指导师应迅速向研学旅行承办方领导报告交通事故的发生情况及人员伤亡情况，听取对下一步工作的指示和意见。

④做好全团学生的安抚工作。

交通事故发生后，研学旅行指导师应做好团内其他学生的安抚工作，可根据车况与司机、校方随队教师等协商是否可以先行送学生进行后续活动，尽量少耽误时间，待事故查清后，要向全团学生说明情况。

⑤后续处理及报告。

研学旅行承办方应急法务人员应及时赶到现场，负责现场处理、证据收集、事后谈判协商处理后续事宜。交通事故处理结束后，要写出事故报告。

报告力求详细、准确、清楚、实事求是。内容包括：事故的原因和经过；抢救经过、治疗情况；事故责任及对责任者的处理；受害人员的情绪及其对处理的反应等。

2. 火灾事故

（1）火灾事故的概念

火灾事故是指由时间和空间上失去控制的燃烧导致的财物的损失或人员的损伤。如高层建筑、人群密集的公共场所和交通工具等都是火灾的易发地。

（2）火灾事故的预防

旅途中若发生火灾，后果严重，将给学生和工作人员带来极大的损失和不幸。

①做好提醒工作。

为了防止火灾事故的发生，研学旅行指导师应提醒学生不要携带易燃、易爆物品，向其讲明交通运输部门的有关规定，不得将不准作为行李运输的物品夹带在行李中，尽可能地减少火灾发生概率。

②熟悉安全通道或出口等转移路线。

研学旅行指导师要熟悉酒店楼层的太平门、安全出口、安全楼梯的位置及安全转移路线，及时向学生详细介绍，提醒学生进入房间后，看懂房门上贴的安全转移路线示意图，并组织学生进行逃生演练，掌握因一旦失火时应走的路线。严禁在酒店内使用明火或随意移动、破坏酒店内的消防设施。

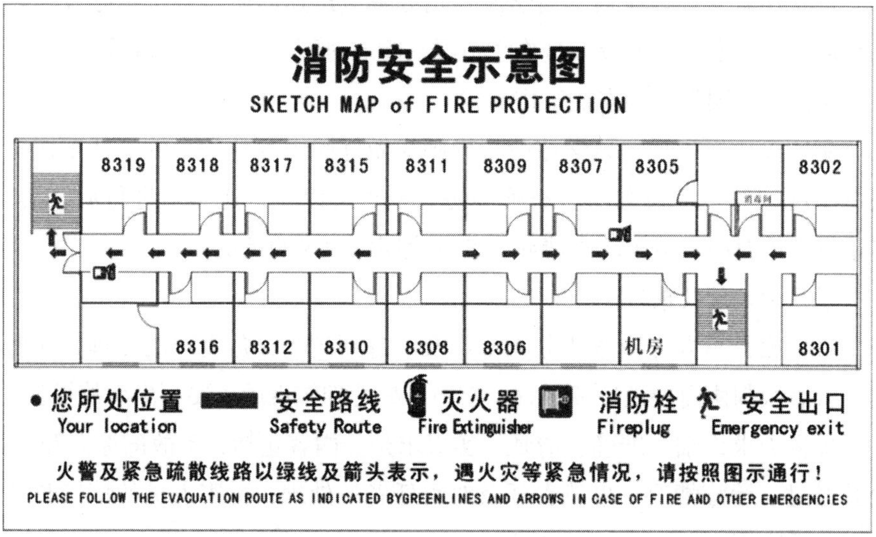

图 6–5　酒店消防安全示意图

③牢记火警电话：119。

研学旅行指导师一定要牢记火警电话；掌握随团教师和全体学生的房间号码。一旦火情发生，能及时通知学生和教师。

（3）火灾事故的应对

①根据火势，立即报警，拨打“119”。

②迅速通知团队工作人员和全团的学生。

③配合救火工作人员，听从统一指挥，迅速通过安全出口疏散学生。

④引导大家自救。判断火情，引导自救。如果情况危急，不能马上离开火灾现场或被困，研学旅行指导师应采取的正确做法是：千万不能让学生搭乘电梯或慌乱跳楼，尤其是在三层以上的，切记不要跳楼；用湿毛巾捂住口、鼻，尽量身体重心下移，使面部贴近墙壁、墙根或地面；必须穿过浓烟时，可用水将全身浇湿或披上浸湿的衣被捂住口、鼻，贴近地面蹲行或爬行；若身上着火了，可就地打滚，将火苗压灭，或用厚重衣物压灭火苗；大火封门

无法逃脱时，可用浸湿的衣物、被褥将门封堵塞严，或泼水降温，等待救援；当见到消防队来灭火时，可以摇动色彩鲜艳的衣物为信号，争取救援。

⑤处理善后事宜。研学旅行学生和服务人员得救后，研学旅行指导师应立即组织抢救受伤者，若有重伤者要迅速送往医院，有人死亡，按有关规定处理。采取各种措施安定学生的情绪，解决因火灾造成的生活困难，设法使研学旅行活动继续进行。做好善后事宜，写出书面报告。

3. 学生走失

（1）学生走失预防

在研学旅行指导师带团过程中，事先应清点学生数量，可找出1~2位能力强、有公益心和一定威望的学生协助工作，之后要明确标志，全方位、不间断地反复强调纪律，进行安全提示。认清自己的队伍、队旗和教师，服从教师安排，跟着研学旅行指导师的路线走，认真听从讲解，认清自己乘坐的车号，以免跟错团。

不得以任何理由随意离开团队，要有集体观念，统一行动，互相帮助。要跟随在教师和研学旅行指导师身边，不要独自离开或者随意更改地点和时间，如确实有要事（如买水、如厕等），必须向教师说明，由教师安排陪同。

明确宣讲一旦脱团走失后的集合地点或寻找方法（尤其提醒每位学生的物资包里都有证件，上面有研学旅行指导师等人的电话，24小时开通）。研学旅行项目进行过程中要勤召唤、勤招呼、反复召唤学生，每到或离开一地都要清点、确认人数。

（2）学生走失应对

一旦发现学生走失，研学旅行指导师、随队教师等工作人员应了解情况，全力迅速寻找，留一名研学旅行指导师带领其他学生根据实际情况，选择上车或原地等待，或进行其他行程。另可寻求景点或基地工作人员配合寻找。最后，查清走失原因，写出书面报告。

（三）公共卫生事件

研学旅行指导师要了解和懂得处理与学生密切相关的事件，如要懂得食物中毒、流行性感冒、禽流感、“非典”、“新冠”等传染病的预防和处理。

1. 食物中毒的防范与处理

（1）食物中毒的预防

为防止食物中毒事故的发生，研学旅行服务单位应严格审查餐厅资质，签订用餐合同。定期或不定期地对餐饮合作单位的卫生情况进行检查，保证食品安全卫生。

研学旅行指导师应严格执行在定点餐厅就餐的规定；提醒学生不要在小摊上购买食物；不吃陌生人给的东西；用餐时，提醒学生不要着急，不得抢饭，不要烫伤自己；切勿吃生食、生海鲜，防止暴饮暴食；多喝开水，多吃蔬果类。若发现食物、饮料不卫生，或有异味变质的情况，研学旅行指导师应立即要求更换，并要求餐厅负责人出面道歉，必要时向研学旅行服务单位领导汇报，及时监督餐饮质量。

（2）食物中毒的处理

第一，立即采取排毒措施

发现食物中毒后，设法催吐，让其多喝水以加速排泄，缓解毒性。

第二，开具证明

研学旅行指导师应立即通知调度中心，并拨打 120 将患者送医院抢救、治疗，请医生开出诊断证明。

第三，迅速报告

研学旅行指导师应迅速报告研学旅行服务单位，队医负责人和安全中心负责人尽快赶到现场处理事故。

第四，协助配合取样

通知餐厅做好所食用食物取样工作，以备卫生部门检查。如是食用食堂和餐厅以外的食物所致，也积极配合有关部门取样，公司派专人负责现场的协助工作。

第五，后续事宜

研学旅行服务单位的调度中心、安全中心要指导研学旅行指导师做好带队教师或家长的安抚工作，积极配合上级有关部门做好诊治、检查、事故处理等工作。如事件与餐厅有关，按照协议要求追究其责任，维护学生合法权益，并将其列入黑名单。

2. 流行性感冒、禽流感等传染病的预防与处理

流行性感冒（简称流感）是流感病毒引起的急性呼吸道感染，也是一种传染性强、传播速度快的疾病。症状：急起高热、全身疼痛、显著乏力和轻度呼吸道症状，一般秋冬季节是高发期。

人感染禽流感，全名人感染鸟禽类流行性感冒，是由病毒引起的动物传染病。主要通过人禽接触传播，具有很强的传染性。症状：表现为流感样症状，包括发热、咳嗽，伴有头痛、肌肉酸痛和全身不适，也出现流涕、鼻塞、咽痛等。

（1）预防

在研学旅行过程中，当遇到政府发布国家或局部发生疫情时，研学旅行指导师应提醒学生做好如下预防工作：

研学旅行团配备的队医要进行健康管理，宣传伤病防护知识，进行及时救助；听从相关部门的提示和要求，尽量不要带领学生到人多拥挤、空气污浊的场所；不得已必须去时，提醒学生最好戴上口罩，用流动水勤洗手；研学旅行指导师在安排活动时，要懂得劳逸结合，避免过度疲劳造成免疫力下降。

（2）处理方法

在研学旅行活动中，遇到突发的传染病时，研学旅行指导师与队医对于传染病应做到“早发现、早报告、早诊断、早隔离、早治疗”，如发现个别学生有以上症状出现疑似病例时，应立即向研学旅行服务单位领导报告，将疑似病人送往指定的专科医院。如一时无法采取隔离措施时：

①要求疑似患者佩戴口罩，以免传染他人；提醒其他学生也应注意个人卫生。

②所有教室、人群密集场所要增加通风的时间和强度，增加户外活动时间，注意劳逸结合，增强抗病能力。

③各种集体性人员聚集活动推迟或取消，尽量减少不必要的集体活动。

④一旦发生疫情，营地或者其他研学旅行资源地要严控外来人员进入。

⑤学生活动场所要采取必要的消毒措施。

（四）自然灾害

1. 预防

在出发前关注目的地气象台的天气预报，尤其是汛期的天气预报，当听到气象台发出的红色预警 1 或橙色预警 2 时，应对计划内的山区、河湖或低洼地区的研学内容采取相应的措施，研学旅行指导师可同随队教师、学生协商并征求其同意，适当调整或取消研学项目。

2. 应对

根据国家标准要求，当研学旅行团（者）遭遇自然灾害时，研学旅行指导师应按以下原则处置：第一，以人为本，根据现场的条件，运用相关科学知识引导研学旅行团（者）开展自救和互救，及时带领团队脱离险境，全力保护研学旅行团（者）的生命和财物安全；第二，及时将事件发生的时间、地点、原因、经过等情况报告研学旅行服务单位领导和相关部门（调度中心、安全中心等），取得指导和帮助。具体如下：

（1）地震

地震发生后，在室内，要选择易形成三角空间的地方躲避，可躲到内墙角或管道多、整体性好的卫生间、储藏室和厨房等处。不要躲到外墙窗下、电梯间，更不要跳楼。

在公共场馆里，应迅速就近“蹲下、掩护、抓牢”或就近躲在柱子、大型物品旁；身处门口时可迅速跑出门外至空旷场地；在楼上时，要找准机会逐步向底层转移。

在室外，尽量远离狭窄街道、高大建筑、高烟囱、变压器、玻璃幕墙建筑、高架桥以及存有危险品、易燃品的场所。

在行驶的汽车、电车或火车内，应抓牢扶手避免摔倒，降低重心，躲在座位附近，不要跳车，地震过后再下车。

用湿毛巾、衣物或其他布料捂住口、鼻和头部，防止灰尘呛闷发生窒息。

寻找和开辟通道，朝着有光亮、宽敞的地方移动；不要乘电梯逃生。

一时无法脱险，要节省气力，静卧保持体力；不要盲目大声呼救；多活动手、脚，清除脸上灰土和压在身上的物件。

无论在何处躲避，如有可能应尽量用棉被、枕头、书包或其他软物体保护好头部。

（2）台风

遇见台风，首先要保持冷静，学生要听从带队教师和研学旅行指导师的指挥，不要私自活动。

尽量不要外出，千万不要下海去游水，远离容易被刮落的广告牌、树木和电线杆。

台风过程中，可能会遇到一些意外事故，学生遇到紧急的受伤情况，可拨打当地急救电话求助，参团的其他学生应将此情况告知带队教师和研学旅行指导师。

遇到滞留的情况，研学旅行指导师应第一时间预订酒店房间。

（3）洪水

洪水来临时，要迅速到附近的山坡、高地、屋顶、楼房高层、大树上等高的地方暂避。

要设法尽快发出求救信号和信息，报告自己的方位和险情，积极寻求救援。

落水时要寻找并抓住漂浮物，如门板、桌椅、木床、大块的泡沫塑料等。

汽车进入水淹地区时，研学旅行指导师要提醒司机注意水位不能超过驾驶室，要迎着洪水驶向高地，不能让洪水从侧面冲击车体。

不要惊慌失措、大喊大叫；不要接近或攀爬电线杆、高压线铁塔；不要爬到泥坯房房顶上。

（4）雷电天气

不要在旷野中、孤独的小屋中、孤立的大树下、电线杆旁、高坡上避雷雨。

不要赤脚站在水泥地上，不要洗澡或淋浴，不要打电话，不要使用带有外接天线的收音机或电视机。

远离铁轨、金属栏杆和其他庞大金属设施，避免站在山顶、制高点等场所。

多人一起在野外时，彼此隔开一定距离，不要挤在一起。

【拓展知识】

我国区域风险水平分级情况

2018年7月7日，国际危机与应急管理学会在中国科学院学术会堂颁布了《2018中国应急报告》，包括《中国区域应急表现能力评价报告》《中国自然灾害风险评价报告》《政府典型危机事件应对分析报告》《中国省会城市涝灾与水域变化趋势分析报告》《我国中小学校园欺凌形势调研报告》五部分内容。

《中国自然灾害风险评价报告》采用非线性灾情指数分析方法，结合世界风险指数的模式，计算中国的风险指数，最终呈现出中国各省市区风险指数排名以及风险地图。根据自然灾害风险指数，我国区域风险水平可以分为5级。第I级包括湖南、陕西、湖北、四川、云南、重庆、广西7个省区市，自然灾害综合风险水平最高；第II级包括贵州、江西、广东、甘肃、西藏、青海、河南7个省区，风险水平较高；第III级包括福建、山东、新疆、江苏、安徽、河北6个省区，自然灾害风险指数处于中等水平；第IV级包括宁夏、浙江、山西、海南、内蒙古、北京6个省区市，自然灾害风险总体较低；第V级包括天津、吉林、辽宁、黑龙江、上海5个省区市，自然灾害综合风险最低。

第四节　研学旅行危机公关

一、研学旅行危机界定

一般情况下，关于危机（crisis），没有普遍化了的定义（C.W.Timothy Cooms，1999）。换句话说，危机具有各种不同的定义。东西方、国内外、古代到现代皆有不同的危机界定，故研学旅行危机的界定亦然。

目前，由于国内研学旅行发展时间较短，有关研学旅行危机内涵的研究，虽有提及，但还不明朗不系统。因此，科学、准确地把握研学旅行危机内涵，是研学旅行危机研究必须首先解决的问题。尽管目前学界对危机的界定观点各异，但却反映了学术研究的进步与繁荣，遗憾的是，这样的势头，并未在研学旅行界及早地引起重视，对研学旅行危机内涵准确界定的亦较少。本书认为，研学旅行危机是指由于突发性重大事件的发生而使研学旅行活动陷入的严重困境，研学旅行危机是研学旅行外部环境突变与内部管理失常两者交互作用的产物。

二、研学旅行危机处理原理

（一）危机处理原理——海恩法则

海恩法则（Ohain's law），是德国飞机涡轮机的发明者帕布斯·海恩（Pabus Hayne）提出的一个在航空界关于飞行安全的法则，多被用于企业的生产管理，特别是安全管理中。"海恩法则"对企业来说是一种警示，它说明任何一起事故都是有原因的，并且是有征兆的；它同时说明安全生产是可以控制的，安全事故是可以避免的；它也给了企业管理者生产安全管理的一种方法，即发现并控制征兆。

海恩法则指出，每一起重大的飞行安全事故背后有 29 个事故征兆，每个征兆背后有 300 个事故苗头，每个苗头背后有 1000 个事故隐患。

法则强调两点：一是事故的发生是量的积累的结果；二是再好的技术、再完美的规章，在实际操作层面，也无法取代人自身的素质和责任心。

（二）危机处理原理——墨菲定律

墨菲定律是一种心理学效应，由爱德华·墨菲（Edward A. Murphy）提出，亦称墨菲法则、墨菲定理。原文为如果有两种或两种以上的方式去做某件事情，而其中一种选择方式将导致灾难，则必定有人会做出这种选择。根本内容是：如果事情有变坏的可能，不管这种可能性有多小，它总会发生。

（三）危机处理原理——蝴蝶效应

蝴蝶效应亦称“台球效应”，是气象学家洛兰兹（Edward Lorentz）1963年提出来的。其大意为：一只南美洲亚马孙河流域热带雨林中的蝴蝶，偶尔扇动几下翅膀，可能在两周后在美国得克萨斯引起一场龙卷风。其原因在于：蝴蝶翅膀的运动，导致其身边的空气系统发生变化，并引起微弱气流的产生，而微弱气流的产生又会引起它四周空气或其他系统产生相应的变化，由此引起连锁反应，最终导致其他系统的极大变化。

“今天的蝴蝶效应”或者“广义的蝴蝶效应”已不限于当初洛仑兹的蝴蝶效应仅对天气预报而言，而是一切复杂系统对初值极为敏感的代名词或同义语，其含义是：预防潜在危机发生，必须从源头进行控制，管理好企业的每一个细节，时刻关注企业内部的任何信息和数据，进行分析，做好预测。

三、研学旅行危机公关概念界定

危机公关是指应对危机的有关机制，它具有意外性、聚焦性和紧迫性。根据爱德华·伯尼斯（Edward Bernays）的定义，公共关系是一项管理功能，制定政策及程序来获得公众的谅解和接纳。危机公关具体是指机构或企业为避免或者减轻危机所带来的严重损害和威胁，从而有组织、有计划地学习、制定和实施一系列管理措施和应对策略，包括危机的规避、控制、解决以及危机解决后的复兴等不断学习和适应的动态过程。危机公关对于国家、企业、个人等都具有重要的作用。

研学旅行危机公关则是指研学旅行的组织方和承办方对危机事件进行预测、预防、发现和处理等一系列活动，以及修复和完善组织形象，将危机造成的损失降低到最低程度的公关运作过程，它是一整套的公关工作体系。

四、研学旅行危机公关原则与策略

（一）研学旅行危机公关——3T 原则

3T 原则是危机处理的一个法则，有三个关键点，每个点以“T”开头，所以称之为 3T 原则。是由英国危机公关专家迈克尔·里杰斯特（Michael. Regester）在《危机管理》（*Crisis Management*）一书中提出[①]，强调危机处理时把握信息发布的重要性。第一，Tell You Own Tale（以我为主提供情况）。强调研学旅行服务企业或机构应牢牢掌握信息发布主动权。第二，Tell It Fast（尽快提供情况）。强调危机处理时研学旅行组织方和承办方应该尽快不断地发布信息。第三，Tell It All（提供全部情况）。强调研学旅行组织方和承办方信息发布全面、真实，而且必须实言相告。

（二）研学旅行危机公关——八大策略

1. 把危机公关上升到一个战略的高度

当发生危机时，不管事件大小，研学旅行组织方和承办方都要高度重视，从许多危机公关案例中可以看到，公关失利的主要原因就在于没有把看起来的小事件当一回事，正所谓“九层之台，起于垒土”。

2. 透过表面看本质

许多危机公关人员处理事件只看到了表面现象，而根本问题却没有得到解决，最终导致了只治标不治本，不能迅速彻底解决危机，留下了无穷后患，正所谓“野火烧不尽，春风吹又生”。

3. 速度第一

速度是危机公关中的第一原则，发生危机时反应速度要比救火的速度还快，因为一个研学旅行的组织方和承办方发生危机事件比大火烧毁企业的厂房更加危险，因为危机在吞噬的是其信誉。

---

① Michael Regester. Crisis management：How to turn a crisis into an opportunity[M]. London：Hutchison Business，1987：44–46.

4. 敢于承担

危机事件发生后的第一时间，研学旅行组织方和承办方应该把所有质疑的声音与责任都承接下来，不可以含糊其词，不可以态度暧昧，要拿出最负责任的态度迅速对事件做出处理。

5. 沟通第一

研学旅行组织方和承办方应让大家了解事件细节，以便配合进行危机公关活动，很多事只要能好好地沟通就会顺利解决。

6. 让别人为自己说话

研学旅行组织方和承办方应对媒体及公众的质问不做过多的解释，马上请第三方权威部门介入，让权威部门为自己说话，有了证据之后再主动联系媒体，让媒体为自己说话，必要的时候再让参团学生为自己说话。

7. 转移视线

妥善处理危机事件后要尽快把公众视线吸引开，否则纠缠下去对研学旅行组织方和承办方会十分不利。

8. 转危为机

当研学旅行组织方和承办方发生公关危机事件后媒体与大众的关注度很高，这时若企业危机公关手法得当不仅可以化解危机，还可以提高组织方和承办方的品牌知名度，树立良好的企业形象。

【拓展知识】

研学旅行危机发展周期

1. 突发期

外部特征：导火索事件、个别案例未引起社会关注

危机程度：存在危机隐患

媒体：没有介入

2. 扩散期

外部特征：消息开始扩散。内部开始传播相关消息

媒体层面：开始关注，通过多种渠道开始寻求问题真相

危机程度：各种消息纷至沓来，危机逐渐成形

3. 爆发期

外部特征：个别事件形成了群体效应

媒体：主流媒体介入开始批量报道

危机程度：已经形成社会关注话题，进入失控状态，对研学旅行组织方和承办方以及品牌造成巨大伤害

4. 衰弱期

外部特征：与研学旅行企业相关的各种社会关系受到此事件影响，但随着时间的推移公众逐渐转移注意力

媒体：从揭批转向思考，逐渐冷静

危机程度：弥补品牌损失的阶段

【思考与练习】

东汉时期政论家、史学家荀悦在《申鉴·杂言》中曾说：进忠有三术：一曰防；二曰救；三曰戒。先其未然谓之防，发而止之谓其救，行而责之谓之戒。论述其与研学旅行安全保障体系构建的关系。

案例篇

第七章 研学旅行经典案例分享

【引言】

2016年12月，在教育部等11部门联合发布的《关于推进中小学生研学旅行的意见》中，研学旅行被列入义务教育和普通高中的必修课。研学旅行虽然仅有几年的发展时间，但是，据“山东省职业教育·王煜琴名师工作室”2020年3月进行的全国范围内研学旅行从业人员现状调查结果显示，研学旅行已经得到了社会各界的广泛认可。

研学旅行的主体是广大中小学生。研学旅行活动课程落地执行的过程，是在执行团队教师的引领下，中小学生观察、探究、体验、记载、交流、创新的实践过程，是研学旅行的“研究性”“体验性”“计划性”“团体性”“社会性”“生活性”等特征淋漓尽致地彰显的过程，更是执行团队的教师们培养学生正向情感、激发学生创造潜能、激励学生不断进步、成长的过程。在这个过程中，中小学生的个性化特征可以毫无保留地展现出来，优点、不足、问题和事件随时相伴，中小学校和研学旅行服务单位老师们要让优势更优，让不足变优，要出色解决问题，要圆满处理突发事件，从而实现研学旅行目标，实现研学旅行团队整体素养的全面提升。家长高兴了，学校满意了，研学旅行服务单位的信誉度和美誉度也就自然提升了。

本章就研学旅行服务单位和中小学校在研学旅行活动中遇到的典型案例进行展示，让学习者全面了解并掌握在研学旅行活动课程实施中促成学生进步和完美处理问题的技巧与方法，在鲜活、真实的案例中自然步入研学旅行活动课程的落地执行情境里。

【学习目标】

1. 了解、熟悉研学旅行指导师和生活辅导员所面对中小学生的问题现状及特征

2. 在研学旅行活动中，能够激发学生潜能，解决学生问题，处理突发事件，实现学生核心素养的全面提升

第一节　研学旅行指导师如何迅速把握学生心理特点并“对症下药”

【事实】

王帅是杭州一家研学旅行服务公司的研学旅行指导师，2019 年 1 月，他接待了北京某初中组织的“江南忆，最忆是杭州”四日研学旅行团。该团人数 100 人，研学主题为“探秘科技，走进互联网之都——杭州”，以杭州的历史文明和科技创新成就为脉络，结合学生的课本知识点，以探究式学习为主要形式展开研学活动。接到出团通知后，王帅尽快了解接待对象和研学日程安排，他深知，初中生的特点是思维跳跃快、缺乏专注度、抗拒心理较强，而且此次是该校第一次组织大规模的研学旅行活动，学生们一定很兴奋。针对初中生的心理特点和本次研学内容，王帅进行了充分的准备，确保以最好的状态保证研学旅行活动课程顺利实施，尽最大努力让学生们能学有所获。

本次研学旅行第一课的课程主题为“梦想先行”，课程地点在杭州余杭区的梦想小镇，通过集体参观和体验“青春梦”交流活动的形式实施课程。

但是在课程实施过程中，王帅发现大多数学生疏于学究，贪玩好动，没有认真聆听老师讲解的知识，不能积极参与老师组织的研学体验活动，并且

不情愿服从管理。这时，王帅以最快的速度在征得学校带队教师同意的前提下，凭借丰富的接待经验，让学生们以“I have a dream”为主题，利用梦想小镇的宽阔空间开展拓展活动。于是，王帅组织学生并整理好队形，大声地朗诵美国著名的黑人领袖马丁·路德·金的名言“I have a dream”，以此为开场白讲述自己的梦想和青春轶事，并邀请学校带队教师和学生代表各自讲述自己的梦想；之后按两人一组的分组活动形式，每个学生向同伴分享自己的梦想并让同伴记录。最后王帅以马云为人物背景讲述了梦想小镇的成因和理念，勉励大家勇于担当这个时代赋予的责任和使命，励志勤学，心怀梦想，为中国梦注入青春力量。这个活动让学生们和老师们在轻松快乐的氛围中全身心融入，成功聚焦在了原定的课程主题上，把学生们关注度较高的时代风云人物，巧妙植入本次课程的知识点，学生们纷纷拿起研学旅行手册认真记录起来，生怕错过哪一个环节。

这个临时改变的活动，拉近了研学旅行指导师和学生们的距离。之后的研学行程，王帅不断以寓教于乐的方式，让学生们在名胜古迹的旅历中增长学识，在科技创新的探索中激发潜能，在历史文化的滋养中锻造品格，研学旅行活动结束时，王帅获得了学生、学校和家长的一致好评。

【启发】

本案例中的研学旅行指导师王帅，拿到团队计划后，在掌握课程方案内容的基础上，对学生们的心理特点有全面而客观的分析，做到了有备无患。在课程实施遇到问题后，他凭借着自己较高的知识水平和业务能力，结合该学段学生思维活跃、抗拒心理强、专注度低的特点，在短时间内，以极为恰当的方式，迅速转换课程形式，及时转移学生的注意力，并通过自己的言传身教引起学生的共鸣，把学生从开始的自由散漫、贪玩好动状态扭转为自我提高和重学明德的上进状态。王帅成功把握了学生的心理特点，注重学生的心灵认知。通过努力，王帅让知识具有趣味性，让学生学习具有主动性，让交流变得无障碍，王帅在认真履行自己职责的同时，也让学生在研学旅行中收获到了更多知识，提升了多方面的能力。

研学旅行是以学生为主体进行的校外教育教学活动。研学旅行指导师在确保课程落地执行的安全性、科学性、可操作性的基础上，要不断提升自身的知识水平和业务素养，其中很重要的一点就是要精准把握不同学段学生的心理特点，对不同学校不同学段的学生做精细化分析，做好备选课程实施方案，以便出现特殊情况时“对症下药”。尤其是中小学生，心理比较敏感且变化频繁，对待他们，研学旅行指导师更需要正确引导，灵活应变，以朋友般的同理心博得学生们的信任，最终保障研学旅行活动课程能够顺利圆满完成。

第二节　在研学旅行过程中遇到恶劣天气如何处理

【事实】

刘军是苏州某研学旅行机构的一名研学旅行指导师，2019 年 5 月，他接待一个“诗意江南”5 日研学旅行团。此团是从南京开始接团，主要是在南京、苏州、乌镇、杭州等城市进行研学旅行活动，最后从杭州送团。每年 5 月是江南的梅雨季节，天气多变，经常阴雨连绵。接团前，研学机构根据接团日期的天气预报以及实际工作经验制定了详细的安全预案，并组织研学旅行计调师、研学旅行指导师以及生活辅导员共同学习，重点依据天气变化制定了多种预案。

刘军接团后天公还算作美，行程较为顺利。研学旅行团到达苏州后，天气突变，预报第二天有中到大雨。刘军根据长期生活在江南的经验，认为这个时候江南的天气如同小孩的脸说变就变，雨也是说下就下，说停就停。原计划第二天上午研学目的地是枫桥和拙政园，下午是苏州博物馆、苏州名人馆等。如果按照原计划冒雨研学，课程效果肯定会大打折扣。考虑到这一点，刘军向研学旅行机构的计调师汇报并商讨调整了研学旅行活动课程的执行顺序，同时向学校的带队教师汇报，并征得带队教师的同意，上午先安排苏州博物馆等室内课程。

第二天早晨，研学旅行团队按照调整后的行程，首先冒雨前往苏州名人馆，行车走到半途，雨水突然加大，中雨直接变成暴雨。刘军看到巴士外面暴雨倾盆而下，路上积水越来越多，巴士的雨刷越来越快，行车的视野越来越差，已严重影响行车安全。刘军当机立断，让师傅靠边停车，同时向带队教师作出说明，然后向研学旅行机构的计调师和领导汇报。研学旅行机构收到刘军汇报后，正式启动恶劣天气安全预案，根据安全预案，研学旅行行程暂停，待能安全行车之后，全团人员先返回住宿酒店进行修整。为不影响同学们的研学旅行活动课程安排，协调酒店安排会议室，刘军与带队教师、同学们共同组织了一场别开生面的“诗意江南诗词大会”，这样既保证了研学旅行旅途安全，又取得了较好的学习效果。

研学旅行活动圆满结束后，学校带队教师对刘军广博的知识面、灵活的应变能力和个性化服务非常满意，并大加赞赏。临别时同学们和刘军恋恋不舍，挥泪而别。

【启发】

安全是研学旅行顺利进行的前提，没有安全就没有研学旅行。研学旅行服务单位在每一次研学旅行出发前都应成立研学安全保障管理小组，做好相应的安全预案，对生活辅导员和研学旅行指导师进行培训，让各个岗位的工作人员熟练掌握相关知识。

作为一名研学旅行指导师，在研学旅行过程中首先要将“师生安全”放在首位，严格执行研学旅行安全管理制度；其次，研学旅行指导师要熟悉研学旅行活动课程内容，掌握研学旅行目的地的天气情况，详细了解研学旅行资源点概况；再次，研学旅行指导师要具备专业知识、服务技能和能力。

事件中的研学旅行指导师刘军，接团前接受了公司安全管理培训，已经掌握了此次研学旅行的安全预案。在带团过程中，刘军以“师生安全”为首要准则，遇到恶劣天气状况，没有惊慌失措，为了保证安全，果断暂停当日研学旅行活动课程，积极主动跟带队教师、研学旅行服务单位计调师和分管领导沟通、汇报，启动安全预案，与住宿酒店协调、沟通，临时组织学生进行了一场别开生面的室内“诗意江南诗词大会”。如此安排，既保障了所有人员的生命安全，又收到了良好的学习效果。

第三节　入住酒店后如何管控学生的外卖订餐

【事实】

王晓和张磊是山东某研学旅行机构的生活辅导员，2019 年 4 月，他们两人带领一批初二学生前往西安进行研学旅行。西安研学旅行行程为期 4 天，全程住宿一家酒店。出发前，研学旅行机构计调师就此团的详细情况和管理制度向包括二位生活辅导员在内的全体工作人员做了详细说明，要求严格执行。第一天行程结束后，在入住酒店之前，王晓和张磊就入住酒店的安排和住宿纪律向各位师生作了详细说明，特别强调了同学们入住酒店后严禁外出和叫外卖行为。安排好所有师生入住后，王晓和张磊组织学生进行消防演练，并进行查房。之后，二人分工协作，王晓的工作是在酒店内不定时巡房，张磊在酒店大堂值班，防止和处理学生可能出现的外出和叫外卖等事宜。

研学旅行团中小 A 同学比较聪明活泼，又处于青春逆反期年龄段，你不让干的事情，小 A 偏偏想去挑战。当天晚上的饭菜恰巧不合小 A 胃口，小 A 没吃饱。入住酒店以后，小 A 完成当日研学作业后感到饥肠辘辘，就想找点吃的。由于出发前学校禁止学生携带任何零食，研学期间也不允许购物，所有同学都没有可以随便吃的食物。没有东西吃，百无聊赖，小 A 躺在床上看手机，摸着自己咕咕叫的肚子。此时，小 A 对着手机上的美团 APP 一下子兴奋起来，叫个外卖不就解决问题了！同屋同学小 B 提醒道，咱们带队老师可说了，严禁叫外卖。小 A 说，不用害怕，我自有办法，就这样这个外卖订单就下单了。

30 分钟后，酒店大堂内一名外卖小哥和一名穿着便装的房客完成了外卖的交接，小A很兴奋，躲过值班老师将外卖拿到了。谁知，刚刚下电梯，就被巡房的生活辅导员王晓给逮住了……

张磊很纳闷，我在酒店大堂内仔仔细细地看着，这个外卖订单为啥就漏过了呢？这时候，张磊看到在订单备注一栏写着“请务必避开大堂内那位穿紫色衣服、戴眼镜的老师”。

王晓和张磊二位生活辅导员对小A进行了严肃的批评和教育，了解到小A同学因晚餐没吃饱导致饥饿难耐才下单购买外卖，而且小A同学也认识到了错误，并保证下次好好享受每顿美食。于是，王晓和张磊二位生活辅导员对外卖出货单和食物进行了严格检查，确认食品安全，然后让小A同学食用。

王晓和张磊二位生活辅导员吸取小A事件的教训，第二天用餐前再次强调了研学旅行中餐饮体验的重要意义，说明了研学旅行服务机构安排餐饮的用心，不管是否符合个人口味，要求同学们不仅要吃饱，还要对当地特色餐饮有体验和感悟。此后，王晓和张磊二位生活辅导员更加细心关注每位同学的需求，晚上酒店大堂值班和房间巡查更加细致入微，保证了学生的身体健康和生活安全，为西安研学行程顺利而出色地完成付出了辛勤的劳动。

【启发】

一名合格的研学旅行生活辅导员需要具备高度的职业责任感与无私的奉献精神。生活辅导员既是团队的管理者，又是学生的生活监护人，要了解每个学龄段学生的心理特点、成长特点，学会与学生沟通的方式和处理问题的方式，随时与同学们进行沟通、交流，用爱心体贴他们，以言行引领他们。遇到问题，问清楚事情发生的原因和经过；处理问题，要用柔性方法，以理服人，用爱心来管理和服务学生。

王晓和张磊二位生活辅导员严格遵守公司研学团队管理制度，分工协作，尽职尽责，将自己的爱心、细心和责任心奉献给研学旅行团队的师生。发现了问题，用心处理问题并及时总结教训，服务和管理温暖而严格，同学们身在异乡却能感受到家的温暖，深受师生的好评。

第四节　餐厅也是“大课堂”

【事实】

山东济南的 A 旅行社主要从事研学旅行接待服务业务，研学旅行落地执行的经验丰富。A 旅行社根据多年的研学旅行接待经验，制定了本公司研学旅行执行服务标准。2019 年 4 月，A 旅行社接待了来自北京某校初二年级的研学旅行团，师生共计 200 余人，研学行程共计 5 天，主要是在济南、泰安、曲阜等城市进行研学旅行。

此研学旅行团接待标准比较高，要求住宿四星及其以上水准的酒店，用餐标准最低 40 元 / 人 / 餐，要求至少安排一次山东当地特色餐。A 旅行社接到北京研学机构的研学委托计划后，按照北京学校的要求以及 A 旅行社研学旅行执行服务标准，对此次研学的后勤保障环节做了周到、详细的落实，其中对于餐饮的安排如下：

1. 全程用餐餐厅必须符合食品安全卫生检疫标准，对餐厅用餐环境、卫生状况进行了精心选择，对部分餐厅进行了现场考察，同时要求所有餐厅提供主管部门审批的卫生许可证和经营许可证，并进行备案。

2. 根据青少年用餐特点，让各餐厅制定相应菜单，菜品要求无凉菜、无整鱼（刺多）、少辣等；同时为团队中的清真师生，专门定制了清真餐食。

3. 经过 A 旅行社的用心分析，将该团队要求的济泰曲特色餐安排在曲阜，品尝著名的“孔府宴”，主要菜品有“神仙鸭子、诗礼银杏、阳关三叠、霸王别姬、带子上朝、八宝龙篮、福寿燕菜、一品豆腐、乌云托月、阖家平安”等。

4. 为保证用餐安全，要求行程中的餐厅对每餐所有菜品进行食品留样不少于 250 克，存入冰箱保存 48 小时。

小苏是 A 旅行社的一名研学旅行指导师，研学旅行落地执行经验丰富。

A旅行社研学旅行计调师安排小苏担任此团研学旅行指导师的领队，兼任全团的总协调。在接团之前，A旅行社的部门经理、研学旅行计调师对参与此团的所有接待人员进行了相应的课程内容、安全预案培训，对团队接待的后勤保障进行了详细说明，特别强调了在研学旅行过程中的用餐注意事项。

小苏一行工作人员接团后，严格执行接待计划，根据研学旅行活动课程设置，有序组织学生进行研学旅行活动。在用餐环节，小苏组织各位研学旅行指导师和生活辅导员在每餐（正餐）就餐之前对同学们进行餐前训导："一粥一饭，当思来之不易；半丝半缕，恒念物力维艰。"通过有效的餐前训导，同学们掌握了用餐礼仪，在就餐时保持餐厅安静，不抢餐，不挑食，同学之间互相帮助和互相分享，每次用餐进行光盘行动。

在东方圣城曲阜品尝当地特色餐"孔府宴"。小苏带领研学旅行指导师组织同学们进行了一堂别开生面的"孔府宴"美食课，为同学们解读了"孔府宴"形成和发展的历史以及孔府菜背后的文化故事；用餐过程中，同学们吃得特别有滋有味，用餐结束了，同学们还沉浸在孔府宴浓浓的文化氛围里。这顿特色餐，不仅让同学们品尝到了古老而又美味的"孔府宴"，还让同学们通过"孔府美食"学到了其蕴含的儒家文化，从餐饮的角度开阔了视野、增长了见识。

研学旅行活动安全、顺利结束，北京研学机构以及全体师生对山东A旅行社周到的接待工作和出色的研学旅行服务赞不绝口，尤其在整个用餐方面感到非常满意。

【启发】

用餐是研学旅行后勤保障的一个重要环节，旅行社或者研学旅行服务机构在选择用餐餐厅时，应当符合《研学旅行服务规范》要求，保证学生用餐卫生、安全，减少用餐安全隐患，菜品符合青少年用餐习惯，尊重少数民族饮食风俗。

研学旅行是综合性课程，在研学旅行过程中不仅能让学生学到书本上学不到的知识技能，还能全面提升学生的综合素质，培养学生良好的生活习惯，学会和他人之间的和谐相处。

伟大的教育家陶行知先生曾提出“生活即教育，社会即学校”。研学旅行要遵循教育性原则，在研学旅行过程中不仅仅是欣赏祖国的大好河山，学习祖国的优秀传统文化，还要借助研学旅行过程中可以利用的一切教育资源，如品尝美食、入住酒店、乘坐公共交通等环节，全面培养学生的综合素质，提高学生的核心素养。

第五节　行在“细微小节”处，升在“潜移默化”中

【事实】

王东是山东淄博某研学旅行服务单位的研学旅行指导师，2019 年 11 月，他承接了江苏南京某中学组织的“沐泱泱齐风，学传统文化”的三日研学旅行团队，师生总计 120 余名。该活动通过让学生们在齐都淄博身临其境地学习和熏陶，将书本上的知识与现实生活相结合，在真实情境中加深对齐文化的理解，感受我国传统文化的博大精深。王东作为首批从事研学旅行工作的从业人员，深知研学旅行不能停留在单一地让学生学习校外文化知识的层面上，而是在学习知识的同时，推进学生德、智、体、美、劳等综合素质的全面提升，响应和践行习近平总书记提出的“立德树人”的根本育人目标。

开营仪式上，王东带领学生们宣读由他自己撰写的文明七律诗，诗句浅显易懂，形式新颖有趣，悄然间学生们愉快地接受了；同时他为学生们准备了垃圾分类专用袋，培养学生们爱护环境的好习惯；每一处研学资源点，学生们总能看到王东高举着印有“文明研学，从我做起”字样的引导旗。看似再平常不过的小举动和细节，王东却是这样说的：“任何意义上的素质教育，都是让学生内化于心而外化于行。学生既要在情感上认同，又要在行为上自觉践行。”

按照既定的研学活动计划，王东带领学生们在周村古商城以团队协作形

式体验周村烧饼的制作过程；在中国课本博物馆分组竞技活字印刷的操作技术；在原山森林公园集体诵读齐文化诗歌，领略齐长城的魅力。

这次研学旅行活动，学生们通过参观、学习、体验等多种方式“行中学，学中悟”，不仅巩固了从书本上学到的知识，还让跨学科的知识点实现了有效关联和延展。

特别需要说明的是，作为研学旅行指导师，王东不仅尽责，而且尽心；在完成研学旅行活动课程正常任务的过程中，通过王东看似无意实则有心的细微安排，促进了学生们良好行为习惯、团队协作精神和集体荣誉感的培养，对于学生们三观的正确树立起到了至关重要的作用。

【启发】

“纸上得来终觉浅，绝知此事要躬行”，研学博闻、游历天下是我国应试教育转向素质教育的重要体现。研学旅行不仅仅是把学生的学习场所由校内置换到校外，也不仅仅是机械地将书本知识生搬硬套到研学旅行基地，研学旅行是推进素质教育的新内容和新形式。每次研学旅行的重要目标之一，是不仅要让学生们在知识的海洋中汲取新知，还要推动学生综合素质的全面提升，让无形或无声的教育元素落地，产生突破表象的教育意义。从这些方面来看，王东的做法值得学习、借鉴。

第六节　面对餐饮浪费现象的“快、准、稳、升”

【事实】

2019 年 6 月，泰山 A 旅行社接待了来自省外 D 初中 256 人的研学旅行团队，此团的研学旅行目的地为泰山、曲阜和济南，研学旅行课程主题为“学习齐鲁文化，探寻儒家思想”。旅行社要求研学旅行指导师们在组织学生做好课题探究和体验活动的同时，还要努力把握好行程中的各个细节，保证研学旅行活动的顺利实施。

行程第一天是“览曲阜三孔，探究、体验儒家文化”。上午孔府的研学活动结束后便到了午餐时间。用餐过程中，研学旅行团队部分学生的餐食浪费问题引起了研学旅行指导师和旅行社总协调朱总的高度重视。研学旅行指导师们反映，不仅存在饭菜的大量剩余，学生们对于浪费饭菜不以为然的态度也让他们感到心痛；更有个别同学，趁老师不注意，拿着馒头相互扔打嬉闹，甚是过分。

朱总以最快的速度，跟诸位研学旅行指导师沟通、交流，找出解决餐食浪费问题的办法；之后，朱总就解决学生餐食浪费问题的初步想法跟 D 初中的总领队、带队教师以及组团公司的研学旅行生活辅导员进行了沟通，达成了一致意见。

午餐后，团队研学旅行活动按照课程安排继续进行。A 旅行社的研学旅行计调师曹经理却忙得团团转。为了解决学生们团餐浪费的问题，双方沟通的结果是：临时增加一个《反对浪费，提倡节俭》的研学专题课程，时间选在团队由曲阜返回泰安的路途中（泰安至曲阜行程 1 个小时左右）。为了让工作中的研学旅行指导师能够在曲阜返回泰安的途中熟练进行专题课程，研学业务熟练的 A 旅行社计调师曹经理以最快的速度和最高的质量亲自编制了专题课程方案。

专题课程紧扣“看曲阜三孔，学儒家文化”的主题，讲述孔子崇尚节俭、反对浪费的主张，例如《论语》中提到“节用而爱人”，要求国家慎重使用国家财富，不要铺张浪费；孔子曾说“饭疏食，饮水，曲肱而枕之，乐亦在其中矣”，意思是说吃粗饭、喝白水，挽着胳膊当枕头，这样的生活同样有着一定的快乐；孔子更是赞美弟子颜回“贤哉，回也！一箪食，一瓢饮，在陋巷，人不堪其忧，回不改其乐”；孔子认为“礼，与其奢也，宁俭”，进一步提出了提倡节俭就是礼。再如唐朝李绅脍炙人口的《悯农二首》：“春种一粒粟，秋收万颗子。四海无闲田，农夫犹饿死”；“锄禾日当午，汗滴禾下土。谁知盘中餐，粒粒皆辛苦”……曲阜回泰安的途中，按照 A 旅行社研学旅行计调师曹经理设计的专题课程，研学旅行指导师们在借用名人名言娓娓道来的同时，向学生们展示了几组中午剩余饭菜的照片，学生们终于认识到了午餐时自己存在的问题，并乐于进行深刻反思。

之后，研学旅行指导师们提出了杜绝浪费的方案：首先规定每次吃饭前，全体背诵《悯农》，珍惜餐桌上用汗水换来的粮食和蔬菜，学会节俭和感恩；其次建立健全用餐监督评价机制，以餐桌为单位，评选出优、良、加油三个等级，此评价纳入学生此次研学旅行的最终评价中，这样，可以督促学生们发挥团队优势，树立起集体荣誉感；最后要求学生们做一次小小美食家，对每一天的饭菜做出评价、提出改进建议，以此鼓励每位同学去尝试每餐的每道菜，同时也可以作为餐厅调整口味的有力支撑。

在研学旅行指导师们的努力下，在研学旅行生活辅导员和D初中带队教师的积极配合下，同学们进步很快，“节约为荣”蔚然成风，研学旅行指导师也及时公布同学们的用餐实情及同学们对饭菜评价的信息。

在琅琅的《悯农》诵读声中，同学们慢慢体会出了研学旅行中饭菜的美味，养成了勤俭节约的良好习惯。

【启发】

地接社作为整个研学旅行活动课程的实施者，要善于发现问题，灵活、巧妙、快速解决问题。本次研学旅行过程中，根据实际情况而临时增加的研学旅行专题课程，有力地避免了团餐的大量浪费，增强了同学们崇尚节俭的意识，让学生们在较短的时间内养成了良好的生活习惯，实属不易。同时，此问题的完美处理，也反映出泰安A旅行社过硬的研学旅行接待实力和员工的高素质。

浪费餐食的问题迅速解决后，A旅行社还做了以下看似额外实则负责任的事情：1. 建议D初中在之后的研学旅行中，在学生出团前，开展关于饮食文化和饮食文明的行前课程，让学生充分了解饮食的地域特色，做到入乡随俗，体验各地特色餐饮，树立“浪费可耻，节俭光荣”的观念。2. 给研学旅行目的地的接待餐厅提出建议：要注重口味的调剂和菜品的美观，适当控制上菜的速度和饭菜的容量，在餐具的使用上尽量选用美观的器皿；同时不断加强饮食文化育人元素在当地特色菜品中的体现，让学生们了解菜品背后的精彩故事。3. 要求研学旅行指导师要熟悉中国饮食文化，尤其要掌握地方饮食特色，做好研学旅行过程中的餐饮细节服务，引导学生养成良好的节俭习惯；同时，通过自己出色的组织和指导，让学生们真正做到学中吃、吃中学，真正实现生活即教育。

第七节　从实际出发，切勿盲从经验

【事实】

2018 年 11 月下旬，江苏南京某研学旅行服务公司接待了上海某初中 300 人“梦回秦淮”4 日研学旅行团队。为了保障此次研学旅行活动的顺利开展，南京研学旅行服务公司高度重视研学旅行指导师的选择，经过商议，公司专门安排了从业 10 年有余的金牌导游马宏担任总领队（最近三年来，马宏在参加了研学旅行指导师培训后，一直从事研学旅行活动课程的落地执行工作），马宏参加过几十次研学旅行活动课程的落地执行，经验非常丰富。

接团前后，马宏与学校研学负责人和学校带队老师进行了必要的沟通。这是学校第一次组织大规模的研学活动，学校的研学旅行负责人作为总领队和带队老师非常重视每个环节，对马宏再三强调活动课程实施中务必细心谨慎，有问题随时沟通商定。马宏很自信地表态，自己的研学旅行接待经验很丰富，请校方放心。

此次研学旅行的第一站是南京总统府，按照以往团队接待的经验，学生们参观结束后，在指定的时间、地点集合，组长点到整队，安全员确认所有人员到齐后，整个团队方可乘车离开。但是，恰逢当天南京下雨，气温也比平时低一些。参观结束后有个别班级临时组织合影、拓展等活动。而马宏不顾当日的特殊天气，依旧沿用以往接待团队的惯例，让已经完成研学任务的其他学生们在原地干巴巴地等候，要求团队人员齐全以后再集合上车。

叛逆期的初中生不同于小学生乖乖听话，再加上他们早上 6 点就集合出发了，现在又是中午，还下着雨，初中生们可谓“饥寒交迫”，许多学生情绪很大。到了餐厅，有些学生闹脾气拒绝下车，要回酒店休息；有些学生抱怨饭菜不好，虽很饿但不食；有些学生打电话给家长诉苦。一时间家长和学生的不满在整个团队中爆发，学校陷入非常被动的境地，研学旅行服务公司也收到了学校的投诉。

不难看出，之所以出现这样的结果，是由于马宏太过自信于自己的丰富经验，一味地墨守成规，忽视了不同学段学生的特点和天气等不可抗力因素。在出现可能影响课程实施效果的情况时，没有做好事先告知和及时的安抚、解释工作，缺乏根据实际情况及时调整既定方案的灵活性。对此，地接公司不得不对学生们进行相应补偿，马宏因为自己的过失接受了学校和公司的问责。

【启发】

本次事件的发生来自于一名经验非常丰富的研学旅行指导师，而事实告诉我们，经验有时也会影响一个人的判断，这就好比是一把双刃剑，利与弊取决于一个人的处事能力。研学旅行无小事，以人为本、以学生为主永远是研学旅行活动的主旋律。正因为研学旅行过程中存在很多不可控因素，更要求研学旅行执业人要具备一切从实际出发的灵活应变能力，具备以人为本的问题处理能力。

此案例中，作为地接类研学旅行服务公司的研学旅行指导师，马宏首先要提前一天了解天气预报，通知学生做好相应准备；其次要在活动当天认真分析实际情况，灵活处理现实问题，避免因处理不及时产生的负面效应。

这则案例启示我们，研学旅行执业人不同于常规旅游中的旅游人。研学旅行作为校外教育教学活动，跟校内相比，课堂环境、教学情境都发生了巨大变化，研学旅行活动课程实操执行的环节也相对复杂，对于活动课程执行人的应变能力、心理沟通能力、预判能力等都有很高的要求。如案例中的马宏那样，单纯过度自信和遵从于经验是行不通的。

研学旅行执业人要尽快提升关键能力，真正成为一名综合性、复合型的研学旅行执业人才，成为研学旅行团队学生的“老师”，只有这样，才能在研学旅行的大道上越走越远、越走越宽。

第八节　高速公路遭遇道路塌方、出口方向临时封闭的情况处理

【事实】

2019 年 7 月，济南市某学校组织初三学生赴贵州进行研学旅行活动，一切顺利进行到了第 5 天，按照计划午餐后从娄山关乘车前往习水，车程大约需要 2.5 小时，抵达后，参观四渡赤水纪念馆、女红军纪念馆、青杠坡战斗遗址、红军医院纪念馆等红色研学场馆。

在大巴车行驶至距离习水最近出口约半小时车程时，高速公路路牌提示前方塌方，请提前驶离高速。研学旅行指导师和司机师傅开始研究最近的行驶路线，但是，即使采用这条最近的路线，抵达习水的时间在下午 5 点左右，正好是场馆闭馆的时间。生活辅导员和研学旅行指导师商定，根据抵达时间，如果不能正常参观场馆，就组织学生参观赤水河畔的土城。之后，生活辅导员将这一情况及活动调整方案向学校总领队汇报，总领队交代在保障行车安全的情况下，向习水行进。抵达习水后，与场馆工作人员确认，被告知已经限制进入场馆参观。按照调整后的计划，组织学生去参观了土城，走上了赤水河上的索桥，学生们感受了赤水河畔的风光。晚餐后，步行至距离宾馆最近的四渡赤水纪念馆，正好赶上电视台在场馆内录制节目，借着内部的灯光，学生们看到了场馆内景。

研学旅行指导师、生活辅导员和学校的教师们组织学生在场馆外的台阶上，迎着赤水河畔的习习凉风，席地而坐，学生们分成小组，毛遂自荐，分享和探讨四渡赤水战役的经过、四渡赤水胜利的原因及重要意义等内容，从

晚上6点钟开始到9点钟结束，课程进行期间同学们的精彩发言和不断发出的阵阵掌声，充分显示了“虽然遭遇道路塌方不能入馆参观，但是同学们的研学却有了更多的收获”的事实。

【启发】

夏季，西南地区山区众多，研学旅行活动易受泥石流、山体滑坡等自然灾害的影响，研学旅行服务单位和研学旅行生活辅导员需要随时关注天气预报及当地的交通信息。如遇道路塌方等自然灾害，在确保安全行进的前提下，及时根据应急预案，与学校带队教师商定，采取有效措施，保证研学旅行活动的顺利进行。对研学资源的信息的掌控能力和应变能力，是研学旅行执业者需要具备的关键能力之一。

以上事件中，研学旅行指导师根据实际情况，与学校老师积极配合，适时调整研学旅行活动课程内容，采取更安全有效的学习方式，保证了当日研学旅行活动的顺利实施，取得了理想的学习效果。

第九节　切莫让“旅游行程”替代“活动课程”

【事实】

2018年12月，北京某组团类研学旅行服务公司参加了北京某中学2019年3月研学旅行活动的公开招标，并成功中标。本次研学旅行活动预计200人，将前往某省学习徽派文化，探究传统民居，展开为期5天的研学旅行活动课程。北京公司委派孙阳为本次活动的直接负责人，孙阳经过慎重比较，选出研学旅行目的地的两家地接类研学旅行服务公司，并要求这两家公司按照研学旅行活动的详细要求提供具体的活动课程方案。两家地接公司反馈速度都很快，但提供的研学旅行活动课程方案却近乎常规旅游行程模式，并且以不顺路为由擅自更换研学资源点，看似丰富了课程内容，实则缺少课堂设计，基本是走马观花，背离了研学旅行作为校外教育教学活动的教育性原则和课程化特质。孙阳看后，首先与两家地接公司电话沟通，然后立刻向北京公司汇报，并申请亲自前往研学旅行目的地，尽快与研学旅行地接服务公司敲定研学旅行活动课程方案并对研学资源点进行实地考察。

第二天，孙阳到达研学旅行目的地，并选择了两家地接公司中课程实施方案和工作态度较好的一家，亲自前往面谈，与地接计调师就课程内容进行了详尽、细致的沟通。孙阳立场坚定、态度明确，着重阐述了本次研学活动的目标、主题、学生特点、课程线路规划等，事无巨细地说明每一个研学资源点的课程要具备怎样的特色、课程如何实施、最终要取得怎样的教学效果等事项。其间，地接服务公司曾几度以各种理由欲增加或者置换对地接公司有利却不符合研学旅行团要求的资源点，都被孙阳断然拒绝了；孙阳的原则就是一定要将一份近似传统旅游行程的所谓“课程”，“脱胎换骨”为符合学校育人目标的研学旅行活动课程。孙阳与地接公司沟通了将近一天的时间，最终，地接公司认可并接受了孙阳的所有提议。孙阳以认真负责的态度、教育的思维和深厚的研学情怀，打赢了这场“研学旅行正向发展保卫战”。

次日，被孙阳工作精神感动的地接公司，安排研学旅行计调师陪同孙阳一起，对每一个研学资源点进行了详尽的实地考察，为确保研学旅行活动课程落地执行中每个环节的顺利、圆满奠定了坚实的基础。

【启发】

在本案例中，孙阳的行为，充分体现了作为研学旅行活动的承办方，在具体的研学旅行活动课程方案研发设计的关键环节，紧紧把握好研学旅行的“教育性”的原则和课程化特质，在面对商业化气息较浓的合作单位时，第一时间表现出一个优秀的研学旅行执业人的高度责任心。

目前，在国家大力倡导素质教育、重视研学旅行的背景下，很多研学旅行教育机构和研学旅行社如雨后春笋般冒了出来，研学旅行执业人的素质参差不齐，重利益轻教育的现象在各地都有表现，以传统旅游产品替代研学旅行活动课程的问题频发。为此，不仅仅是中小学校要把好“选择关”，作为承办方的研学旅行服务公司更要严格把关，切实阻止只“游”不“学”不“究”或者重“游”轻“学”轻“究”之类的种种研学乱象。

通过大家的共同努力，让研学旅行真正成为学校教育和家庭教育的有益补充，成为实施素质教育的重要载体，让更多学生在名山大川的游历中增强学识，在历史文化的滋养中锻造品格。

第十节 “冲动是魔鬼”，管理好情绪就是为安全“积福”

【事实】

2019年9月济南A旅行社接待了一个来自省外某初中的研学旅行团队，此次研学旅行目的地是泰山和济南。

行程的第一天是参观山东博物馆。当天博物馆的研学团队较多，检票口外排起了长长的队伍，这期间，济南A旅行社接待的研学旅行团中的贾某和李某因事发生口角，学校带队老师及时了解情况并制止，但是李某还是趁老师不注意猛然将贾某推倒在台阶上，贾某在刹那间跌落两个台阶，感觉左踝关节疼痛而无法站立。

随队医生朱大夫即刻到达摔倒的学生贾某面前，对贾某进行了仔细检查，发现他神志清醒，面色紧张，血压正常，心率稍快，左踝关节触痛，轻度肿胀，未触及骨擦音，未见明显畸形，胳膊和腿部有两处轻微擦伤，考虑是左踝关节扭伤。朱大夫对贾某的两处擦伤进行了消炎和包扎，并建议去医院拍片排除左踝裂纹骨折。因贾某外踝外伤，其他并无大碍，所以朱大夫建议把贾某搀扶上车就可以了。经接待社、组团社和校方负责人的沟通，决定由A旅行社总协调孙经理和带队李老师带贾某去医院，其他团队人员按原计划继续参观学习。齐鲁医院的拍片显示，未发现裂纹骨折，诊断为左踝关节扭伤，医院建议将贾某留院观察一天。A旅行社总经理韩总买了很多营养品第一时间赶到医院，先行垫付了医疗费，孩子和老师都很受感动。贾某因左踝关节扭伤，无法继续进行研学旅行活动，鉴于此，学校带队领导与贾某的家长沟通后决定，由带队的李老师陪同孩子提前返回家中。而此时的山东博物馆内，研学旅行指导师杨林注意到李某的情绪一直处于紧张不安的状态中，于是杨林老师及时找李某谈心，得知挑起事端的是贾某，李某个人认为老师有意袒护贾某而引发情绪，情急之下把贾某推倒，事后他想起来既害怕又后悔。经过杨林的耐心劝导和悉心沟通，李某紧张的情绪得以缓解。第二天，医院在确定贾某身体的其他部位无异常后，遂由A旅行社派车将李老师和贾某送至遥墙机场。事后A旅行社就事件情况作出书面说明，同时把医疗报销的单据准备齐全，组团社根据资料首先启动了旅游人身意外伤害险。研学旅行活动结束后，经组团社和校方的协调，李某的家长主动承担了贾某的所有医疗费用。

【启发】

相关资料显示，初中是国家义务教育相对难管的阶段，初中生多变的情绪及较弱的自我控制能力会直接引发学生之间的冲突。A旅行社对本次研学事件的整个过程进行了分析和总结，从而提出以下建议供各方参考：1.中小学校作为研学旅行活动的组织方，在行前一定要做好安全培训及事项说明，开展有关“情绪管理”的教育，让学生们深知情绪失控会引发的负面影响，教会学生如何控制自己的情绪，牢牢记住“冲动是魔鬼”。2.A旅行社的法律顾问就本次事件指出，贾某的受伤地虽然是在山东济南，但他参加的是学校组织的研学旅行活动，属于学校教育工作的组成部分，因此本次研学旅行事件中人身伤害的纠纷仍属于在校学生之间的健康权纠纷，根据《校园伤害事故处理办法》，学校是否对学生进行了相应的安全教育成为学校是否要承担赔偿责任的关键所在。3.地方接待社A旅行社作为研学旅行课程的实施者，时刻把学生安全放在第一位，同时加强研学旅行指导师对情绪识别的培训，让研学旅行执业人通过表情和语言可以判断学生的情绪，对有不良情绪的同学进行适时引导，有效避免了许多不必要的麻烦。本次研学事件中，A旅行社及研学旅行指导师对事件的有序处理，使得贾某得到了及时医治，避免了可能造成的更大伤害。4. 作为学生家长，平时要学会控制自己的情绪，为孩子做好榜样，建立赏罚分明的家庭制度，培养孩子的责任感和担当意识。A 旅行社法律顾问指出，根据《侵权责任法》第三十二条规定，本次研学事件中，李某的家长需承担因李某主动伤害给贾某造成的全部损失。

总之，研学旅行安全是研学活动中的重中之重，研学旅行执业人要懂得情绪管理知识并运用到对学生的管理中；而学生学会情绪管理也会受益终身。不管是学校还是社会研学旅行服务单位，必须把安全贯穿于研学旅行活动的每个环节中，努力做好安全预防的同时做好情绪管理的工作。另外在面对突发事件时，应采取安全可靠的措施，尽最大努力避免可能发生的二次或多次伤害。研学旅行执业团队一定要齐心协力把好安全关和情绪识别关，俗话说“一人把关一处安，众人把关稳如山”。

第十一节　从爱哭到自信，彰显研学旅行中的哪些信号

【事实】

2019 年 11 月，泰安某旅行社组织一批小学五年级学生赴异地进行为期 5 天的研学旅行活动。张业是研学旅行活动生活辅导员，其间学生雅琪给她的工作带来了挑战。第一天晚上，因雅琪在家睡觉前从不关灯，都是妈妈在她睡着后才把灯关掉，当室友关灯睡觉时，她因害怕引发情绪而哇哇大哭。为了不影响室友休息，张业暂且把她带到自己房间，把房间的两张床并到一起，轻声地跟她讲道理，告诉她“在黑暗中睡觉”是人类生活常规，如果破坏这个常规，就会导致身体不舒服；同时眼睛也会得不到充分休息，造成视力下降；再说，开灯睡觉也造成能源浪费，等等。最后，在张业耐心地解释下，雅琪终于同意关灯睡觉，关灯后张业轻声地跟她聊着天，直到她甜甜地睡去。第二天早餐是自助餐，面对几十种菜品，雅琪竟因不知道吃什么而伤心地哭

起来，她说：每天都是妈妈把饭菜端在她面前，她从不会因吃什么而动脑子。

接下来的行程中，雅琪对于集体体验活动同样表现出过于紧张和难以适应，每次出错她都会哭鼻子。于是张业把她调换到该班班长子卿的小组里，在子卿的耐心帮助下，她渐渐变得放松。其间，雅琪妈妈频繁的电话，也着实让张业头疼不已，雅琪稍微好转，因妈妈电话里的过分担心又让她情绪变得脆弱，而大哭还是她解决问题的唯一方式。

于是，学校负责带队的刘老师跟孩子的家长沟通，希望家长充分相信老师和孩子，在旅行过程中尽量不要给孩子打电话，让孩子学会自理自立，许多事情都需要去尝试和实践。第二天晚上，可能是白天累了的缘故，关灯后，在师生简短的聊天中雅琪很快睡着了。早餐时她跟着同学一起取菜、吃饭，看上去比第一天好了很多。第三天的野生动物园让雅琪变得特别开心，愉快地跟同学分享交流。晚上睡觉时她竟然主动提出回自己的房间，她说不再害怕睡觉前关灯了。

之后，雅琪没再哭过，她熟练地挑选着饭菜，也总会把盘里的饭菜吃光。她开始变得做事积极、自信活泼。在第五天晚上的闭营仪式上，雅琪作为发言代表吐露了心声：说一直以来，她晚上害怕关灯睡觉，是辅导员张老师陪她度过了两个夜晚，并逐渐克服了害怕心理，也改掉了她睡觉开灯的不良习惯，非常感谢老师和同学给了她勇气；同时她还学会了用电水壶烧水，学会了洗衣服，克服了吃饭偏食的不良习惯。这次研学旅行让她体会到集体活动的快乐，明天就要回家，然而此刻却不盼着回家了……这短短的分享，让我们看到的不再是那个胆小怕事、有事就哭的弱女孩，而是一个找回自信的活泼可爱的好孩子。这几天，所有老师都见证着她成长中的一点一滴，生活辅导员张业老师更是感到非常欣慰。

【启发】

生活即教育，社会即学校。本次研学旅行活动中，面对一个从未独自出门的爱哭的孩子，作为研学旅行生活辅导员的张业展现了足够的耐心和爱心，这个案例告诉我们：

1. 作为研学旅行生活辅导员，对有问题的孩子要及时给予安慰和鼓励，善于抓住孩子的心理特征适时进行引导，并能灵活、巧妙地解决问题，毫不吝惜地投入自己的感情，让孩子们感受到你满满的爱。爱是最好的教育。

2. 学校在行前课中可以开展家庭问卷调查，了解学生的校外日常生活习惯，对每一位学生做出判断，合理编排小组，充分发挥学生自我管理、自我组织的优势。在研学旅行中，学生的手机由随队老师统一保管，同时鼓励家长给孩子空间，理解并相信学校。

3. 建议家长帮助孩子做好行前准备，比如做一张可行的计划表，并陪伴孩子进行演练等。日常生活中，家长不要过度保护孩子，不要为孩子包办所有事情、解决所有遇到的困难。爱孩子和帮助孩子树立自信和建立安全感是两码事，溺爱会成为孩子胆小怕事、缺乏安全感的根源，其实是害了孩子。家长要鼓励孩子敢于尝试和实践，让孩子变得独立而自信。

研学旅行使得每一位学生在学习知识的同时也能学会自理和自立，懂得感恩。研学旅行在促进中小学生全面发展方面无可替代。

第十二节　研学旅行如何实现“食安”

【事实】

2019 年泰安某旅行社组织了 40 名初中生赴河南进行主题为“探寻中原文化，学习时代愚公”的研学旅行活动，徐大伟担任此次研学旅行生活辅导员，此次研学的目的地是安阳、林州和新乡，因三地的火车受限，故交通工具选择了旅游大巴车，一切都非常顺利。

第 5 天上午行程结束，11 点 30 分在安阳某餐厅用午餐，并于下午 1 点开始返程，途中经停了两个服务区，5 点左右团队顺利返回泰安。5 天的探究式学习和体验式活动学生们均有很大的收获，其他环节的组织也非常圆满。研学旅行生活辅导员徐大伟等到家长接走学生后也回到家中。晚上 8 点以后，他先后接到4位学生家长的来电，内容基本一致：7点左右，李某等4名学生均出现不同程度的恶心、呕吐、腹泻等症状，家长已把孩子送往医院。获此消息，旅行社朱总和徐大伟随即开车赶赴医院慰问并了解情况。病例显示为：病人参加研学旅行回到家中，一个小时后出现恶心、呕吐，腹泻水样便，医院的血常规化验显示白细胞升高，便常规显示存有白细胞，诊断为因进食了变质食物而引起的轻微食物中毒。因病人呕吐和腹泻次数较少，未引起脱水现象，症状较轻，可口服氟哌酸和西咪替丁，如用药后不见好转，再回医院就医治疗，同时医生建议病人回到家后要多喝水以加速排泄，饮食要清淡，忌辛辣、油腻食物。遵照医嘱，口服药物后4名学生病情均已好转。

第二天旅行社成立调查小组，调查小组分析：根据发病人数、时间和症状不排除集体食物中毒的可能性。随后徐大伟分别给其余36名学生挨个打电话进行核实，均未发现异常，旅行社初步认为问题极有可能出现在服务区，虽然老师严令禁止私自在服务区买东西吃，但也不排除他们会变着法儿买。于是旅行社兵分两路进行调查，一路由朱总亲自联系核实安阳餐厅食物样品的留存问题，在确定餐厅已进行留存后，建议他们立即联系相关部门对食物样品进行检测；另一路由徐大伟和学校负责带队的老师赶赴学生李某家中，最终在家长和老师的说服下，学生李某承认是他在服务区买了火腿肠分给其他三个人吃。一周后安阳的食品检测报告也出来了，证明了此次食物中毒并非安阳团餐引起。事后旅行社启动了旅游人身意外伤害险，四名学生的医疗费由保险公司理赔。

【启发】

团体用餐只要3人或3人以上出现呕吐、腹痛、腹泻甚至发烧症状可初步判断为集体食物中毒，食物中毒的特点是：潜伏期短，发病快，且是常常集体发病。此次事件带来的启发：

1. 学校作为组织方，行前课中要对学生开展食品安全知识教育，教会学生识别伪劣食品，从而树立健康的饮食观念，保障饮食安全；同时应建立健全食品卫生安全预防预案，制定严格的校外饮食制度和监管机制，坚决杜绝零食或在小摊上购买食物，真正切断“病从口入”的食源。

2. 作为研学旅行服务单位，必须选择有卫生保障的餐厅就餐，保证必备的证件要齐全，比如《餐饮服务许可证》和工作人员的健康证，餐厅环境必须干净卫生且通风条件好。研学旅行执业人在餐厅必须做到认真巡餐，如发现食物、饮料不卫生或有异味变质，应立即要求餐厅及时更换。同时要具备相关食物中毒的日用常识，一旦发现学生上吐下泻、腹痛且人数超过3人，应首先考虑是否集体食物中毒。研学旅行执业人要掌握食物中毒的简单处理方法，比如催吐。

3. 作为餐厅，必须熟知《中华人民共和国食品安全法》，从而保障食品的卫生安全。最为关键的是一定要保存食物样本，一旦发生食物中毒，就要把食物样本提供给相关部门进行检测，因为确定中毒物质对于治疗来说至关重要，并可根据《中华人民共和国食品安全法》进行相应索赔和处罚。

俗话说“民以食为天，食以安为先”，面对各类食品安全事故，研学旅行执业人掌握食品安全相关知识显得尤为重要，因此日常生活和工作中，大家要多学习食品安全知识，树立健康、科学的饮食观念，积极参与食品安全的监督，共同维护饮食的安全和健康。

第十三节 发现亮点，激发潜能，成就人生

【事实】

2019年4月，济南某初二学生前往西安进行研学旅行活动。济南某研学旅行组团服务单位赵云是三号车的生活辅导员。出发当天，在学校门口集合的时候，有一个男生给他留下了深刻的印象。这个男生非常积极主动，提出帮赵云分发帽子、胸牌，还帮助女生往大巴上放行李，跑前跑后忙个不停。通过交流，赵云得知他的名字叫唐一晨，赵云表扬了他这种热情助人的精神，一番话下来唐一晨的脸都红了，腼腆地说这是自己应该做的。

在去西安的高铁上，赵云把学生们安顿好以后，抽出时间和唐一晨所在班级的带队老师沟通，了解到唐一晨在班里的学习成绩较差，平日我行我素，和同学们互动不多。今天早上的表现让带队老师很惊讶。

赵云认为不能因为学习成绩偏后就否定了一个孩子的全部。研学旅行就是通过一系列的体验和探究，培养学生的学习兴趣，进而发挥学生特质，激发学生潜能，德智体美劳全面发展。可能就是因为成绩不好，唐一晨自卑、缺乏自信，所以在学校里畏手畏脚，整体表现比较差。

赵云认为自己有责任、有义务帮他树立自信心，克服不足，尽快成长。高铁抵达西安以后，他把自己的想法和西安负责接待的研学旅行指导师王敏商量，得到了王敏的赞同，他们决定多关注唐一晨的一举一动，尽可能地从日常活动中多鼓励他。

在西安的研学活动开始了，他们发现唐一晨热情不减，在集合时主动清点人数，在餐厅用餐时引导同学快速就座，在入住宾馆时帮助同学拿行李，分发房间钥匙，晚上自己要求跟着老师们查房，遇到同学不会使用热水器他也乐于搭把手。他的表现得到了学校带队老师、赵云和王敏的一致表扬。有了老师们的肯定，唐一晨也有了一定的自信心；之后，不仅在日常活动中像只勤劳的蜜蜂一样忙个不停，在研学资源点参观、学习的时候，他也开始认真、专注，拿着本子记得非常仔细。在西安碑林小组交流的时候他踊跃发言，做的拓片虽然相比其他同学还是有差距，但是老师们还是当场给予鼓励，让他意识到学习不是一蹴而就的，只要肯努力钻研，就会有进步。晚上写研学日记的时候，唐一晨可谓一气呵成，感觉比在学校写作文容易多了。

在西安 4 天的研学旅行过程中，唐一晨不仅积极参与研学旅行活动，及时完成日记，跟同学们的关系也很融洽，每天都洋溢着笑容。

第四天的闭营仪式上有一个环节是评选班级最佳营员，唐一晨众望所归得到了这一荣誉。当老师念出他的名字的时候，他都不敢相信自己的耳朵，作为一名在校成绩很差、经常拖班级后腿的学生，现在居然被选为最佳营员。他在吃惊中、在同学们鼓励和赞美的眼神中，更是在心潮澎湃的感恩中走上了领奖台……在离开西安的时候，唐一晨给了每位老师一个大大的真情拥抱。

一个月以后，赵云和王敏收到了唐一晨妈妈写的感谢信，信中写道她儿子在研学旅行结束以后的变化很大，不仅阳光自信，乐于助人，学习成绩也在稳步进步中，十分感谢这次研学旅行给她儿子带来的巨大变化。

【启发】

研学旅行团体一般都在百人以上，人数多，学生们性格各异，作为一名合格的研学旅行生活辅导员，不仅要提前做好行前工作，还要及时和学校带队老师沟通、交流，尽可能快速掌握班级学生情况，以便正确有效地开展工作，提高研学旅行服务质量，不辜负学校和家长的期望。

初中阶段的学生敏感、自尊心强，这就需要研学旅行执业人练就一双“火眼金睛”，及时发现他们身上的闪光点及不足；研学旅行执业人应该将“肯定、鼓励、激励”作为教育的“家常便饭”，尤其对于校内特殊群体的学生，研学旅行生活辅导员和指导师要全力配合，在顾全大局的前提下，实施以人为本的个性化教育，付出爱心，随时肯定学生的进步，激发学生潜能，让他们能够彻底爆发自己的小宇宙，通过研学旅行研有所思、学有所获，在今后的学习生涯中成为一名德智体美劳全面发展的正能量小达人，健康快乐地成长。

我们深知，教育是民族振兴、国家富强的重要基石，身为研学旅行执业人，有责任关注学生的个体差异，有义务帮助每一名学生扬长避短、全面发展，在培养他们成为一名合格的社会主义建设者和接班人的道路上尽一分力量。

【思考与练习】

假如你是研学旅行指导师或者生活辅导员，在研学旅行活动中，你将如何实现对于校内特殊群体学生的个性化教育？

参考文献

[1] 国务院办公厅 . 国民旅游休闲纲要（2013—2020 年），2013.

[2] 中共中央办公厅 . 关于培育和践行社会主义核心价值观的意见，2013.

[3] 教育部 . 中小学学生赴境外研学旅行活动指南（试行），2014.

[4] 国务院 . 关于促进旅游业改革发展的若干意见，2014.

[5] 国务院办公厅 . 关于进一步促进旅游投资和消费的若干意见，2015.

[6] 全国人大 . 中华人民共和国教育法，2015 年第 2 次修订 .

[7] 北京师范大学课题组 . 中国学生发展核心素养，2016.

[8] 教育部等 11 部门 . 关于推进中小学生研学旅行的意见，2016.

[9] 原国家旅游局 . 研学旅行服务规范，2016.

[10] 国务院 . 国务院关于印发发展“十三五”规划的通知，2017.

[11] 教育部办公厅 . 关于开展 2017 年度中央专项彩票公益金支持中小学生研学实践教育项目推荐工作的通知，2017.

[12] 教育部 . 中小学生德育工作指南，2017.

[13] 教育部 . 中小学综合实践活动课程指导纲要，2017.

[14] 教育部办公厅 . 关于公布第一批全国中小学生研学实践教育基地、营地名单的通知，2017.

[15] 教育部办公厅 . 关于公布 2018 年全国中小学生研学实践教育基地、营地名单的通知，2018.

[16] 中国旅行社协会，高校毕业生就业协会 . 研学旅行指导师（中小学）专业标准；研学旅行基地（营地）设施与服务规范，2019.

[17] 国务院 . 新时代爱国主义教育实施纲要，2019.
[18] 国务院 . 新时代公民道德建设实施纲要，2019.
[19] 中华人民共和国教师法（中华人民共和国主席令第十五号）.
[20] 教育部 . 新时代中小学教师职业行为十项准则，2018 年修订 .
[21] 彭其斌 . 研学旅行课程工作导案 . 济南：山东教育出版社，2019.
[22] 彭其斌 . 研学旅行课程概论 . 济南：山东教育出版社，2019.
[23] 杨春良 . 中国营地教育的发展方向及实施要求——中美营地课程的比较与反思（上）. 综合实践活动研究（2017.7–8）
[24] 郑向敏 . 旅游安全概论 . 北京：中国旅游出版社，2009.
[25] 朱胜华，何永生 . 研学旅行课程体系探索与践行 . 武汉：华中科技大学出版社，2018.
[26] 中国旅游研究院 . 中国研学旅行发展报告 2017. 北京：旅游教育出版社，2018.
[27] 刘继玲 . 研学旅行中体验式学习评价标准开发与应用 . 中小学教师培训，2018.
[28] 国务院 . 中共中央国务院关于全面加强新时代大中小学劳动教育的意见，2020.
[29] 王晓燕，韩新 . 研学旅行来了——中小学研学旅行基本常识与实践指南 . 西安：陕西人民教育出版社，2019.
[30] 王煜琴，赵恩兰 .“研学旅行执业人”培养刻不容缓 . 中国旅游报，2019.